T0349687

Sammlung Metzler
Band 352

Katrin Kohl

Metapher

Verlag J.B. Metzler Stuttgart · Weimar

Die Autorin

Katrin Kohl (geb. 1956) ist Faculty Lecturer an der Universität Oxford und Fellow am Jesus College; Veröffentlichungen zur Literatur des 18. und 20. Jahrhunderts und zur Theorie und Praxis der Metapher.

Bibliografische Information der Deutschen Nationalbibliothek
Die Deutsche Nationalbibliothek verzeichnet diese Publikation in der Deutschen Nationalbibliografie; detaillierte bibliografische Daten sind im Internet über http://dnb.d-nb.de abrufbar.

Gedruckt auf chlorfrei gebleichtem, säurefreiem und alterungsbeständigem Papier

ISBN: 978-3-476-10352-9

© 2007 J.B. Metzler'sche Verlagsbuchhandlung
und Carl Ernst Poeschel Verlag GmbH in Stuttgart
www.metzlerverlag.de
info@metzlerverlag.de

Einbandgestaltung: Willy Löffelhardt
Satz: Johanna Boy, Brennberg
Druck und Bindung: C.H.Beck, Nördlingen
Printed in Germany
September 2007

Verlag J.B. Metzler Stuttgart · Weimar

Vorwort

Schon Aristoteles stellt fest, dass alle Menschen Metaphern gebrauchen. Wenn man sich in der Folgezeit vor allem mit der ungewöhnlichen Metapher beschäftigt, so deshalb, weil sie die besondere ›Begabung‹ des Redners oder Dichters erweist und eine starke Wirkung auf die Rezipienten ausübt. Während die Metapher bis ins 18. Jahrhundert einen festen Platz in der *elocutio* innehatte – jenem Bereich der Rhetorik, der sich mit der sprachlichen Ausarbeitung befasst – rückte sie im Laufe des 20. Jahrhunderts zunehmend ins Zentrum der Debatte um die Beziehung zwischen dem Denken, den Emotionen und der Sprache. Inzwischen interessieren sich nicht nur die sprachlich orientierten Wissenschaften für die Metapher und verwandte Phänomene, sondern auch die Philosophie, die Psychologie, die Neurologie und nicht zuletzt die praxisbezogene Wirtschaftswissenschaft. Zunehmend wird deutlich, wie die Metapher auf höchst komplexe Weise zwischen unseren kognitiven Prozessen, unserer artikulierten Sprache und unserem Handeln in allen Bereichen des Lebens vermittelt.

Auch der Stellenwert der Metapher gegenüber verwandten Phänomenen ist keineswegs stabil geblieben: Während für Aristoteles die Metapher als zentrale semantische Figur galt, etablierte sich mit Quintilian der Überbegriff der ›Tropen‹ und ein ausdifferenziertes Begriffsgefüge. Diese Begriffe der rhetorischen Tradition haben ihre Bedeutung keineswegs verloren, im Laufe des 20. Jahrhunderts ist jedoch die Metapher wieder ins Zentrum gerückt. In diesem Band steht sie gewissermaßen als prototypische semantische Figur, die zu anderen semantisch wirksamen Figuren vom Vergleich bis hin zu Allegorie und Symbol eine jeweils unterschiedlich konfigurierte Verwandtschaftsbeziehung unterhält.

Im einleitenden Kurzkapitel sollen die aus der Metaphernforschung sich ergebenden Fragestellungen umrissen werden, um einen großen Kontext für die Diskussion der Metapher und der verwandten Begriffe zu schaffen. Denn die Begriffe sind keine klar abgrenzbaren Konstrukte, sondern sie bezeichnen – immer nur annäherungsweise – höchst komplexe Prozesse, die sich in der Kommunikation zwischen Sprecher/Autor, Äußerung/Werk und/oder Rezipient in einem immer wieder anderen Kontext abspielen. In der Diskussion um diese Prozesse geht es nicht zuletzt um grundsätzliche Spannungen zwischen unterschiedlichen Auffassungen von der Beziehung zwischen Denken und Sprache, zwischen philosophischen und rhetorischen Ansätzen, zwischen dem Interesse an rationalistischen Abgrenzungen und dem Streben nach einer ganzheitlichen Betrachtungsweise. Es wird hier auch kurz auf die Metasprache eingegangen. Denn schon der von Aristoteles gewählte Begriff der ›Übertragung‹ (*metaphora*) ist metaphorisch verwendet, und die Forschung ist sich einig darüber, dass man über Metaphern nur in Metaphern sprechen kann. Im Laufe des Buches sollte deutlich werden, warum dies unvermeidlich ist.

Das zweite Kapitel befasst sich mit den Überbegriffen des ›Bildes‹ und der ›Tropen‹, im dritten Kapitel geht es um die Metapher und im vierten Kapitel um Begriffe im Umkreis der Metapher. Definitionen dienen zur Orientierung, vor allem jedoch geht es um Beispiele aus der sprachlichen Praxis. Bezüglich der Metapher wird auf Aspekte eingegangen, die sich in der Diskussion um ihre Struktur und ihre Funktionen als zentral erwiesen haben. Ziel ist jedoch nicht nur, die Begriffe voneinander ›abzugrenzen‹ (vgl. z.B. Kurz 2004, 5), sondern auch, ›Übergänge‹ und ›Verknüpfungen‹ zu erkunden. Denn die Begriffe waren bezüglich ihrer Bedeutung und Klassifikation nie stabil, und schon Quintilian bemerkt die besondere Wirkung, die von der ›Verschmelzung‹ der Ausdrucksmittel ausgehen kann (VIII, 6, 49; 239). Die Beispiele entstammen vor allem dem Alltagsdiskurs, der journalistischen Sprache und der Literatur. Das Spektrum reicht somit von konventionellen Metaphern (z.B. ›auf keinen grünen Zweig kommen‹) bis hin zu kreativen, innovativen Metaphern (z.B. Ingeborg Bachmann: »Fall ab, Herz, vom Baum der Zeit«, V. 1). Es werden hauptsächlich Beispiele aus der deutschen Literatur gewählt; ab und zu kommen jedoch auch andere Literaturen zu ihrem Recht.

Das fünfte Kapitel gibt einen Einblick in verschiedene theoretische Ansätze, wobei zunächst die *Rhetorik* und *Poetik* von Aristoteles sowie die auf sprachliche Wirkung ausgerichtete Theorie der antiken Rhetorik im Vordergrund stehen. In aller Kürze werden dann einige Aspekte neuerer Metapherntheorien umrissen, um einen Eindruck von der Spannweite metaphorologischer Ansätze zu geben. Näher betrachtet werden Theorien der kognitiven Linguistik und der Neuropsychologie, in denen die Metapher als kognitives Phänomen erkundet wird. Abschließend wird ein Ansatz dargestellt, der unter Einbezug kognitiver und rhetorischer Perspektiven die ganzheitliche Zusammenwirkung kognitiver und sprachlicher Prozesse als zentrales Merkmal der Metapher versteht.

Das sechste Kapitel befasst sich – wenn auch jeweils nur anhand von ein paar Beispielen – mit der Bedeutung der Metapher in den Wissenschaften, in der Politik und Wirtschaft sowie in den Künsten. Im Vordergrund steht hier nicht die theoretische Reflexion über die Metapher, sondern die Vielfalt ihrer Funktionen im Diskurs um den Forschungsgegenstand, um Möglichkeiten des ›Zugangs‹ zum Wissen und dessen sprachliche Vermittlung, um disziplinäre Identität und um disziplinäre Interessen. Deutlicher als jede Theorie erweist das Panorama der Disziplinen die Notwendigkeit, die Metapher als kognitives *und* sprachliches Phänomen zusammenzudenken – unter Einbezug von physischer Wahrnehmung, rationalem Denken, Emotionen, ethischen Wertvorstellungen, mentaler und artikulierter Sprache sowie praktischem Handeln in der Welt.

Beispiele aus dem Englischen werden ohne Übersetzung angeführt; den Beispielen aus anderen Sprachen sind Übersetzungen beigegeben, deren Hauptzweck die Erläuterung der Bedeutung ist; bei Verwendung von Übersetzungen anderer sind die Übersetzer genannt. Ziel des Buches ist es, die grundlegende Bedeutung der Metapher für unser normales Denken und unsere alltägliche Sprache zu verdeutlichen und zugleich die abenteuerlichen Möglichkeiten der Kreativität aufzuzeigen, die sie uns eröffnet.

Danken möchte ich den vielen Kolleginnen und Kollegen, die geduldig auf meine Fragen und Spekulationen zur Metapher eingegangen sind. Zu Dank verpflichtet bin ich insbesondere Jeremy Adler für die langjährige Förderung meiner literaturwissenschaftlichen Arbeit; David Cram für sprachwissenschaftliche Anregungen; Armand D'Angour, Nicola Gardini, Jonathan Thacker und Caroline Warman für die fremdsprachliche Beratung; Peter Brugger, Georgina Krebs und Chris McManus für Hinweise auf neurowissenschaftliche Forschungsergebnisse; Jill Hughes und den anderen Mitarbeitern der Taylor Institution Library, Oxford, sowie den Mitarbeitern des Deutschen Literaturarchivs Marbach für ihre stete Hilfsbereitschaft und ihr eindrucksvolles Wissen; Jesus College und der Universität Oxford für Forschungsurlaub und Forschungsstipendien. Meinem Mann Tristam Carrington-Windo und meinen Kindern Alice, Eliot und Agnes danke ich für ihre Unterstützung, ihre Toleranz und ihre Beiträge zu meinem Metaphernschatz. Ute Hechtfischer gebührt Dank für ihre geduldige und kompetente Betreuung des Buches von der Konzeption bis hin zum Druck. Gewidmet ist es meinen früheren, gegenwärtigen und künftigen Studierenden.

Katrin Kohl   Oxford, Juli 2007

Abkürzungen

Aristoteles: *P*	Aristoteles: *Poetik* (1994)
Aristoteles: *R*	Aristoteles: *Rhetorik* (1995)
Cicero	Cicero, Marcus Tullius: *De oratore/Über den Redner* (1976)
Longin	(Pseudo-)Longinus: *Vom Erhabenen* (1988)
Quintilian	Quintilianus, Marcus Fabius: *Ausbildung des Redners* (1995)

Vollständige Angaben zu den obigen Werken finden sich im Literaturverzeichnis, Teil 2 (Theorie und Forschung zur Metapher). Im Text erfolgen Verweise auf diese Werke mittels der standardmäßigen Kapitelangabe, und es folgt die Seite der verwendeten Übersetzung (ggf. mit Band), z.B.: Quintilian, VIII, 6, 4; Bd. 2, 219.

Verweise im Text auf andere Titel im Literaturverzeichnis, Teil 2, erfolgen anhand von Autor(en), Jahr und Seite (ggf. mit Band), z.B.: Lausberg 1990, Bd. 1, 285.

Werke, die als Beispielmaterial verwendet werden, finden sich im Literaturverzeichnis, Teil 3 (Andere Quellen). Die jeweilige Angabe im Text besteht aus Autor, Kurztitel (ggf. mit Akt/Szene), und Seite (bzw. Vers), z.B.: Rowling: *Harry Potter*, 8.

Bei kurzen Zitaten aus der Presse wird nur im Text auf den Titel des Organs, das Datum der Ausgabe und die Seitenzahl verwiesen.

Inhaltsverzeichnis

1. Die Metapher zwischen Kognition und Sprache

Es ist kaum kontrovers, dass die folgenden Äußerungen ›Metaphern‹ sind: ›Die Sonne lacht‹, ›Er hat die letzte Reise angetreten‹, ›Rot ist die Liebe‹ und »Zwei Seelen wohnen, ach! in meiner Brust« (Goethe: *Faust I*, Vor dem Tor; 57). Für die Definition bietet die antike Metapherntheorie noch immer einen hilfreichen Ausgangspunkt: Es handelt sich um die Verwendung eines Wortes oder einer Wortgruppe in ›übertragener‹, »uneigentlicher Bedeutung« (Aristoteles: *P*, 21; 67) beziehungsweise um einen ›verkürzten Vergleich‹ (Quintilian, VIII, 6, 8; Bd. 2, 221). So steht das vom Menschen auf die Sonne ›übertragene‹ Verb ›lachen‹ für das ›wörtliche‹ Verb ›scheinen‹, und die euphemistische Darstellung des Sterbens als ›letzte Reise‹ lässt sich aus dem Vergleich ›Das Leben ist wie eine Reise‹ (bzw. ›Serie von Reisen‹) herleiten. Vorausgesetzt ist eine logische Beziehung zwischen dem ›eigentlichen‹ und dem ›uneigentlichen‹ Wort; fokussiert ist der von der ›wörtlichen‹ Rede abweichende sprachliche Ausdruck.

Man gelangt allerdings schnell an den Punkt, wo die metaphorische Struktur nicht eindeutig ist – auf welcher Analogie basiert zum Beispiel die topische Metapher ›Rot ist die Liebe‹? – oder wo der Kontext mitwirkt, so bei den Worten des in sich zerrissenen Faust. Manche Metaphern entziehen sich der logischen ›Auflösung‹, so Paul Celans berühmte »Schwarze Milch der Frühe« (*Todesfuge*, V. 1 u.ö.). Eine solche Metapher kann man entweder als ›absolute Metapher‹ aus der ›normalen‹ Kommunikation ausgrenzen oder aber als theoretische Herausforderung begreifen, die zur Erkundung der sprachlichen *und* kognitiven Funktion von Metaphern reizt.

Schon Aristoteles verweist auf die kognitive Dimension der Metapher, wenn er bemerkt, das Bilden guter Metaphern beruhe auf der Fähigkeit, »wie [...] in der Philosophie [...] das Ähnliche auch in weit auseinander liegenden Dingen zu erkennen« (*R*, III, 11, 5; 194f.). Im Laufe des 20. Jahrhunderts stellt sich zunehmend die Frage, was mit dem Terminus ›Metapher‹ eigentlich bezeichnet ist: ein technisches Merkmal des sprachlichen Ausdrucks, ein klar definierbares semantisches Phänomen oder ein komplexer, mit anderen mentalen Vorgängen zusammenhängender Prozess. Dabei ist die Antwort meist abhängig von dem jeweiligen disziplinären Interesse an der Beziehung zwischen Denken und Sprache. So steht

tendenziell in der Literaturwissenschaft die sprachliche Form oder
rezeptionsästhetische Funktion der Metapher im Vordergrund; in
der Rhetorik die psychologische Wirkung; in der Philosophie die
Ausgrenzung der Metapher oder Definition ihrer kognitiven Leistung; in der kognitiven Linguistik, Psychologie und Neurologie ihre
mentale Struktur und Wirkung; in den Naturwissenschaften ihre
Gefahr als ›Denkfalle‹ oder ihr Beitrag zur Erkenntnisgewinnung;
in Politik und Wirtschaft ihr Einfluss auf das Handeln. Generell besteht die Neigung, je nach Interesse einen Teil des metaphorischen
Prozesses zu isolieren.

Es ist in der Metaphernforschung allgemein anerkannt, dass Aristoteles die Grundlegung der Metapherntheorie mittels einer metaphorischen Verwendung des Wortes *metaphora* (Übertragung) vollzieht – es handelt sich ja um ein kognitiv-sprachliches Phänomen,
nicht um einen physischen Akt des ›Hinübertragens‹, und der ›Bereich‹, wo das Getragene herkommt, ist bezüglich seiner Struktur
und Grenzen so metaphorisch wie der ›Bereich‹, in den es getragen
wird. Anerkannt ist ebenfalls, dass in der Folgezeit »die Beschreibung der metaphorischen Prozedur selbst wieder Metaphern voraussetzt« (Kurz 2004, 7; vgl. auch Rolf 2005, 3 u. 68). Die daraus folgende Abhängigkeit jeder Metapherntheorie von Metaphern
wird allerdings zumeist im Interesse einer Durchsetzung der eigenen Perspektive ausgeblendet. Es ist jedoch notwendig, diese Metaphorizität der Begriffe und Beschreibungen zu berücksichtigen, um
präsent zu halten, dass die begrifflichen ›Definitionen‹ beziehungsweise ›Abgrenzungen‹ zwar für die wissenschaftliche Arbeit unerlässliche Hilfsmittel darstellen, aber keinen Absolutheitswert beanspruchen können. Aus diesem Grunde ist auch eine Einschränkung
jener Begriffe, mit denen der metaphorische ›Übertragungs‹-Prozess
beschrieben wird (s.u., S. 41–43) nicht sinnvoll; hilfreicher ist es,
für unterschiedliche Effekte eine Vielfalt von Beschreibungsweisen
verfügbar zu halten.

Die Leistung der antiken Metapherntheorie besteht nicht zuletzt
darin, dass sie das große Spektrum dessen, was auch heute in Bezug
auf die Metapher und verwandte Phänomene diskutiert wird, ent-
worfen und terminologisch ausdifferenziert hat. Berücksichtigt ist
sowohl die ›innere‹ mentale als auch die ›äußere‹ artikulierte Sprache
unter Einbezug des rationalen Denkens und der Emotionen, und
über die Rhetorik ist grundsätzlich der körperliche, moralische, handelnde Mensch miteinbezogen. Angelegt ist schon hier eine Komplexität, die in der Folgezeit eine breite Vielfalt unterschiedlicher
theoretischer Ansätze hervorbringt – und nicht zuletzt unterschiedliche Definitionen der Metapher.

Die Spannungen erwachsen vor allem aus der Frage, welcher Stellenwert der Metapher in der Beziehung zwischen Kognition und Sprache zukommt. Denn sie führt in ein Gebiet, das schon zwischen Platon und den Sophisten hart umkämpft war und das in der heutigen Philosophie, Literaturwissenschaft und Linguistik nicht weniger brisant ist, da hier ›Objektivismus‹ und ›Konstruktivismus‹ und deren weniger radikale Spielarten aufeinandertreffen (vgl. Ortony 1993b; Drewer 2003, 34–40; vgl. auch grundsätzlich zum ›sprachlichen Relativitätsprinzip‹ Gardt 1999, 230–245). Kontrovers bleiben insbesondere die ›Grenzen‹, die der Definition dienen: zwischen individueller und kollektiver Sprache, zwischen mentaler und artikulierter Sprache, zwischen mentalen Prozessen.

Eine Diskussion der Metapher ist in diesem Spannungsfeld nie neutral, und das Unterfangen von Eckard Rolf, mit seiner Studie *Metaphertheorien* »sämtliche« Theorien »in vollem Umfang« zu erfassen, dürfte schon vom Ansatz her verfehlt sein (2005, Umschlag und S. 1). Wenn er den »Vorteil« geltend macht, »daß ihr *keine ›eigene‹* Metaphertheorie zugrundeliegt« (ebd., 5f.), so zeigt sich schon in diesem Anspruch ein spezifisch objektivistischer, philosophisch orientierter Ansatz (s.u., S. 106). Es soll hier kein wie auch immer gestalteter Überblick über das theoretische Feld geliefert werden. Ziel ist vielmehr ein breit angelegter Ansatz, der die Wirkungsweise der Metapher zwischen Denken und Sprache verfolgt. Denn bedenkenswert ist nach etwa fünfundzwanzig Jahrhunderten der Diskussion um die Metapher das Fazit des Metaphern-Veteranen M.H. Abrams:

An emerging conclusion is that the diverse accounts of metaphor need not be mutually exclusive, in that each is directed especially to a particular one of many kinds of metaphor or functions of metaphor, or focuses on a different moment in the process of recognizing and understanding a metaphor, or is adapted to the perspective of a distinctive world view. (Abrams 1999, 157f.)

Wenn dieses relativistische Ergebnis lediglich den Standpunkt unseres relativistischen Zeitalters reflektiert, so mag dies als Bestätigung von Abrams' These gelten.

Angestrebt wird im Folgenden die Herausarbeitung brauchbarer Ansatzpunkte für das Verständnis metaphorischer Prozesse und Funktionen. Unternommen wird dies auf der Basis der von Saussure entworfenen Sprachtheorie unter Einbezug von Metapherntheorien der kognitiven Linguistik einerseits und der Rhetorik andererseits. Vorausgesetzt ist die Ganzheitlichkeit des ›Kreislaufs‹ von Sprecher/Autor – Äußerung/Werk – Rezipient, bei dem der Rezipient wiederum zum Sprecher/Autor werden kann und immer auch der Kontext am gesamten Prozess beteiligt ist (s. Kap. 5.5).

Saussures ›Kreislauf des Sprechens‹

Einem neurowissenschaftlichen Standardwerk zufolge ist Ferdinand de Saussures – von Schülern überlieferter – *Cours de linguistique générale* »the foundational canon of the modern sciences of language« (Shapiro/Caramazza in Gazzaniga 2004, 803). Wirksam war Saussures Gründungsakt nicht zuletzt deshalb, weil er die Sprache in ihrer ganzen Reichweite für die Forschung zugänglich machte. Das von ihm entworfene Projekt berücksichtigt die ›Rede‹ (*langage*) unter Einbezug ihrer physischen, physiologischen und psychologischen Aspekte, die ›Redefähigkeit‹ (*faculté de langage*), das ›Sprachsystem der Sprachgemeinschaft‹ (*langue*) sowie den individuell verwirklichten Akt des ›Sprechens‹ (*parole*) (Saussure 1982, 23–32; Saussure 2001, 9–18). Wenn auch Saussure die wissenschaftliche Abgrenzung anstrebte und die Bedeutung der *langue* hervorhob, so ist doch festzuhalten, dass er von einem ganzheitlichen Prozess ausging.

Die Wechselbeziehung zwischen psychologischen, physiologischen und physischen Prozessen verdeutlicht folgendes Diagramm:

Saussures »Kreislauf des Sprechens« (*circuit de la parole*), bestehend aus psychologischen, physiologischen und physischen Prozessen (Saussure 2001, 14)

Das Bild zeigt jene körperbezogenen Grenzen zwischen ›innen‹ und ›außen‹, die für unsere Vorstellung von Sprache zentral sind, beispielsweise in Redewendungen wie ›Ich bring's nicht über die Lippen‹ oder ›Sie hat immer ein offenes Ohr für unsere Probleme‹. Dass hiermit eine fundamentale Frage der Konzeptualisierung von Sprache ins Zentrum rückt, geht aus der langen Diskussion um die Bedeutung des *logos*-Begriffs hervor, den Johann Gottfried Herder – nicht unkontrovers – ›grenzüberschreitend‹ definiert: »Es ist bekannt, daß λογος das *innere und äußere Wort, Vorstellung* von innen und *Darstellung* von außen bedeute« (Herder 1884, 356). Wenn Saussure daraus einen ›Kreislauf‹ macht, so verdeutlicht er die fließenden Übergänge zwischen psychologischen, physiologischen und physischen Prozessen, aus denen sich ›Rede‹ konstituiert. Das Diagramm macht bewusst, wie mühelos wir zumeist im Akt der Kommunikation diese Grenzen passieren – denn unsere Sprache ist auf genau diese ›Übergänge‹ spezialisiert.

Ein zweites Diagramm zeigt ein Modell von den Übergängen zwischen Vorstellung (*concept*), ebenfalls mentalem ›Lautbild‹ (*image acoustique*) und physischem Laut, wobei nun die ›Köpfe‹ von oben dargestellt sind:

v · *Vorstellung*
l · *Lautbild*

Saussures »Kreislauf« ›von oben‹ gesehen (Saussure 2001, 14)

Gezeigt wird eine Abfolge: der Übergang von der psychologischen Vorstellung (*concept*) in das ebenfalls psychologische Lautbild (*image acoustique*) im Gehirn, der Übergang vom mentalen Lautbild in den physiologischen Akt der Lautgebung (*phonation*), der – hier nicht benannte – Übergang in die physischen Schallwellen sowie der entsprechende rezeptive Prozess, wobei nun der physiologische Akt der Lautwahrnehmung (*audition*) wirksam wird.

Das Diagramm gibt einem hochkomplexen abstrakten Vorgang eine vereinfachte, visualisierbare Struktur, und es ist im Kontext der Metapherntheorie bedeutsam, dass Saussures Begriff *image acoustique* auf die ›bildlich‹-metaphorische Dimension der Vor- und Darstellung des sprachlichen Elements verweist. Auch wenn Saussure nicht auf das Phänomen der Metapher eingeht, so liefert doch seine Zeichentheorie eine produktive Basis. Denn im Zeichen sind *concept* und *image acoustique* verquickt, und es ergibt sich daraus eine unbegrenzte Verbindung zu den mentalen Prozessen einerseits und den kommunikativen Prozessen andererseits:

Zeichen (*signe*)

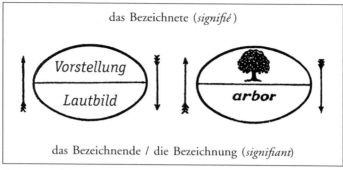

Saussures Zeichenbegriff (nach Saussure 1982, 99 und 2001, 78)

Grundlegendes Prinzip des Zeichens ist die Arbitrarität der Beziehung zwischen Bezeichnendem und Bezeichnetem; zudem hebt Saussure hervor, dass sich das Bezeichnende – anders als das visuelle Zeichen – in der Zeit entfaltet (Saussure 2001, 82). Beide Prinzipien sind für die Metapher bedeutsam, denn das erste unterminiert die von Aristoteles vorausgesetzte Priorität des ›eigentlichen Wortes‹ und das zweite betont die Prozessualität der Sprache auch in ihrem semantischen Aspekt.

Geht man von Saussures Zeichentheorie im Kontext seiner Sprachtheorie aus, so stellt sich die ›Konvertierung‹ gedanklicher Vorstellungen in artikulierte Sprache als hochkomplexer Prozess dar, dem man nur gerecht wird, wenn man ihn ganzheitlich begreift.

Grundlegende Thesen

- Die Metapher und die mit ihr verwandten Phänomene sind Teil eines ganzheitlich zu verstehenden kognitiv-sprachlichen Prozesses, der zwischen Individuum und Kulturgemeinschaft vermittelt.
- Die vom Individuum konzipierte und artikulierte Metapher steht in Verbindung zur physischen Wahrnehmung, zur körperlichen Erfahrung, zum rationalen Denken, zu den Emotionen sowie auch zum physischen und gesellschaftlichen Kontext des Individuums.

- Metaphorische Prozesse sind nicht physisch ›greifbar‹, sondern lassen sich nur metaphorisch konzeptualisieren und darstellen. Die Begriffe, mit denen diese Prozesse beschrieben werden, dienen insofern der kognitiven Strukturgebung, nicht der Definition einer vorgegebenen, ›festen‹ und absolut bestimmbaren Struktur.

2. ›Bildliche‹ Sprache

Für den praktischen Umgang mit der Metapher nicht weniger als für die Metapherntheorie bieten die kanonischen Texte zur Metapher stabile Orientierungspunkte. Sie ergeben kein schlüssiges System, aber sie stellen Begriffe zur Verfügung und ermöglichen die Verortung alter und neuer Ansätze.

Metapher und Tropen

Schon seit der Antike wird die Metapher auf vielerlei Weise definiert und kategorisiert, durch verschiedenartige Beispiele erklärt und dadurch zu verschiedenen Phänomenen in Bezug gebracht. Systematisiert wird das Feld durch Quintilians Überbegriff ›Tropus‹:

> Es ist also ein Tropus eine Redeweise, die von ihrer natürlichen und ursprünglichen Bedeutung auf eine andere übertragen ist, um der Rede zum Schmuck zu dienen, oder, wie die Grammatiklehrer meist definieren, ein Ausdruck, der von der Stelle, bei der er eigentlich gilt, auf eine Stelle übertragen ist, wo er nicht eigentlich gilt. (Quintilian, IX, 1, 4; Bd. 2, 251)

Die Metapher gilt ihm als »wichtigster Schmuck der Rede« (VIII, 2, 6; Bd. 2, 141) und als »der häufigste und [...] bei weitem schönste« Tropus (VIII, 6, 4; Bd. 2, 219) und sie erhält auch aufgrund der Benennung (griech. *metaphora* u. lat. *translatio*: Übertragung) eine prototypische Funktion. Darüber hinaus zählt er zu den Tropen vor allem Synekdoche, Metonymie, Antonomasie, Katachrese (›notwendige‹ Metapher), Allegorie, Ironie, Periphrase (Umschreibung), Hyperbaton und Hyperbel (VIII, 6; Bd. 2, 217–249). Den Vergleich diskutiert er im allgemeineren Kontext des »Wortschmucks« (VIII, 3, 72–81; Bd. 2, 181–185).

Vorausgesetzt ist bei Quintilians Definition der Tropen die Trennung zwischen dem bezeichneten Ding oder Sachverhalt (*res*) und seinem sprachlichen Ausdruck (*verba*) sowie eine diachronisch ›vom Ursprung‹ her gegebene Stabilität ihrer Beziehung. Darauf aufbauend ergibt sich eine räumliche und somit synchronisch stabile Konzeption der ›eigentlichen‹ Bedeutung. Dieses räumlich stabile

Bezugssystem, in dem das eigentliche Wort an einer spezifischen ›Stelle‹ steht (*locus*), ermöglicht die Vorstellung von einem Prozess der ›Übertragung‹ an eine andere Stelle. Als Beispiele nennt Quintilian die konventionelle Metapher »Zorn-entbrannt«, in der eine Übertragung aus dem Bereich ›Feuer‹ auf den Bereich ›Emotionen‹ stattgefunden hat, sowie die unkonventionelle Metapher »Blitze der Beredsamkeit«, in der eine Übertragung aus dem Bereich ›Wetter‹ auf den Bereich ›Sprache‹ erfolgt ist (VIII, 6, 7; Bd. 2, 219–221):

Ausdruck	Herkunftsbereich (eigentliche Bedeutung)	Zielbereich (nicht eigentliche / übertragene / metaphorische Bedeutung)
entbrennen	in Flammen ausbrechen	plötzlich eine intensive Emotion fühlen (Zorn, Begierde)
Blitz	plötzliche Lichterscheinung am Himmel	außergewöhnlich eindrucksvolle Verwendung von Sprache

Vorausgesetzt ist in beiden Beispielen die ›Eigentlichkeit‹ des physisch gegründeten Begriffs. Der Prozess der ›Übertragung‹ erfolgt hier auf einen abstrakteren Bereich und ergibt die ›uneigentliche‹ beziehungsweise metaphorische Bedeutung (s. Kap. 3.1).

Schon Quintilians Bestimmung lässt jedoch das Potenzial für Theorienvielfalt erkennen, denn es bleibt offen, auf welcher ›Ebene‹ beziehungsweise in welchem Stadium des kognitiv-sprachlichen Prozesses die ›Übertragung‹ stattfindet: auf der Ebene der ›rein‹ kognitiven beziehungsweise kognitiv-sprachlichen ›Bedeutung‹ (*significatio*) oder auf jener des ›Ausdrucks‹ (*dictio*). ›Uneigentlichkeit‹ kann somit in unterschiedlichen Stadien des Prozesses ins Spiel kommen:

• in der **kognitiven Verarbeitung** von Vorstellungen (›rein‹ kognitive Bedeutung) – d.h. wir imaginieren vorsprachlich Emotion als Feuer und eindrucksvolle Rede als Blitz,
• in der **kognitiv-sprachlichen Verarbeitung** von Vorstellungen (kognitiv-sprachliche Bedeutung) – d.h. wir imaginieren unter Einbezug sprachlicher Strukturen und/oder Konventionen Emotion als Feuer und eindrucksvolle Rede als Blitz,

- im **Ausdruck**, dem Resultat der kognitiv-sprachlichen Arbeit – d.h. wir imaginieren die Emotion und die eindrucksvolle Rede als solche, aber ersetzen den Ausdruck ›zornig‹ durch ›zornentbrannt‹ und den Ausdruck ›eindrucksvoll‹ durch ›Blitz‹.

Fokussiert man den Ausdruck, so ergibt sich ein stabiles Modell, in dem der übertragene Ausdruck lediglich ›äußerlichen‹ Schmuck beiträgt. Sobald jedoch die ›Übertragung‹ als rein kognitiver Vorgang oder als kognitiv-sprachlicher Vorgang verstanden wird, gerät sie ins Spannungsfeld der komplexen und wissenschaftlich hochkontroversen Interaktion zwischen Sprache und Denken. Denn es besteht kein Konsens darüber, inwieweit es ein sprachunabhängiges Denken gibt und wie sich ›mentale Sprache‹ in artikulierte Sprache ›verwandelt (s.u., S. 121–123).

Quintilian gewinnt seine – offenbar schon zu seiner Zeit keineswegs unkontroverse (vgl. VIII, 6, 1; Bd. 2, 217) – Bestimmung der Tropen aus ihrer Abgrenzung von den ›Figuren‹ (vgl. Plett 2001b); dabei sind die Kriterien ›Übertragung‹ und ›Uneigentlichkeit‹ als Unterscheidungsmerkmal der Tropen zentral. Quintilians Systematisierung war bis ins 20. Jahrhundert Maßstab für die Klassifikation der Begriffe. Die zunehmende Bedeutung der Metapher unterminierte die Struktur seiner Taxonomie, ohne jedoch grundsätzlich seine Ausführungen bezüglich der Metapher in Frage zu stellen, die ja auch bei ihm im Vordergrund steht. Zugleich wurde seine Ausgrenzung des Vergleichs von den Tropen relativiert und wie bei Aristoteles eine Nähe beziehungsweise ein gradueller Unterschied konstatiert (*R*, III, 4, 1; vgl. z.B. Lakoff/Turner 1989, 133). Die Verschiebung der tropologischen Bezüge geht aus Jonathan Cullers Fazit hervor: »today metaphor is no longer one figure among others but the figure of figures« (1981, 189).

Als einflussreich erwies sich zudem Roman Jakobsons 1956 vorgelegte Gegenüberstellung der Metapher und der Metonymie als grundlegend verschiedene »semantische Richtungen« der Rede (Jakobson 1971, 90): Er unterschied die Metapher als ›Similaritätsfigur‹, die Begriffe aus zwei als ›ähnlich‹ wahrgenommenen semantischen Bereichen verbindet, von der Metonymie als ›Kontiguitätsfigur‹, die ›angrenzende‹ Begriffe aus einem einzigen semantischen Bereich verbindet (z.B. Autor für Werk: ›*Shakespeare* lesen‹ statt ›*das Werk* von Shakespeare lesen‹). Sein Ansatz ist nicht zuletzt deshalb bedeutsam, weil er die Hirnforschung heranzog – ein Gebiet, das aus der Perspektive der kognitiven Linguistik interessant geworden ist und gegenwärtig für die Metaphernforschung fruchtbare Einsichten liefert (s.u., S. 58f.).

Im Folgenden steht die Metapher als prototypische ›Übertragungsfigur‹ im Zentrum, aber es sollen auch verwandte Phänomene diskutiert werden, die jeweils andere Spielarten der ›Übertragung‹ darstellen. Dabei gilt das Interesse jenen Begriffen, die gegenwärtig am wichtigsten erscheinen beziehungsweise historisch ein deutliches Profil haben:

- Vergleich und Analogie als explizite Entsprechungen zur Metapher
- Metonymie und Synekdoche als ›Übertragungen‹ innerhalb eines kognitiven Bereichs
- Gleichnis und Parabel als ausgeführte Vergleiche
- die Allegorie als narrativ ausgeführte Metapher und gestalthafte Personifikation
- das Emblem als Verbindung von Wort, bildlicher Rede und visuellem Bild
- das Symbol als dingliche Entsprechung zur Metapher.

Bevor jedoch in den nächsten beiden Kapiteln auf die spezifischen Begriffe eingegangen wird, soll ein Überbegriff betrachtet werden, der seit der Antike bei der Diskussion der Tropen im Spiel ist und die mentale Wirkung der Tropen betrifft: der Begriff des sprachlichen ›Bildes‹.

›Bildliche‹ Rede

Der Begriff ›bildliche Rede‹ ist offensichtlich metaphorisch, denn es handelt sich um ein ›Bild‹, das *eigentlich* aus Worten besteht und nur in Grenzfällen – beispielsweise in der visuellen Poesie – (auch) als physisch visuelles Konstrukt wahrgenommen werden kann. *Uneigentlich* geht es jedoch sehr wohl um Bilder: Der Begriff fokussiert einen wichtigen kognitiven Aspekt sprachlicher Figuren – die Aktivierung der ›Imagination‹ (lat. *imago*: Bild; vgl. Asmuth/Barrasch u.a. 1994, Sp. 10–30).

Die Metapher wird seit der Antike mit dem Effekt des ›Vor Augen Führens‹ assoziiert (s.u., S. 65, 110 u. S. 112f.); vgl. das poststrukturalistische Interesse an diesem Effekt, Campe 1997) und terminologisch mit dem ›Bild‹ in Zusammenhang gebracht. So bezeichnet Aristoteles den Vergleich als ›Bild‹ (*eikon*) und nähert diesen wiederum der Metapher an (z.B. *R*, III, 10, 3; 190; vgl. zu diesem Komplex Ricœur 1975, 262–272). In der *Rhetorica ad Herennium* heißt der Vergleich entsprechend *imago* (IV, 62). In den modernen Sprachkulturen hat sich der Begriff ›Bild‹ (vgl. engl. *image*; frz. *image*) als »unscharfe Sammelbez[eichnung] der Stilanalyse für die verschiedensten Formen bildlicher Ausdrucksweise« (Schweikle

1990, 52) etabliert; er umfasst spezifischere Begriffe wie Metapher, Vergleich, Gleichnis, Allegorie, Personifikation, Symbol, Emblem (vgl. ebd. u. Wilpert 2001, 89). So setzt Goethe die ›Bildlichkeit‹ solcher Phänomene voraus, wenn er bemerkt: »Worte und Bilder sind Correlate, die sich immerfort suchen, wie wir an Tropen und Gleichnissen gewahr werden« (1985ff., Bd. 13, 22).

In der deutschsprachigen Metapherntheorie des 20. Jahrhunderts dient der Begriff ›Bild‹ einerseits als Synonym für das Fremdwort ›Metapher‹, andererseits als allgemeiner Begriff für Tropen, Vergleich u.Ä. So berichtet Hermann Pongs im Vorwort zu seiner Studie *Das Bild in der Dichtung*, sie habe sich aus Arbeiten zur »Metapher« entwickelt (1927, VI). Deutlich wird hier bereits im Titel – wie auch in Wolfgang Clemens *Shakespeares Bilder* (1936) oder Walter Killys *Wandlungen des lyrischen Bildes* (1956) –, dass um die Mitte des 20. Jahrhunderts der Begriff ›Bild‹ im Zentrum steht, wohingegen um die Jahrtausendwende der Begriff ›Metapher‹ diesen Platz einnimmt. Der Übergang zur ›modernen‹ Begrifflichkeit lässt sich bei Harald Weinrich verfolgen, wenn er in seiner Untersuchung *Sprache in Texten* erklärt, er verwende »den Begriff Metapher, dem Sprachgebrauch der modernen Metaphernforschung folgend, in seiner weitesten Bedeutung für alle Formen des sprachlichen Bildes« (1976, 277); allerdings lebt das ›Bild‹ in seinen Begriffen ›Bildfeld‹, ›Bildspender‹ und ›Bildempfänger‹ fort.

Der Begriff ›Bild‹ ist in den letzten Jahrzehnten in Misskredit geraten, weil er als allzu weit, vage und unscharf gilt und demnach in einer systematischen Wissenschaft keinen Platz hat (vgl. Birus 2000, 572; vgl. jedoch auch Korte 2001, 257–260). Hilfreich ist die Vorstellung von einer ›bildlichen‹ Sprache allerdings insofern, als damit ein Komplex von sprachlichen Phänomen evoziert wird, die über die Sprache hinausführen: einerseits in die physische Welt des sinnlich Wahrgenommenen und andererseits in die mentale Welt der Imagination – wobei die Imagination wiederum das sinnlich Wahrgenommene verarbeitet und mentale Entsprechungen dazu ausbildet.

Der ›Bild‹-Begriff priorisiert die visuelle Wahrnehmung, ohne doch auf das Visuelle eingeschränkt zu sein. So bestimmt J.A. Cuddon die sinnliche Spannweite des englischen Begriffs *image* wie folgt: visuell, auditorisch, olfaktorisch, taktil, geschmacklich, kinästhetisch (1999, 413). Der Gesichtssinn steht somit als prototypischer Begriff für die Sinne. Erklärlich ist dies daraus, dass der Gesichtssinn seit der Antike nicht nur als wichtigstes Organ für unsere Wahrnehmung der Umwelt gilt, sondern mittels seiner mentalen Entsprechung – unserem ›inneren Auge‹ – auch für die philosophische Erkenntnis zuständig gemacht wird (vgl. die Auseinandersetzung mit der Bedeutung okularer Metaphorik für die philosophische Tradition bei Rorty 1979, 38–45 u. passim); zudem gilt in der Rhetorik die Stimulierung der visuellen Imagination als wirksamstes Instrument psychologischer Einflussnahme (vgl. Cicero, III, 40, 160f.).

Kognitive Implikationen des Bild-Begriffs

Der ›Bild‹-Begriff für die Metapher und verwandte Phänomene hat bedeutende kognitive Implikationen, die bislang noch kaum erforscht sind. Grob gesagt lässt sich vermutlich davon ausgehen, dass in der Produktion und Verarbeitung ›bildlicher‹ Sprache ein ›visuelles‹ Denken involviert ist. So gehen manche Forscher davon aus, dass es zwei unterschiedliche, aber komplementäre Formen des Denkens gibt (vgl. Paivio 1986; Sadoski/Paivio 2001) und dass in der Verarbeitung metaphorischer Sprache sowohl verbal-assoziative als auch imaginale Prozesse beteiligt sind; besonders die Interpretation innovativer Metaphern erfordert diesem Ansatz zufolge ein ›bildliches Denken‹ (Sadoski/Paivio 2001, 87).

Auch Versuche im Rahmen der Hemisphärenforschung haben gezeigt, dass die Verarbeitung von Metaphern nicht nur die besonders auf sprachliche Prozesse spezialisierte linke Hirnhälfte aktiviert, sondern verstärkt auch Bereiche des rechtsseitigen Hirns, das zu einem anderen ›Denkstil‹ tendiert (s.u., S. 58f.). Allerdings handelt es sich bei der Vorstellung von einem ›bildlichen Denken‹ möglicherweise um eine Illusion (vgl. Pylyshyn 2006, passim). Dann jedoch wäre es der Leistung des kreativen metaphorischen Denkens zuzuschreiben, dass wir über ein mentales ›Sehen‹ verfügen: Die ›Übertragung‹ des physischen Auges vom Herkunftsbereich der physischen Sinne auf den Zielbereich des abstrakten Denkens wäre somit Voraussetzung für das Denken selbst. Dies würde erklären, wie es uns gelingt, mittels Metaphern unsere mentale ›Welt‹ sprachlich darzustellen.

Das Zusammenspiel zwischen Wort und visuellem Bild birgt ein kommunikatives Potenzial, das in jeder Form der Propaganda Einsatz findet, wobei oft auch die ›bildliche‹ Dimension des Wortes genutzt wird. Die kognitive Wirksamkeit der Verbindung von visuellem Bild und ›bildlicher‹ Rede erhellt nicht zuletzt aus deren strategischer Nutzung in der Werbung. Das folgende Beispiel ist eine Zeitungsanzeige des Investmentunternehmens Indexchange, in der die geradezu prototypische Metapher ›Der starke Mann ist ein Löwe‹ (s.u., S. 26) als Werbeinstrument dient:

(Abdruck mit freundlicher Genehmigung von INDEXCHANGE Investment AG, München)

Die Metapher wird primär bildlich etabliert: Das in ungewöhnlicher Nahaufnahme gezeigte Löwengesicht blickt den Betrachter wie ein menschliches Gesicht an. Gestützt wird die visuelle Ansprache durch die Aufforderung im Text: »Folgen Sie Ihrem natürlichen Beuteinstinkt!« Indem der Zieladressat – ein finanzstarker Mann – implizit mit einem Raubtier gleichgesetzt wird, erscheint die gewünschte Investitionsentscheidung »natürlich«. Die Garantie des finanziellen Erfolgs liefert der Slogan unter dem Bild, der die Handlung des Individuums, die Finanzkraft des Unternehmens und die Marktentwicklung in der zeitlosen Dynamik der starken ›Natur‹ zusammenführt: »Die natürliche Kraft des Marktes.« Das Bild ist nicht zuletzt deshalb wirksam, weil es über den Gesichtssinn den »Instinkt« des Adressaten aktiviert: Von klein auf reagieren wir auf Gesichter und gefährliche Tiere. Zugleich vermittelt die clevere Verbindung der Kommunikationswege den hohen Anspruch eines Unternehmens, das sich als ›König‹ des Marktes projiziert.

Die Bedeutung der Metapher erschließt sich erst aus dem Zusammenspiel von Bild und Wort; indem wir sie interpretieren, lassen wir die Metapher rational und emotional wirken. Gefordert ist ein Abstraktionsvermögen, das die Bedeutung von Wort und Bild produktiv verknüpft und die Botschaft als kognitiven Mehrwert erfährt. Dieser Prozess der Abstraktion ist für die Metapher typisch.

Abstraktion und Konkretisierung

Insgesamt steht das ›bildliche‹ Denken offenbar in Zusammenhang mit der menschlichen Fähigkeit und Tendenz, vom Physischen zu abstrahieren. ›Übergänge‹ vom Physischen zum Abstrakten sind in den verschiedensten anthropologischen Konstanten feststellbar – in symbolischer Kommunikation (Sprache, Gestik, Gesichtsausdruck), in der sprachlichen Bezugnahme auf das physisch nicht Präsente, in metaphysischen Erklärungen für Leben und Tod (vgl. Brown 1991, 131–134, 139). Für die Metapher und die anderen hier zur Debatte stehenden Begriffe ist generell kennzeichnend, dass sie gewissermaßen den komplementären Weg nehmen und abstrakte Zusammenhänge mit konkreten Strukturen versehen.

Dass der Prozess des Denkens und Sprechens durch stetiges Abstrahieren und Konkretisieren gekennzeichnet ist, legt Kants Schema-Begriff nahe (vgl. Johnson 1987, 152–166). Er bemerkt, dass »unsern reinen sinnlichen Begriffen nicht Bilder der Gegenstände, sondern Schemate zum Grunde [liegen]«. Solche »Schemate« lassen sich jedoch nur als rudimentär figürlich konzeptualisieren:

Der Begriff vom Hunde bedeutet eine Regel, nach welcher meine Einbildungskraft die Gestalt eines vierfüßigen Thieres allgemein verzeichnen kann, ohne auf irgend eine einzige besondere Gestalt, die mir die Erfahrung darbietet, oder auch ein jedes mögliche Bild, was ich *in concreto* darstellen kann, eingeschränkt zu sein. (Kant 1911, 136)

Die hier geltend gemachte Abstraktheit des »reinen« Begriffs ist einleuchtend; für den Prozess der Versprachlichung jedoch ist der konkretisierende Bezug auf wirkliche Hunde typisch.

Der Effekt der Metaphorizität ergibt sich aus einem komplexen Zusammenspiel zwischen dem Spektrum ›konkret‹ – ›abstrakt‹ und den am kognitiv-sprachlichen Prozess beteiligten Faktoren (als Bezugspunkte dienen die drei Faktoren des ›semiotischen Dreiecks‹ von Ogden/Richards 2001, 30; vgl. Homberger 2003, 591–594):

Faktor	Konkret	Abstrakt
1	**A** das *physische* Ding	**B** das *abstrakte* ›Ding‹
2	**a** die *sinnliche/bildliche* Vorstellung	**b** die *abstrakte* Vorstellung
3	**α** der *konkrete/anschauliche* Ausdruck	**β** der *abstrakte* Ausdruck

Tendenziell erscheint eine Aussage am ›einfachsten‹ und am wenigsten ›metaphorisch‹, wenn Ding, Vorstellung und Ausdruck übereinstimmend konkret (A / a / α) oder übereinstimmend abstrakt (B / b / β) sind und mit der erfahrenen Wirklichkeit übereinstimmen:

Der Mann baut ein großes Haus.   (konkret)
Die Firma produziert integrierte Systeme.   (abstrakt)

In der Alltagskommunikation besteht zumeist kein Bedürfnis, konkrete Aussagen metaphorisch zu verändern, da sie effizient einen deutlichen Inhalt vermitteln. Abstrakte Zusammenhänge dagegen lassen sich kaum ohne Bezug auf konkrete Strukturen vorstellen oder kommunizieren; je weniger ›bildkräftig‹ sie vermittelt werden, desto weniger wird allerdings eine konkrete Vorstellung evoziert; dies trifft beispielsweise oft für lateinische Fremdwörter zu (vgl. ›Selbstmord‹/›Suizid‹; ›Feindseligkeit‹/›Animosität‹).

Für die Konzeptualisierung und Vermittlung abstrakter Zusammenhänge typisch ist jedoch der Einsatz konkreterer Strukturen, die allgemein bekannt sind und die dem kommunizierten Abstraktum eine deutliche Form verleihen. Entsprechend wird dann das schwer vorstellbare Ding B durch das mit physischen Sinnen erfassbare Ding A vermittelt, die abstrakte Vorstellung b durch die sinnlich-bildliche Vorstellung a; und statt des abstrakten Ausdrucks β kommuniziert der konkret-anschauliche Ausdruck α das Abstraktum.

Die Wahl der zur Veranschaulichung eingesetzten Struktur beruht auf einem oder mehreren gemeinsamen Merkmalen, die für den kommunizierten Zielbegriff zentral sind.

Als Beispiel für die konkretisierende Funktion bildlicher Rede mag die folgende Erläuterung des Immunsystems in der Zeitschrift *Stern* dienen. Sie wird durch Abbildungen der relevanten Körperorgane gestützt; diese vermitteln jedoch keine Vorstellung von der prozessualen Funktion des Immunsystems. Dazu bedarf es der Imagination, die schon mit dem Titel »Auf in den Kampf!« dazu angeregt wird, sich das Immunsystem als Armee vorzustellen:

> Ein unvorstellbar großes Heer von spezialisierten Zellen schützt uns [...] vor Krankheitserregern. Wesentlicher Bestandteil des Immunsystems sind die Lymphknoten, die wie ein Netz von Kommandostellen und Truppenkasernen die Abwehr organisieren. Mal sind es nur lästige, ein anderes Mal lebensgefährliche Widersacher, die sie bekämpfen. [...] Bakterien, Viren und Parasiten werden von den Truppen des Immunsystems eingekreist, vernichtet und sogar in einer Art Gedächtnis gespeichert – zur Vorbereitung auf die nächste Schlacht. (Eberle: *Auf in den Kampf!*, 123)

Vergleichsbasis für Immunsystem und Heer ist die Notwendigkeit, etwas systematisch zu schützen – im einen Fall den Körper, im anderen ein Volk. Indem die Autorin zu Anfang ›Unvorstellbarkeit‹ geltend macht, regt sie dazu an, über die passive Aufnahme konkreter Information hinauszugehen. Während der erste Satz die metaphorische Identifikation des Immunsystems mit einem Heer etabliert, signalisiert die Partikel »wie« im zweiten Satz einen in die Metapher eingebetteten Vergleich. Die Ausweitung des »Heeres« zu »unvorstellbarer« Größe lässt sich als Hyperbel fassen. Und wirksam ist die Erklärung vor allem aufgrund der Personifikation: Sie macht das unsichtbare Phänomen unter Bezug auf einen menschlichen Vorgang verständlich, den wir von klein auf mit Plastikspielzeug, im Computerspiel, beim Fernsehen und beim Lesen von Zeitungen und Romanen physisch und mental vollzogen haben – Krieg.

Wenn die Autorin mit dem Verweis auf das »Gedächtnis« einen anderen Bereich des menschlichen Lebens heranzieht – die mentalen Fähigkeiten –, so gelingt uns der Übergang mühelos, da die notwendige neuerliche Vergleichsarbeit durch das Signal »eine Art [von]« angekündigt wird. Am Ende jedoch kehrt die imaginativ wirksamste Wortfigur wieder. Die Metapher von der ständigen Bereitschaft des Immunsystems zur ›Verteidigungs‹-»Schlacht« kommuniziert mit anschaulicher Deutlichkeit dessen Funktion für unseren implizit als ›Volk‹ konzipierten Körper.

Die Wahl der Kriegsmetaphorik für das Immunsystem ist konventionell und hat ihren Grund in einer universalen menschlichen Aktivität; dabei ließe sich spekulieren, dass andere Metaphern Aspekte des Immunsystems in den Blick rücken könnten, die von der Kriegsmetaphorik ausgeblendet werden. Die Wirksamkeit der Metaphern beruht auf der ›Sichtbarmachung‹ (Heer, Netz, Schlacht). Sie dienen dazu, dem mentalen ›Auge‹ des Lesers effizient neue Sachverhalte zu vermitteln, die dem physischen Auge nicht zugänglich sind.

Das ›Uneigentliche‹ und die Wirklichkeit

Es wird allgemein vorausgesetzt, dass Tropen in den Bereich des ›Uneigentlichen‹ und somit Unwirklichen streben. Dass sie auch Wirklichkeit stiften, lehrt die Politik. So vermag die Metapher ›das Wort ist eine Waffe‹ (vgl. z.B. Cicero, III, 14, 55; 481) sprachlichen Handlungen politische Wirksamkeit zu geben. Verfolgen lässt sich dies im Schrifttum des Nationalsozialismus und vor allem Hitlers *Mein Kampf* – der 1925–1927 in die Öffentlichkeit projizierte metaphorische Kampf erhielt in den darauffolgenden zwei Jahrzehnten eine unermessliche physische Schlagkraft.

Die Tropen haben somit Teil an der Macht des Wortes, die sich in Sprechakten – Sprach-Handlungen – wie Befehl oder Versprechen, aber auch in Gesetzen verwirklicht. Wenn im folgenden Bericht die Metaphor ›das Wort ist eine Waffe‹ eingesetzt wird, so signalisiert schon die Überschrift *Scharfe Waffe* die wirkliche Macht des Gesetzeswortes:

Im Kampf gegen den Terror macht [der Minister] von der schärfsten Waffe des Aufenthaltsgesetzes Gebrauch. Weil er für die Bundesrepublik eine »deutlich erhöhte Gefahr« heraufziehen sieht, hat er für den Algerier [...] eine sofortige Abschiebung angeordnet.   (*Spiegel*, 11.12.2006, 17)

Die Metaphor hat hier eine veranschaulichende Aufgabe und regt zugleich eine politische Reflexion an, die für den Umgang mit Terrorismus und Menschenrechten handlungsrelevant ist.

Tropen sind weder auf die Sprache beschränkt, noch auch auf unser Denken. Sie konstituieren sich vielmehr aus deren Interaktion, wobei unser Körper, die materielle Umwelt und kulturelle Praktiken die grundlegenden Strukturen und Prozesse liefern, aus denen wir unsere mentale Wirklichkeit konstruieren und mittels derer wir wiederum auf die Wirklichkeit einwirken. Diese Wirklichkeit ist so wenig stabil wie unser Denken, unsere Sprache und unser Leben. Die Leistung der bildlichen Sprache besteht in ihrer Fähigkeit, aus diesen unstabilen Bezügen Bedeutung zu schaffen.

3. Metapher

Die Metapher hat einen kognitiven Aspekt (kognitive Metapher, konzeptuelles Modell) und einen kommunikativ sprachlichen Aspekt (metaphorischer Ausdruck). Diese Aspekte wirken interaktiv bzw. als Ganzheit.

Aus mentaler Perspektive ist die Metapher das Ergebnis einer ›Projektion‹ von Elementen einer kognitiv-sprachlichen Einheit (aus einem meist konkreten ›Herkunftsbereich‹) auf eine andere kognitiv-sprachliche Einheit (einen meist abstrakteren ›Zielbereich‹).

Aus sprachlicher Perspektive erzeugen Metaphern eine ›bildliche‹ Rede, in der Wörter nicht ihre ›eigentliche‹, ›wörtliche‹ Bedeutung vermitteln, sondern eine (meist abstraktere) ›uneigentliche‹, ›übertragene‹, ›metaphorische‹ Bedeutung.

Metaphern verwenden wir für jeden Bereich des Lebens – auch das Leben selbst – und wir bewegen uns ständig zwischen wörtlichen und übertragenen Bedeutungen. So ist das Wort ›Lebensende‹ konkret ›wörtlich‹ zu verstehen: Es bezeichnet die Zeitspanne des physischen Daseins mit Anfang (Geburt) und Ende (Tod); das Lebensende bildet den mit ›Tod‹ synonymen Abschluss der Zeitspanne. Um das Wort zu verstehen, benötigen wir keine weitere Struktur. Anders verhält es sich mit dem Wort ›Lebensabend‹: Wir interpretieren es zwar mühelos als ›Schlussphase‹ des Lebens, benötigen dazu jedoch den Bezug auf eine zusätzliche Struktur: die Struktur des Tages, der in Wirklichkeit – ›eigentlich‹ – nur einen Bruchteil des Lebens ausmacht. Während das Wort ›Abend‹ für sich die Schlussphase des Tages bezeichnet, hat es im Kontext ›Lebensabend‹ die ›übertragene‹ beziehungsweise ›uneigentliche‹ Bedeutung ›Alter‹. Hier ist ein Teil der Vorstellung ›Tag‹ auf die Vorstellung ›Leben‹ projiziert. Es ist eine Metapher.

Wie mühelos wir auch mit verschiedenen Graden der Metaphorizität umgehen, zeigen die unterschiedlichen Verwendungen des Verbs ›erobern‹ (»eigtl. = der Obere […] werden«, *Duden* 1999, Bd. 3, 1089). In den folgenden Überschriften erscheint es in konkreterer und abstrakterer Bedeutung:

Hamas erobert Gazastreifen
BASF erobert die Baustellen
(*Financial Times Deutschland*, 14.6.2007, 1 u. 10)

Im ersten Zitat bezeichnet das Verb »erobern« eine physische Handlung, bei der eine politische Gruppe ein reales Territorium besetzt; ein begleitendes Foto zeigt Milizen mit Gewehr. Im zweiten Zitat geht es um den wirtschaftlichen Erfolg des Chemiekonzerns BASF im metaphorischen ›Territorium‹ der »Baustellen« – dem Bauchemiegeschäft. Das Verb »erobern« ist hier auf den Bereich der Wirtschaft übertragen und bedeutet ›von anderen Konzernen akquirieren und wirtschaftlich erfolgreich ausbauen‹. Die Ähnlichkeit mit dem physisch territorialen Erobern besteht darin, dass das eroberte Gebiet (Territorium, Markt) unter Verdrängung anderer in Besitz genommen wird.

Die wichtigste Unterscheidung nach Typen der Metapher betrifft den Konventionalitätsgrad (s. Kap. 3.6). Am einen Ende des Spektrums ist die konventionelle, fest im Wortschatz etablierte und somit ›lexikalisierte‹ Metapher, die als solche nicht wahrgenommen wird und insofern als ›tot‹ gilt. Am anderen Ende des Spektrums befindet sich die besonders für die Dichtung charakteristische kreative, innovative Metapher, die durch ihre Frische ›lebendig‹ wirkt und aufgrund ihrer Ungewöhnlichkeit als besonders ›kühn‹ angesehen wird (zu diesen Begriffen s.u., S. 57):

Konventionelle, lexikalisierte, tote Metapher

Eine junge Frauengeneration *macht sich auf den Weg* an die Macht.
(*Spiegel*, 11.6.2007, 56)

Sie sind *federführend* für den Einsatz [...] der *Instrumente* zur Erreichung der *Wachstums*ziele von amnesty international verantwortlich.
(Stellenanzeige, *Die Zeit*, 12.4.2007, 88)

Veraltete Grafik-Hardware *bremst* den *Umstieg* auf *Windows* Vista *aus*. *Aufrüsten* ist *angesagt* – am besten gleich auf 3D-Karten der neuesten *Generation*. (*PC Professionell*, Mai 2007, 30)

Ich *hüte* mich, mit Ihnen einen längeren Streit über den *Kanon vom Zaun zu brechen*, sondern sage nur: Es gibt den *Höhenkamm* der kanonischen Texte. (Greiner: *Leseverführer*, 204)

Kreative, innovative, lebendige, kühne Metapher

Das Wort ward *Fleisch* und *wohnte* unter uns.   (*Bibel*, Joh. 1, 14)

[Die] Zusammenstimmung [zwischen Ton und Wort bietet] bei Bach
ein aufregendes *Schauspiel* dar, indem beim Klange der Töne der Wort-
satz [...] das *Gewand der Niedrigkeit abwirft* und *sich* in seiner wahren
Gestalt offenbart.   (Schweitzer: *Bach*, 399)

Ich spiel mit meinem *Astralleib* Klavier   (Rühmkorf: *Hochseil*, V. 13)

die nicht-erinnerbare Liebe *kreuzt*
lautlos in den *blauen Buchten*
meines Herzens.   (Mayröcker: *Aus deinem Himmel*, V. 9–11)

Immer ist bei der Interpretation von Metaphern allerdings auch der
Kontext miteinzubeziehen: So steht der Vers von Peter Rühmkorf
in einem poetologischen Gedicht, das von Sprache handelt und
zugleich den metaphorischen Titel *Hochseil* trägt. Im Kontext des
Gedichts ist somit nicht nur »Astralleib«, sondern der gesamte Vers
als metaphorisch zu verstehen.

Gut gewählte Metaphern aktivieren die Phantasie und bleiben
im Gedächtnis. Diesen Effekt können auch relativ konventionelle
Metaphern erzielen, wenn sie in einem besonders geeigneten Kontext verwendet werden. So markierte die folgende Metapher auf
einprägsame Weise einen Schlüsselmoment in der Geschichte der
Menschheit:

American Neil Armstrong has become the first man to walk on the Moon.
[...] As he put his left foot down first Armstrong declared: »That's one small
step for man, one giant leap for mankind.«
                       (BBC: *1969: Man takes first steps on the Moon*)

Der im ersten Teil von Armstrongs Satz bezeichnete reale Schritt des
Einzelnen (richtig: ›a man‹) wird im zweiten Teil zum gigantischen
Sprung auf dem metaphorischen ›Weg‹ der ganzen Menschheit. Dabei wird die Vorstellungskraft durch die hyperbolische Überhöhung
der drei Elemente des ›Schrittes‹ aktiviert (small, step, man → giant,
leap, mankind). Der Satz vermittelte den Zeugen in aller Welt eine Bedeutung, die weit über den eigentlichen Vorgang hinauswies
und mit dem einprägsamen Satz fest im ›kollektiven Gedächtnis‹
verankert wurde.

Der Begriff *metaphora* (Übertragung) wird von Aristoteles in seiner *Rhetorik* und *Poetik* behandelt und mit Beispielen erklärt. Der

Kontext ist die Diskussion der sprachlichen Ausarbeitung. Vorausgesetzt ist jedoch die kognitive Fähigkeit, zwischen unterschiedlichen semantischen Bereichen »Ähnlichkeiten zu erkennen« (*P*, 22; 75–77; vgl. auch *R*, III, 11, 5; 194f.). Mit dem Begriff der ›Übertragung‹ ist einerseits der metaphorische Prozess bezeichnet und andererseits das resultierende sprachliche Phänomen: Es zeichnet sich durch die Ersetzung des ›eigentlichen‹ Begriffs durch einen ›uneigentlich‹ verwendeten Begriff aus. Diese Kriterien finden sich auch bei Quintilian, wie schon in seiner Bestimmung der Tropen deutlich wurde:

> Übertragen wird also ein Nomen oder Verbum von der Stelle, wo seine eigentliche Bedeutung liegt, auf die, wo eine eigentliche Bedeutung fehlt oder die übertragene besser ist als die eigentliche. (Quintilian, VIII, 6, 5; Bd. 2, 219)

Die Übertragung setzt somit ein stabiles System von Dingen und zugehörigen Bezeichnungen voraus; die Metapher lässt sich insofern bei Aristoteles und Quintilian grundsätzlich als Ersetzung eines Wortes durch ein anderes vorstellen.

Es handelt sich hierbei jedoch nicht um die Definition eines eindeutig beschreibbaren Prozesses, sondern um ein Denkmodell (vgl. Ottmers 1996, 166) – wenn die Definition auch kanonischen Status hat, so ist sie doch nur eine unter vielen. Denn Definitionen der Metapher sind abhängig von der jeweiligen Sprachtheorie, von der disziplinären Perspektive (rhetorische Praxis, philosophisch orientierte Ästhetik, Linguistik, Literaturwissenschaft usw.) und nicht zuletzt von den Metaphern, mit denen der metaphorische Prozess beschrieben wird (s.u., S. 41–43). Die Vielfalt der Metapherntheorien gründet darin, dass die Metapher ein Phänomen ist, das sich zwischen Kognition und artikulierter Sprache bewegt (s. Kap. 1) und kontinuierlich Denken in Sprache, Sprache in Denken umsetzt.

Werden die Dinge und ihre begrifflichen Grenzen als gegeben und stabil vorausgesetzt, so ist es Aufgabe des Denkens, sie analytisch zu erfassen, und Aufgabe der dem Denken nachgeordneten Worte, die Dinge so genau wie möglich zu bezeichnen. Die Metapher ist dann tendenziell auf den Bereich des »sprachlichen Ausdrucks« beschränkt und erscheint als peripheres Detail und »äußerer Schmuck« (Hegel 1986, Bd. 13, 518). Wird dagegen vorausgesetzt, dass die Sprache unsere Wahrnehmung der Welt (mit)konstruiert, so kommt der Metapher eine wichtige kognitive Funktion zu, da sie als ›Modell‹ dem Abstrakten Struktur verleiht und es auf diese Weise ›denkbar‹ macht: »Conceptual metaphor is what makes most abstract thought possible« (Lakoff/Johnson 1999, 129; zum Begriff

›Modell‹ vgl. Lakoff 1987 und in allgemeinerer Verwendung Musolff 2004, 2–5 u.ö.; grundlegend Black 1962).

Die Ubiquität der Metapher

Traditionell wird die Metapher vorwiegend im Rahmen einer Erörterung sprachlicher Techniken diskutiert, mit denen eine Rede oder ein Text wirksamer oder ästhetisch ansprechender gestaltet werden kann. Dies führte dazu, dass man die Metapher eher als exotisches Beiwerk denn als zentralen Aspekt der Sprache betrachtete, und es herrscht zuweilen die irrige Meinung, dass der antiken Metapherntheorie zufolge »die alltägliche Redeweise keine Metaphern enthalte« (Kurz 1982, 8; vgl. auch Lakoff 1993, 202; richtiggestellt bei Kurz 2004, 8). Tatsächlich heben die antiken Theoretiker immer wieder hervor, dass »alle Menschen [...] in der Unterredung Metaphern [gebrauchen]« (Aristoteles: *R*, III, 2, 6; 170) und dass sie dem Menschen »schon von der Natur [*natura*]« zueigen gemacht wurde (Quintilian, VIII, 6, 4; 219). Bestätigt wird dies durch die moderne Forschung: Metaphorische Kompetenz gilt als kulturübergreifende Konstante (Brown 1991, 132) und zeigt sich schon bei Kindern (vgl. Elbers 1988; Gibbs 1994, 399–433; Nerlich/Clarke u.a. 2002). I.A. Richards formulierte 1936 den Grundsatz »Metaphor is the omnipresent principle of language« (1965, 92). Mit der kognitiven Metapherntheorie avancierte die Metapher zum allgegenwärtigen Prinzip des Denkens.

Wenn auch die Ubiquität der Metapher schon in der Antike erkannt wurde, so ist es doch das Verdienst von George Lakoff und Mark Johnson, mit ihrem programmatisch betitelten Buch *Metaphors We Live By* (1980) die alltagssprachliche Metapher und zugleich deren kognitive Dimension dezidiert ins Zentrum der Metapherntheorie gestellt zu haben. Sie erweisen die kognitive Systematik der alltagssprachlichen Metaphorik und zeigen damit die grundlegende Bedeutung der Metapher für unsere alltägliche Sprache und unser alltägliches Denken zugleich. Darüber eröffnet sich zudem ihre Bedeutung für unser tägliches Handeln:

Metaphor is pervasive in everyday life, not just in language but in thought and action. Our ordinary conceptual system, in terms of which we both think and act, is fundamentally metaphorical in nature. (Lakoff/Johnson 2003, 3)

Lakoff und Johnson leisten mit diesem Ansatz einen bedeutenden Beitrag zum Verständnis der Interaktion zwischen Denken und

Sprache und schaffen eine produktive Basis für die Erforschung
der Wirkung von Metaphern in spezialisierten Formen der Sprache
– einschließlich der Dichtung (vgl. Lakoff/Turner 1989).

Metaphorische Grundstrukturen

Die Bedeutung der Metapher für unsere Kognition sei anhand von
einigen grundlegenden Strukturen aufgezeigt, die im Kontext der Alltagssprache in vielfältigsten Ausprägungen dazu dienen, nicht-physi-
schen Phänomenen eine physisch vorstellbare Form zu verleihen.
  Eine zentrale Struktur für die Bildung von Metaphern bietet
der menschliche Körper, so in den folgenden Aussagen zu einer ge-
planten Allianz zwischen den Automobilkonzernen General Motors,
Renault und Nissan:

Die Franzosen [*fielen*] mit ihren eigenen Modellen *auf die Nase.*

Renault würde [...] dem [...] US-Konzern wieder *auf die Beine helfen.*

1987 wurden die Franzosen das *Sorgenkind* [= Autohersteller] los und *reich-
ten es* an Chrysler *weiter.*

(*Handelsblatt*, 10.7.2006, 16)

Ebenso wichtig sind Strukturen, die wir von klein auf in unserem
körperlichen Leben und im Umgang mit der Umwelt erfahren (vgl.
die Ausführungen zu ›Bildschemata‹ bei Johnson 1987, 18–40):

Behälter
  Körperliche Erfahrung: Leben im Mutterleib, Gebäude, Gefäße
  z.B. Ich stecke *in einer Krise*; der *Inhalt* ihrer Aussage

Weg (mit Ausgang und Ziel)
  Körperliche Erfahrung: Weg, Fortbewegung
  z.B. Berufs*weg*; der Sozialstaat *geht* seinem *Ende entgegen*

Vertikalität
  Körperliche Erfahrung: Baum, Haufen, Bergbesteigung
  z.B. *riesige* Unkosten; *steigende* Inflation; Es geht mit ihm *bergab*

Verbindung
  Körperliche Erfahrung: Nabelschnur, Band, Brücke
  z.B. Verkehrs*verbindungen*, Freundschafts*bund*, *Verein*

Es handelt sich dabei jeweils um ›Herkunftsbereiche‹ (*source domains*). Sie stellen konkrete Strukturen zur Verfügung, mittels derer sich die meist abstrakteren, formloseren ›Zielbereiche‹ (*target
domains*) konzeptualisieren lassen.

Die jeweiligen Zielbereiche sind jedoch nicht auf eine einzige metaphorische Form eingeschränkt: das Abstraktum lässt sich je nach Kontext und Aussagezweck unterschiedlich konzeptualisieren. Dies wird aus dem Abstraktum ›Wirtschaft‹ deutlich:

Die Wirtschaft ist ...

... etwas, was sich bewegt:	Wirtschafts*kreislauf*
... eine organische Einheit:	Wirtschafts*wachstum*
... eine Pflanze:	die Wirtschaft *floriert*
... eine Maschine/ein Motor:	die Wirtschaft *ankurbeln*
... ein Mensch:	die Wirtschaft *liegt danieder*

Je nach Herkunftsbereich wird ein anderes Merkmal des Zielbereichs fokussiert; alternative Merkmale werden ausgeblendet (vgl. dazu die Begriffe *highlighting* und *hiding* bei Lakoff/Johnson 2003, 10–13). Es steht uns frei, aus etablierten Metaphern auszuwählen, sie abzuwandeln oder neue zu wählen; die Möglichkeit, abstrakte Dinge und Prozesse gänzlich ohne Metaphern zu denken und zu kommunizieren, dürfte allerdings kaum gegeben sein (s.u., S. 132).

3.1 Uneigentlichkeit

Die Definitionen der Metapher bei Aristoteles und Quintilian gehen prinzipiell davon aus, dass jedes Ding eine ihm zugehörige Bezeichnung hat. Aristoteles verortet diese Bezeichnung in einem hierarchischen System:

> Eine Metapher ist eine Übertragung eines Wortes (das somit in uneigentlicher Bedeutung verwendet wird) entweder von der Gattung auf die Art oder von der Art auf die Gattung, oder von einer Art auf eine andere, oder nach den Regeln der Analogie. (Aristoteles: *P*, 21; 67)

Vorausgesetzt ist eine räumlich strukturierte metaphysische Welt und eine daraus abgeleitete räumlich strukturierte ›Welt‹ der Vorstellungen, auf die sich die Elemente der Sprache beziehen.

Bei Quintilian verschwindet der kognitive Überbau aus dem Blickfeld, aber auch er arbeitet mit einem räumlichen Denkmodell, das jedem Wort den ihm eigenen ›Platz‹ zuweist. Seine traditionsstiftende Bestimmung der Metapher sei hier nochmals zitiert:

> Übertragen wird also ein Nomen oder Verbum von der Stelle, wo seine
> eigentliche Bedeutung liegt [*ex eo loco, in quo proprium est*], auf die, wo
> eine eigentliche Bedeutung fehlt oder die übertragene besser ist als die
> eigentliche. (Quintilian, VIII, 6, 5; Bd. 2, 219)

Das ›eigentliche Wort‹ ist demnach die dem Ding ›eigene‹ Bezeichnung sowie auch die ›eigentliche‹ Bezeichnung, die dem Ding in
der Wirklichkeit seine Identität gibt.

Vorausgesetzt ist somit die Festigkeit des Bezugs zwischen dem
Bezeichneten und dem Bezeichnenden, dem Ding und dem benen-
nenden Ausdruck. Die Metapher ist das Resultat einer Destabilisierung des Bezugs, die sich prozessual als ›Übertragung‹ und bezüglich
der resultierenden Bedeutung als ›Uneigentlichkeit‹ verstehen lässt.
Je nach sprachtheoretischer Vorgabe wird die Destabilisierung in
den kognitiven Prozessen, im Prozess der mentalen Versprachlichung
oder auf der ›Ebene‹ des sprachlichen Ausdrucks situiert (s.o., S. 9f.).
Ausgegangen wird in diesem Buch von einem flexiblen Zusammenspiel zwischen Kognition und Sprache, und es wird daher vorausgesetzt, dass eine allgemeingültige ›Situierung‹ des metaphorischen
Prozesses nicht möglich, nicht sinnvoll und nicht notwendig ist.

Der Begriff der ›Uneigentlichkeit‹ ist insofern hilfreich, als er das
Moment der Destabilisierung herkömmlicher oder als ›wirklich‹ er-
fahrener Bezüge zwischen dem Bezeichneten und dem Bezeichnenden verdeutlicht (zum Begriff vgl. Zymner 2003b). Das ›eigentliche
Wort‹ hat demnach für das Ding jene Funktion, die der Name für
das Individuum erfüllt; die Eingängigkeit dieser Entsprechung dürfte als Ursache für die Bevorzugung isolierbarer substantivischer Iden-
tifikationsmetaphern mit der Kopula ›ist‹ in der Metapherntheorie
zu sehen sein (z.B. ›Achill ist ein Löwe‹, vgl. Aristoteles: *R*, III, 4, 1;
176; Quintilian, VIII, 6, 9; Bd. 2, 221). Folglich hebt Quintilian
die Bedeutung der Metapher für die Vervollständigung der Benennungen hervor, die den (substantivischen) Wortschatz ausmachen:

> [Die *translatio*] leistet der Sprache den allerschwierigsten Dienst, daß
> nämlich keinem Ding seine Benennung [*nomen*] zu mangeln scheine.
> (Quintilian, VIII, 6, 5f.; Bd. 2, 219)

Es geht hier um die Katachrese oder ›notwendige Metapher‹, die eine ›Lücke‹ im Wortschatz füllt, z.B. ›Fluss*arm*‹, ›Raum*schiff*‹, ›*surfen*‹.
Darüber hinaus jedoch preist Quintilian die unbegrenzte Übertragbarkeit von Bezeichnungen, da sie es uns erlaubt, auch solche Dinge
zur Sprache zu bringen, die keine etablierte Bezeichnung haben.

Aristoteles erklärt den Begriff von der ›Übertragung‹ innerhalb eines statischen Systems durch eine analogische ›Auflösung‹, die hier tabellarisch dargestellt sei:

> das Alter [b] verhält sich zum Leben [a], wie der Abend [d] zum Tag [c]; der Dichter nennt also den Abend »Alter des Tages«, oder, wie Empedokles, das Alter »Abend des Lebens« oder »Sonnenuntergang des Lebens«. (Aristoteles: *P*, 21; 69; vgl. auch *R*, III, 10, 7; 191)

Vergleichsbasis: Zeitspanne	a Leben	c Tag
Übereinstimmungspunkt: Schlussphase	b Alter (*eigentliches Wort*)	d Abend (*eigentliches Wort*)
Übertragung des Wortes an eine analoge Stelle	d ›Abend‹/›Sonnenuntergang‹ des Lebens (*uneigentliches Wort*)	b ›Alter‹ des Tages (*uneigentliches Wort*)

Das ›eigentliche Wort‹ ergibt in Bezug auf das konventionell damit Bezeichnete die ›wörtliche‹ Bedeutung; das ›uneigentliche Wort‹ ergibt in Bezug auf das metaphorisch Bezeichnete die ›übertragene‹, also metaphorische Bedeutung.

Das Beispiel verdeutlicht die potenzielle psychologische ›Spannung‹ (vgl. »tension« bei Richards 1965, 125), die durch die ›Abweichung‹ von der wörtlichen Bedeutung entsteht. Das Spannungsmoment ist abhängig vom Konventionalitätsgrad, von der Komplexität und vom Kontext: Je konventioneller die Metapher ist, je einfacher sie morphologisch ist und je unauffälliger sie sich in den semantischen und stilistischen Kontext einfügt, desto geringer ist zumeist die Spannung und desto geringer tendenziell vermutlich auch die Aktivierung kognitiver Prozesse.

Verdeutlichen lässt sich dies anhand verschiedener Ausdrücke für den (wörtlichen, als neutral empfundenen) Begriff ›sterben‹. So ist der Euphemismus ›entschlafen‹ – »im eigentlichen sinn einschlafen« (Grimm 1984, Bd. 3, 599) – eine lexikalisierte Metapher für »[eines sanften Todes] sterben« (Duden 1999, Bd. 3, 1047), die den Vorgang friedvoll erscheinen lässt und in die Prozesse des Lebens integriert; der Rezipient wird darunter mühelos ›sterben‹ verstehen,

zumal Schlafen und Sterben physiologisch-psychologisch den Be-
wusstseinsverlust gemeinsam haben und die übertragene Bedeutung
des Wortes im heutigen Sprachgebrauch primär ist. Der komplexere, weniger übliche Euphemismus ›in die Ewigkeit abberufen werden‹ ist ebenfalls als stilistische Alternative für ›sterben‹ lexikalisiert
(Duden 1999, Bd. 1, 64), wird jedoch aufgrund seiner morphologischen Komplexität, seines archaischen Charakters und des hohen
Registers eher Aufmerksamkeit auf sich ziehen und beschränkt sich
zumeist auf christliche Kontexte, in denen die wörtliche Bedeutung
der ›übertragenen‹ Wörter unter implizitem Bezug auf die Macht
Gottes kognitiv aktualisiert werden kann. Wieder anders verhält es
sich mit der derben Metapher ›den Arsch zukneifen‹: Die auffällige
stilistische Abweichung vom neutralen ›sterben‹ nach ›unten‹ hin
ergibt in Zusammenwirkung mit der selektiven (potentiell metonymisch zu verstehenden) Fokussierung des Analbereichs einen hu-
morvollen Effekt, zumal die wörtliche Bedeutung auffällig von der
übertragenen Bedeutung abweicht.

Die Abweichung vom ›eigentlichen‹ Ausdruck birgt erhebliches
Potenzial für die Aktivierung der Imagination, auch dort, wo sie
konventionalisiert ist. So lassen sich die an Gott adressierten Schluss-
verse des Gedichts *Abend* von Andreas Gryphius geradezu als Elaborierung des oben zitierten aristotelischen Beispiels und der lexikalisierten Metapher ›entschlafen‹ lesen, die konventionelle Metaphorik
wird jedoch dennoch kognitiv wirksam aktualisiert:

> Laß / wenn der müde Leib entschläfft / die Seele wachen
> Und wenn der letzte Tag wird mit mir abend machen /
> So reiß mich aus dem thal der Finsternuß zu Dir.
> (Gryphius: *Abend*, V. 12–14)

Die Konkretisierung des »müden Leibs« und die binäre Opposition
zur ›wachenden Seele‹ entheben die Metapher des ›Entschlafens‹ der
Konventionalität. Entsprechend belebt Gryphius durch die Personifikation des »Tages« die Vorstellung vom »Abend« des Lebens. Im
Wort »Finsternis« wird ein Aspekt der Metapher vom Abend des
Lebens – die Dunkelheit – fokussiert und mittels der Assoziation
mit dem biblischen »finstern Tal« (Ps. 23, 4) in seiner Bedeutung
verstärkt. Das ausdrucksstarke imperativische Verb im letzten Vers
evoziert abschließend mit enormer Kraft die Auferstehung in eine
ewige Welt des lichten Tags.

Die Poetizität der Metaphorik in diesen Versen gründet weder
in ihrer Originalität noch auch in einer extremen Abweichung vom
konventionellen Sprachgebrauch. Poetisch wirksam ist die Metaphorik aufgrund des Zusammenspiels semantischer und stilistischer

Faktoren und nicht zuletzt aufgrund der rhetorisch meisterhaften Überleitung zu einer biblischen Metapher, die besonders im geistesgeschichtlichen Umfeld des Barock geeignet war, die Imagination und die Emotionen zu aktivieren: Die Verse evozieren jenseits des irdischen »Jamertals« (Ps. 84, 7) ein waches Leben »im Hause des Herrn immerdar« (Ps. 23, 6). Die Metaphorik dieser Verse bezieht ihre Wirkung aus der besonders während des Dreißigjährigen Krieges hautnah erfahrenen Instabilität der physischen Wirklichkeit, denn die irdische Welt offenbarte sich tagtäglich als vergänglich. Das aus irdischer Perspektive ›uneigentliche‹ Jenseits dagegen wird – so die Hoffnung des Gedichts – mit dem Tod zum ›eigentlichen‹ Leben: Der letzte Vers schafft einen metaphorischen Raum, der für die Imagination anschauliche ›Wirklichkeit‹ erlangt. Wenn die Aussage des Gedichts auch einem Leser verständlich ist, der diesen Glauben nicht teilt, so dürfte dies einerseits in der Tatsache gründen, dass unsere allgemeine metaphorische Kompetenz uns zur erfolgreichen Interpretation befähigt, und andererseits in der Bekanntheit der zugrundeliegenden Korrespondenzen.

Es zeigt sich hier, dass ›Eigentlichkeit‹ und ›Uneigentlichkeit‹ keine absoluten Begriffe sind: Sie sind abhängig von der Perspektive des Betrachters, und gerade ihre mangelnde Stabilität kann für die Wirkung der Aussage zentral sein. Dieses Potenzial macht sich Nietzsche in seiner Destabilisierung des platonischen Wahrheitsbegriffs in *Über Wahrheit und Lüge im außermoralischen Sinne* zunutze, wenn er die ›eigentliche‹ Wahrheit in ›uneigentliche‹ Tropen überführt:

Was ist also Wahrheit? Ein bewegliches Heer von Metaphern, Metonymien, Anthropomorphismen kurz eine Summe von menschlichen Relationen, die [...] nach langem Gebrauche einem Volke fest, canonisch und verbindlich dünken: die Wahrheiten sind Illusionen, von denen man vergessen hat, dass sie welche sind. (Nietzsche 1967ff., Abt. 3, Bd. 2, 374f.)

Indem er die »menschlichen Relationen« mit sprachlichen Figuren identifiziert und diese wiederum zu einem »Heer« aufrüstet, schafft er sich Streitkräfte, welche die »Wahrheit« aus dem Felde zu schlagen vermögen. Deutlich wird in der Debatte zwischen (philosophischer) Wahrheit und (rhetorischer) Relativität das Potenzial der ›Uneigentlichkeit‹. In Gegensatz zu unserem Körper und unserer physischen Umwelt liefert die Welt der metaphysischen Vorstellungen keinerlei ›feste‹ Anhaltspunkte für das ›Eigentliche‹. Dies ist der Bereich unserer ›Wirklichkeit‹, in der Metaphern ihre größte Macht entfalten.

3.2 Konzeptuelle Bereiche

Bei allem Dissens bezüglich der Metapher besteht tendenziell Einigkeit darüber, dass sie sich – zumindest in ihrer einfachsten Form – aus zwei Einheiten oder Vorstellungen konstituiert. Dabei impliziert die Tradition des ›Übertragungs‹-Begriffs, dass diese Vorstellungen unterschiedlichen konzeptuellen, kognitiven beziehungsweise semantischen ›Bereichen‹ (oder, in der Bildfeldtheorie, ›Feldern‹) angehören – wobei die Raummetapher dazu dient, eine vorstellbare Struktur zu schaffen.

Für Aristoteles besteht der besondere Wert der Metapher darin, dass sich in ihr die kognitive Fähigkeit des Menschen manifestiert, ›entfernte‹, nicht offensichtlich ›ähnliche‹ Dinge zu verbinden:

> Man muß [...] Metaphern bilden [...] von verwandten aber auf den ersten Blick nicht offen zutage liegenden Dingen, wie es z.B. auch in der Philosophie Charakteristikum eines richtig denkenden Menschen ist, das Ähnliche auch in weit auseinander liegenden Dingen zu erkennen. (Aristoteles: *R*, III, 11, 5; 194f.)

Vorausgesetzt ist hier eine räumliche Konfiguration der gedachten »Dinge«, ein Denkmodell, das für die platonisch-aristotelische Tradition der Philosophie allgemein charakteristisch ist und in irgendeiner Form den meisten Metapherntheorien zugrundeliegt.

In seiner *Poetik* verortet Aristoteles die Metapher zudem in einem hierarchischen System, wie bereits aus dem oben zitierten Passus deutlich wurde. Er sei hier nochmals zitiert, da er für die Theorie der semantischen ›Bereiche‹ zentral ist:

> Eine Metapher ist eine Übertragung eines Wortes [...] entweder von der Gattung auf die Art oder von der Art auf die Gattung, oder von einer Art auf eine andere, oder nach den Regeln der Analogie. (Aristoteles: *P*, 21; 67)

In der Folgezeit wird der Begriff der ›Metapher‹ tendenziell auf die analogische Form eingeschränkt; die ›Übertragung‹ innerhalb einer »Gattung« gilt dagegen als ›Metonymie‹ (s. Kap. 4.2). Während Quintilian Metapher und Metonymie den ›Tropen‹ zurechnet, bringt Roman Jakobson die auf ›Ähnlichkeit‹ beruhende Metapher (Similaritätsfigur) in Gegensatz zu der auf ›Angrenzung‹ beruhenden Metonymie (Kontiguitätsfigur). In der kognitiven Metapherntheorie gilt der Unterschied weiterhin als wichtig, die Metapher wird jedoch wieder – wie bei Aristoteles – zum allgemeinen Überbegriff.

Die Vorstellung von konzeptuellen ›Bereichen‹, welche die Voraussetzung für die aristotelische Metapher der ›Übertragung‹ bildet, wurde im 20. Jahrhundert in unterschiedlichen Ansätzen fruchtbar gemacht, so für Harald Weinrichs ›Bildfelder‹ (s.u., S. 118) und für die ›Bereiche‹ der kognitiven Metapherntheorie:

> In the cognitive linguistic view, metaphor is defined as understanding one conceptual domain in terms of another conceptual domain. (Kövecses 2002, 4)

Die Vorstellung solcher ›Bereiche‹ ist für die kognitive Metapherntheorie zentral. Allerdings wird in der Diskussion um den Prozess der ›Verbindung‹ dieser Bereiche der räumliche Aspekt gegenüber dem aristotelischen Begriff der ›Übertragung‹ abgeschwächt, so wenn Kövecses hier statt einer räumlichen Metapher den Ausdruck »understand X in terms of Y« (X als Y verstehen) benutzt.

Kontrovers ist in der Theorie der Metapher besonders die Beschaffenheit der ›Bereiche‹, die Art ihrer Beziehung zueinander sowie ihre hierarchische Relation beziehungsweise Direktionalität. Auf diese Fragen kann hier nur sehr selektiv eingegangen werden; im Zentrum stehen soll vornehmlich der Ansatz der kognitiven Metapherntheorie.

Die Beschaffenheit der Bereiche

Die räumliche Behältermetapher ›Bereich‹ erlaubt unterschiedliche Perspektiven: Fokussieren lassen sich die ›Grenzen‹ des Bereichs oder das ›Zentrum‹. Während die klassische Semantik sich in Einklang mit rationalistischen Tendenzen bevorzugt mit der systematischen Bestimmung von ›Grenzen‹ und hierarchischen Relationen zwischen Kategorien befasst, bringt die kognitive Linguistik eine Verschiebung: Im Vordergrund stehen hier die ›prototypischen‹ Exemplare, die sich gewissermaßen im ›Zentrum‹ der Kategorie befinden (vgl. Lakoff 1987). Das Interesse gilt also dem ›normalen‹ Stuhl, nicht der Frage, ob die Chaiselongue der Kategorie ›Stuhl‹ oder ›Bett‹ zuzuordnen ist.

Die Prototypentheorie setzt nicht eine räumlich stabile Welt mit vorgegebenen ›Grenzen‹ voraus, sondern untersucht die psychologischen Prozesse, die bei der Aktualisierung mentaler ›Bereiche‹ wirksam sind. Zwar fungiert die physische Welt als Orientierungsbasis und kann mental ›abgebildet‹ werden, aber für solche Phänomene, die nicht als direkte Abbildung der Natur konzipierbar sind, wird

ein imaginativer Vorgang geltend gemacht, bei dem die Metapher
eine zentrale Rolle spielt:

Thought is *imaginative*, in that those concepts which are not directly ground-
ed in experience employ metaphor, metonymy, and mental imagery [...] every time we categorize something in a way that does not mirror nature, we
are using general human imaginative capacities. (Lakoff 1987, xiv)

Statt dass präexistente, statisch definierbare Bereiche vorausgesetzt
sind, wird hier die Perspektive des Kategorisierenden bestimmend:
Im Zentrum steht das, was der Kategorisierende in Interaktion mit
seiner Kulturgemeinschaft für das ›Typischste‹ hält. Damit aber ver-
liert die Kategorie ihre vom Kategorisierenden unabhängige, ›objek-
tive‹ Stabilität. In den Vordergrund rücken die Perzeption und die
Erfahrung des Menschen.
    Für die Konzeption der Metapher hat dieser Ansatz gravierende
Implikationen, denn die Beziehung zwischen den Bereichen beruht
dann nicht auf objektiver ›Entfernung‹, sondern ergibt sich aus dem
Konsens, der sich in der Interaktion zwischen Gemeinschaft und
Individuum herausbildet. Auch wird die ›Verortung‹ einer Vorstellung innerhalb ihres Bereichs relevant. Ein Beispiel ist das oben
erörterte Verb ›sterben‹, das als prototypischer, ›zentraler‹ Begriff
fungiert, während ›entschlafen‹ und ›den Arsch zukneifen‹ zunehmend ›peripher‹ sind. Bezüglich der kategorialen Struktur ist be-
merkenswert, dass der prototypische Begriff hier physisch gegründet
ist und als stilistisch neutrale, ›wörtliche‹ Bezeichnung empfunden
wird, während ›entschlafen‹ und ›den Arsch zukneifen‹ metaphorisch
erscheinen und einem ›hohen‹ beziehungsweise ›niedrigen‹ Stil zu-
geordnet werden. Die kognitiven Relationen stehen demnach mit
der sprachlich-stilistischen Wirkung in einer so unlösbaren wie produktiven Verbindung.

Die Beziehung zwischen den Bereichen

Die antike Metapherntheorie bietet zwei verschiedene Ansätze zur
Beziehung zwischen den in der Metapher verknüpften Bereichen.
Aristoteles stellt eine kognitiv bedeutsame Taxonomie mit ›Gattung‹,
›Art‹ und deren Beziehung zueinander in den Vordergrund, wobei
er einerseits metaphorische ›Ähnlichkeiten‹ zwischen Bereichen derselben Rangordnung geltend macht und andererseits metonymische
›Ähnlichkeiten‹, die das Allgemeine mit weniger Allgemeinem verbinden und umgekehrt (*P*, 21; 67). Quintilian konzentriert seine Ausführungen dagegen auf die »Wirkung« der Metapher, die er

vornehmlich anhand der binären Unterscheidung ›belebt/unbelebt‹ diskutiert (VIII, 6, 9f; Bd. 2, 221).

Quintilian stellt systematisch die vier Möglichkeiten der Übertragung zwischen dem Belebten und dem Unbelebten dar, die hier anhand von Beispielen aus der Lyrik dargestellt seien:

- **belebt** → **belebt**
  Im Winter ist meine Geliebte
  ein Baum unter Bäumen und *lädt*
  die glückverlassenen Krähen
  ein in ihr schönes Geäst.
  (Bachmann: Nebelland, V. 8–11)

- **unbelebt** → **unbelebt**
  Der Kirchenglocken ungeheure Zahl
  Wogt auf zu ihm aus schwarzer Türme Meer.
  (Georg Heym: Der Gott der Stadt, V. 7f.)

- **belebt** → **unbelebt**
  Was sind wir Menschen doch! ein *Wohnhaus* grimmer Schmertzen?
  (Gryphius: Menschliches Elende, V. 1)

- **unbelebt** → **belebt**
  Der Schnellzug *tastet sich* und stößt die Dunkelheit *entlang*.
  (Stadler: Fahrt über die Kölner Rheinbrücke bei Nacht, V. 1)

Quintilian betont jedoch die besondere Wirkung der letzten Art:

> Aus solchen Metaphern, die in kühner und beinahe wagehalsiger Übertragung gewonnen werden, entsteht wunderbare Erhabenheit, wenn wir gefühllosen Dingen ein Handeln und Leben verleihen. (Quintilian, VIII, 6, 11; Bd. 2, 221)

Diese gilt in der Folgezeit als »bekannteste« Art der Metapher und als »hervorragendes Mittel der rhetorischen Energie« (Plett 2001a, 102). Für die Alltagsmetaphorik ist sie die typischste Art, wie sich auch aus der Bedeutung des menschlichen Körpers als Herkunftsbereich und insgesamt aus der Bedeutung der Personifikation ergibt (s.o., S. 24 und s.u., S. 38f.).

Erklärlich ist Quintilians Fokussierung der ›Belebung‹ aus den Zielen der Rhetorik heraus, denn das höchste Ziel der Rhetorik ist die ›Bewegung‹ des Hörers (*movere*), und der Mensch reagiert am unmittelbarsten auf das, was ihm am nächsten steht: das Belebte und vor allem das als ›menschlich‹ Konzipierbare. Quintilians Metaphernarten gründen somit nicht in einer systematischen Hierarchie, sondern sind wirkungsorientiert. Insofern als sie sich an der Perspektive des Menschen orientieren, ergibt sich vom Ansatz her eine Übereinstimmung zwischen der rhetorischen Metapherntheorie und jener der kognitiven Linguistik.

Während der aristotelische Ansatz zwei eher statische Bereiche voraussetzt, die auf gedanklichem Wege zueinander in Bezug gebracht werden, ist der rhetorische Ansatz eher dynamisch konzipiert. Statt eine Fähigkeit der ›Erkenntnis‹ von ›Ähnlichkeiten‹ zwischen ungleichen Dingen zu bemühen und von vereinzelten analogischen ›Übertragungs‹-Vorgängen auszugehen, ist eine menschliche Tendenz zur Wahrnehmung der Umwelt als ›belebt‹ beziehungsweise ›menschlich‹ vorausgesetzt. Demzufolge lässt sich das Statische durch die Kraft der Imagination ›in Bewegung bringen‹, das Unbeseelte ›animieren‹ usw. Dass die Vorstellung von einer ›räumlichen‹ ›Übertragung‹ zwischen zwei getrennt bleibenden Bereichen gerade aus rhetorischer Perspektive den psychologischen Möglichkeiten nicht gerecht wird, geht aus einer Bemerkung Heinrich Lausbergs hervor, der eine »ursprüngliche« psychologische Verquickung semantischer Bereiche geltend macht:

Die Erklärung der Metapher aus dem Vergleich ist [...] nur eine nachträgliche rationale Deutung der urtümlich-magischen Gleichsetzung der metaphorischen Bezeichnung mit dem Bezeichneten: »er ist ein Löwe in der Schlacht« (Quint. 8, 6, 9 ›leo est‹) bedeutet urtümlich-magisch: »der Kämpfer war ein wirklicher Löwe, er hatte Löwennatur angenommen«. (Lausberg 1990, Bd. 1, 286)

Produktiv wurde die Vorstellung von einer magisch fundierten Metaphorizität der Sprache besonders in der Romantik (vgl. z.B. Jean Paul 1973, 184). Entsprechend ist die Dynamisierung, Belebung und Personifikation typisch für die poetische und poetologische Metaphorik der Romantik.

Terminologisches

Die unterschiedlichen theoretischen Ansätze haben unterschiedliche Termini für die Bereiche sowie den Vergleichspunkt hervorgebracht (vgl. Rolf 2005, bes. 6f.). Einen Überblick mag die folgende (vereinfachende) Tabelle bieten. Ausgangspunkt ist die Formel:

$$A \text{ (Achill)} = B \text{ (Löwe) (in Bezug auf } C \text{ (Stärke))}$$

Als Beispiel dient hier die vieldiskutierte – grammatikalisch dem Beispiel ›Achilles ist ein Löwe‹ entsprechende – Metapher »Juliet is the sun« (Shakespeare: *Romeo and Juliet,* II/2; 1015):

	A **Julia** **(Mensch)**	**B** **Sonne** **(Himmelskörper)**	**C** **[schön, warm,** **lebenspendend]**
Aristoteles, **Quintilian**	eigentliches Wort	uneigentliches Wort	[*tertium* *comparationis*]
Richards	*tenor*	*vehicle*	*ground*
Black	*principal subject,* *frame*	*subsidiary subject,* *focus*	
Weinrich	Bildempfänger, bildempfangen- des Feld	Bildspender, bildspendendes Feld	
kognitive **Metaphern-** **theorie** **(Lakoff,** **Johnson** **u.a.)**	*target domain/* *concept,* konzeptuelle/r Zielbereich/ -vorstellung	*source domain/* *concept,* konzeptuelle/r Herkunftsbereich/ -vorstellung	*mapping (scope),* *correspondence*

Es handelt sich hier keineswegs um genaue Entsprechungen, da in den diversen Theorien je unterschiedliche metaphorische Prozesse diskutiert werden, die sich auf verschiedenartige Weise auf unterschiedliche ›Ebenen‹ (Kognition, Stil) beziehen. Dennoch ist es nützlich, die Termini grob zueinander in Bezug zu bringen, zumal in den theoretischen Diskussionen zuweilen Verwechslungen auftreten (vgl. die fälschliche Bezeichnung von Julia als »vehicle« und der Sonne als »tenor« bei Stockwell 2002, 106).

Es sollen hier grundsätzlich die Begriffe des ›Herkunfts‹- und ›Zielbereichs‹ verwendet werden, die sich in der kognitiven Metaphorntheorie etabliert haben. Geht man jedoch davon aus, dass die Metapher ein Phänomen ist, das sich zwischen Kognition und Sprache bewegt, so ist der kognitive Ansatz um eine sprachliche Dimension zu ergänzen. Der Beitrag von ›Herkunftsbereich‹ und ›Zielbereich‹ einerseits und Kognition und Sprache andererseits lässt sich dann unter Bezug auf das Beispiel ›er ist ein Löwe‹ schematisch wie folgt darstellen:

	Herkunftsbereich	→	**Zielbereich**
Kognition	(›Bild‹:) **Löwe** (*sehr stark*)	Projektion von Element des Herkunftsbereichs (*sehr stark*) auf den Zielbereich	**MENSCH** (*stark*)
	B	=	A
Sprache	Ausdruck: »**Löwe**«		
kognitiv-sprachliche Metapher			Bedeutung: **Löwe**n*stark*er **MENSCH**

Die konzeptuellen Bereiche und ihre ›Richtung‹

Der kognitiven Metapherntheorie zufolge gründen Metaphern konzeptuell beziehungsweise entwicklungspsychologisch in Erfahrungen mit der physischen Umwelt, und sie dienen vor allem dazu, abstrakten Bereichen unter Bezug auf konkret physische Bereiche eine Struktur und einen Sinn zu verleihen. Insofern haben Metaphern typischerweise eine ›Richtung‹ beziehungsweise ein ›Ziel‹:

> Conceptual metaphors are *unidirectional*: they go from concrete to abstract domains; the most common source domains are concrete, while the most common targets are abstract concepts. (Kövecses 2002, 25)

Entsprechend lassen sich auf der Basis von Textkorpora und Metaphernlexika gängige Herkunfts- und Zielbereiche bestimmen (vgl. ebd., S. 26; Beispiele von KK):

Herkunftsbereiche:
- der menschliche Körper (dieser Plan *hat Hand und Fuß*)
- Gesundheit/Krankheit (ein *gesundes* Maß an Misstrauen)
- Tiere (er ist *vor die Hunde gegangen*)
- Pflanzen (das Problem *an der Wurzel packen*)
- Gebäude (*bauen* Sie Ihr Vermögen *auf*)
- Maschinen, Werkzeuge (Softwarepatente – *Motor* der Wirtschaft)
- Spiel, Sport (die Polizei *bleibt am Ball*)
- Geld, Wirtschaft (ich habe viel Zeit *in* dieses Projekt *investiert*)
- Kochen, Lebensmittel (der Minister soll *reinen Wein einschenken*)

- Hitze/Kälte (ihre *heiße* Liebe zum Theater)
- Helligkeit/Dunkelheit (er hatte eine *dunkle* Vorahnung)
- Kräfte (die Regierung will die revolutionären *Kräfte* ausschalten)
- Bewegung, Richtung (es *geht* mit den Finanzen *aufwärts*)

Zielbereiche:
- Gefühle (die Frau *erfüllte* ihn mit Hass)
- Wünsche (meine Sehnsucht nach ihr *wuchs*)
- Moral (*der Kampf gegen* das Böse)
- Denken (ich verstehe *deinen Standpunkt*)
- Gesellschaft, Nation (er war *das Gewissen* der Nation)
- Politik (die Parteien *lieben* es, Wählerstimmen *zu kaufen*)
- Wirtschaft (die Aktien *steigen*)
- menschliche Beziehungen (suche *feste* Beziehung)
- Kommunikation (sie waren *ins* Gespräch *vertieft*)
- Zeit (wir haben damit viel Zeit *gewonnen*)
- Leben/Tod (er wurde *aus dem* Leben *abberufen*)
- Religion (die *Auferstehung* und *Himmelfahrt* Jesu)
- Ereignisse, Handlungen (wir haben nicht viel Handlungs*spielraum*)

Entsprechend beziehen abstrakte Bereiche etymologisch ihr Vokabular meist aus konkreten Bereichen (vgl. Sweetser 1990, 18, 29 u.ö.). Zu berücksichtigen ist jedoch, dass die kognitive Linguistik von der Alltagsmetapher ausgeht und dass keinesfalls Einigkeit über die Direktionalität besteht. So setzt die Theorie des *conceptual blending* (›konzeptuelle Vermischung‹) eher interaktive Prozesse voraus (vgl. Fauconnier/Turner 2002; Lakoff/Johnson 1999, 45–59). Unkonventionelle Formen der Sprache wie Dichtung und Wortspiel lassen sich bezüglich der ›Richtung‹ nicht festlegen – wobei dies die allgemeine Theorie nicht widerlegt, sondern tendenziell bestätigt.

Die ›Richtung‹ von Metaphern in der Dichtung

Dass besonders die poetische Metapher komplexe Bezüge zwischen konzeptuellen Bereichen aufweist, die eine Spannung gegenüber der tendenziellen ›Richtung‹ von Alltagsmetaphern erzeugt, sei anhand der folgenden Strophe von Petrarca erörtert:

La testa òr fino, et calda neve il volto,
hebeno i cigli, et gli occhi eran due stelle,
onde Amor l'arco non tendeva in fallo;

(Petrarca: *Sonett* 157, V. 9–11)

[Ihr Haar reines Gold, und heißer Schnee ihr Antlitz,
Ebenholz ihre Augenbrauen, und ihre Augen waren zwei Sterne
von denen Amor seinen Bogen nie umsonst spannte;]

Die Verse bestehen aus vier Metaphern vom Typus ›A = B‹. Zielbereich ist der menschliche Körper – bezeichnet werden vier Elemente
eines Frauengesichts. Die Herkunftsbereiche sind ebenfalls physisch-
konkret (Metall, Hitze und Schnee, Holz, Himmelskörper); hinzu
kommt als Herkunftsbereich die mythische Götterwelt. Das Belebte
wird einerseits durch das Unbelebte charakterisiert und andererseits
in seinem ›Leben‹ durch die Verbindung der Augen mit Amor intensiviert. Die Metaphern dienen nicht der kognitiven Verdeutlichung
– das Gesicht bedarf dieser nicht – sondern aktivieren die geistige
Aufmerksamkeit (Witz, Paradoxon Hitze/Kälte, wertvolle Materiali-
en), die visuelle Imagination (goldene Farbe, Kontrast weiß/schwarz,
Lichtquelle) und die Gefühle (zur petrarkistischen Metaphorik vgl.
Forster 1969). Die Wirkung der Verse wird verstärkt durch die Dynamik des Bildes von Amors Bogen: Es evoziert die verführerische
Attraktivität der Frau durch die ›Treffsicherheit‹ ihrer Augen und
schafft zugleich eine emotional spannungsvolle Verbindung zwischen
der Beschriebenen und dem Betrachter.

Poetische Metaphern fügen sich bezüglich der aktivierten konzeptuellen Bereiche keiner Regel: Sie arbeiten mit den Konventionen
der Alltagssprache, nutzen jedoch für spezielle Wirkungen häufig
gerade ungewöhnliche Kombinationen und unkonventionelle ›Richtungen‹. Unsere metaphorische Kompetenz ist jedoch offenbar so
angelegt, dass sie es uns ermöglicht, auch unkonventionell ausgerichtete Prozesse produktiv zu verarbeiten – und gerade solchen
Prozessen ein besonderes ›Gefallen‹ abzugewinnen (vgl. Cicero, III,
40, 159; 545; s.u., S. 65).

Personifikation

Der Mensch mit seinen körperlichen und geistigen Attributen und
Fähigkeiten ist der bedeutendste Herkunftsbereich der Metapher,
mit unterschiedlichsten Formen und Graden der Anthropomorphi-
sierung sowie Zusammenwirkungen mit anderen Figuren. So steht
in der Zeitungsüberschrift »Israel gräbt weiter« (*Süddeutsche Zeitung*,
9.2.2007, 8) der personifizierte Staat metonymisch für ein von der
Regierung beauftragtes Unternehmen.

Die Personifikation findet sich in allen Textsorten und in vielen
Variationen besonders in der Dichtung. Häufig dient die personifizierte Natur zur Vermittlung emotionaler Vorgänge, wobei vor allem
extremes Wetter die ›Sympathie‹ der Natur zur Sprache bringt (vgl.
den Begriff *pathetic fallacy* in der englischsprachigen Figurentheorie). So wütet in der Nacht, in der Macbeth den Mord an König
Duncan begeht, ein furchtbarer Sturm:

> The night has been unruly: where we lay,
> Our chimneys were blown down; and, as they say,
> Lamentings heard i'th'air; strange screams of death,
> And, prophesying with accents terrible
> Of dire combustion, and confus'd events,
> New hatch'd to th'woeful time, the obscure bird
> Clamour'd the livelong night: some say, the earth
> Was feverous, and did shake.
>
> (Shakespeare: *Macbeth*, II/3; 780)

Personifikationen der Elemente kulminieren in der Personifikation der Erde. Sie sind mit der Handlung verflochten und verstärken die Wirkung der Ereignisse auf Handelnde und Publikum zugleich.

In der neueren rhetorischen Figurenlehre wird der Begriff Personifikation (auch) für die *prosopopoeia* oder *fictio personae* verwendet, also die »Erfindung von Personen« (Quintilian, IX, 2, 29; 281; vgl. z.B. Hartmann 2003). Hierbei werden imaginäre, abwesende oder tote Personen als anwesend, redend oder handelnd dargestellt, z.B. ›Frau Welt‹ und ›Vater Rhein‹ sowie in der Werbung ›Meister Proper‹ und ›der Weiße Riese‹. Brecht bedient sich dieser Figur 1933 in seiner Darstellung Deutschlands, wobei die Wirkung hier gerade auf der mit der kampfstarken Selbstprojektion des Dritten Reichs konstrastierenden leblosen Passivität der »Mutter« angesichts ihrer moralisch-politischen Schmach beruht:

> O Deutschland, bleiche Mutter!
> Wie sitzest du besudelt
> Unter den Völkern.   (Brecht: *Deutschland*, V. 1–3)

Solche Formen sind als allegorische Spielart der Personifikation zu sehen. Allerdings wäre es müßig, klare Grenzen ziehen zu wollen. Denn alle Formen der personifizierenden Darstellung beziehen letztlich ihre Wirkung aus derselben ›Nähe‹ zum Menschen.

3.3 Metaphorische Prozesse

Der in den kanonischen Texten der antiken Metapherntheorie verwendete Begriff *metaphora* bzw. *translatio* oder ›Übertragung‹ impliziert einen Prozess, der sich zwischen zwei Bereichen vollzieht. Die neuere Metapherntheorie hat sich mit dieser (metaphorischen) Bestimmung des Prozesses nicht begnügt und andere Begriffe ins Spiel gebracht. Wichtig wurde vor allem der von I.A. Richards und dann Max Black verwendete Begriff der ›Interaktion‹ (s.u., S. 116f.):

> When we use a metaphor we have two thoughts of different things active together and supported by a single word, or phrase, whose meaning is a resultant of their interaction. (Richards 1965, 93)

Anders als beim Begriff der ›Übertragung‹ ist hier keine Richtung impliziert, was besonders für die Lyrik einen weit größeren Spielraum in der Interpretation ergibt; problematisch ist der Begriff allerdings bezüglich der Alltagsmetaphorik, da er den veranschaulichenden Funktionen der Metapher nicht gerecht wird.

In der kognitiven Metapherntheorie wird sowohl der allgemeinere – ebenfalls von Black verwendete (1996, 28–30) – Begriff der ›Projektion‹ eingesetzt, als auch vor allem der technischere Begriff des ›Mapping‹, der aus der Mathematik entlehnt ist:

> [Metaphor is] a pervasive mode of understanding by which we project patterns from one domain of experience in order to structure another domain of a different kind. (Johnson 1987, xivf.)

> A metaphor with the name A IS B is a mapping of part of the structure of our knowledge of source domain B onto target domain A. (Lakoff/ Turner 1989, 59)

Daneben finden sich auch allgemeinere Ausdrücke für den metaphorischen Prozess, so bei Kövecses das bereits diskutierte ›to understand X in terms of Y‹ oder ›X als Y verstehen‹ (s.o., S. 31).

Das Streben nach wissenschaftlich eindeutigen Begriffen steht bezüglich des metaphorischen Prozesses in Widerspruch zum Wissensstand. Denn wenn auch vorausgesetzt werden kann, dass es sich beim Prozess der Metaphernbildung und -verarbeitung um eine grundlegende kognitive Fähigkeit handelt, so besteht doch kein Konsens darüber, wie diese Fähigkeit mit anderen kognitiven Prozessen zusammenwirkt und inwieweit sie eine eigene ›Identität‹ hat (vgl. z.B. Sperber/Wilson 1995, 237; Stern 2000, xiv), geschweige denn darüber, was das Gehirn bei der Produktion und Verarbeitung von Metaphern ›tut‹. Gerade für solche Prozesse, die sich nicht als ›rational‹ darstellen, gibt es keinerlei gesicherte Forschungsbasis: »Although we know something about logical reasoning [...], we know next to nothing about non-demonstrative, abductive, or commonsense reasoning and even less about creative reasoning« (Pylyshyn 2006, 468). Vor allem in Hinblick auf innovative Metaphorik ist somit wissenschaftliche Bescheidung geboten.

Da der Prozess weder der sinnlichen Wahrnehmung zugänglich
ist, noch durch eine von Kognition und Sprache unabhängige Fähigkeit analysiert werden kann, ist eine Definition nur auf metaphorischem Wege möglich. Es empfiehlt sich daher, die von den
unterschiedlichen theoretischen Ansätzen in die Diskussion einge-
brachten Begriffe verfügbar zu halten – denn angesichts der Komplexität dessen, was unter dem Begriff ›Metapher‹ verhandelt wird,
dürfte ein einziger Begriff kaum für alle Instanzen gleichermaßen
hilfreich sein.

Die in der Metapherntheorie benutzten Begriffe seien hier anhand der folgenden Metapher in Goethes Gedicht *Auf dem See*
durchgespielt – in einem allgemeinen Interpretationsvorgang, ohne Bemühung der von manchen Theorien zur Verfügung gestellten
symbolischen Darstellungsweisen:

> Morgenwind um*flügelt*
> Die [...] Bucht
> (Goethe: *Auf dem See*, V. 17f.)

Vorausgesetzt ist die Fähigkeit des Dichters und Lesers, aufgrund
der Erfahrung mit der physischen Umwelt die Ähnlichkeit zwischen
der unstrukturierten, aber in einer Richtung verlaufenden Bewegung
der unbelebten Luft und einem belebten, sich mit seinen Flügeln
durch die Luft bewegenden Vogel zu erkennen. Die verschiedenen
Begriffe ergeben dann folgende metaphorische Prozesse:

- **Substitution:** Der Dichter hätte schreiben können ›um*weht* die
  Bucht‹. Der Vorgang, dass man in der schriftlichen Ausarbeitung ein Wort eliminiert und ein anderes dafür einsetzt, erlaubt
  die Vorstellung, dass das ›uneigentliche‹ Wort »umflügelt« das
  ›eigentliche‹ Wort ›ersetzt‹ hat. Die Metapher hat den ›Platz‹
  des eigentlichen Wortes eingenommen und den Satz dadurch
  stilistisch ansprechender gestaltet, ohne den kognitiven Gehalt
  zu verändern.
- **Übertragung** (*metaphora, translatio*): Der Dichter ›überträgt‹ die
  Flugbewegung des Vogels auf die Luft. Dieser Akt der kognitiven
  oder kognitiv-sprachlichen Übertragung manifestiert sich in der
  Verwendung des ›übertragenen‹ Ausdrucks. Es bleibt offen, ob
  die Übertragung ›rein‹ kognitiv, im Zusammenspiel von Kognition und Sprache oder auf der Ebene des Ausdrucks erfolgt.
- **Interaktion:** Der Dichter erzeugt durch die Verbindung von
  ›Wind‹ (*tenor*) und ›Vogel‹ (*vehicle*) die Vorstellung vom belebten, vogelähnlichen Wind und potenziell die sekundäre Assoziation von mit dem Wind fliegenden Vögeln. Basis des Vergleichs

(*ground*) ist die Leichtigkeit der Bewegung. Der Kontext zeigt, dass es primär um den Wind (*tenor*) geht und der Vogelflug (*vehicle*) dessen Beschaffenheit vermittelt. Die Wirkung der Metapher beruht auf der Interaktion zwischen den beiden Vorstellungen beziehungsweise zwischen metaphorischem Ausdruck und Kontext.

- **Projektion beziehungsweise ›Mapping‹:** Der Dichter setzt den konzeptuellen Bereich ›Wind‹ zum konzeptuellen Bereich ›Vogel‹ in Beziehung, um der Vorstellung vom Wind Struktur zu verleihen. Es wird nicht der ganze Vogel, sondern selektiv die durch die Flügel erzeugte Bewegung des Vogels fokussiert und auf den Wind projiziert beziehungsweise ›mathematisch‹ auf den Wind ›abgebildet‹.

- **A mittels/als B verstehen/imaginieren/darstellen:** Der Dichter imaginiert den Wind mittels des Vogels / als Vogel beziehungsweise stellt ihn mittels des Vogels / als Vogel dar.

Keiner der Begriffe ›Substitution‹, ›Übertragung‹, ›Interaktion‹ oder ›Projektion‹ ist absolut unbrauchbar, keiner kann jedoch für sich alle metaphorischen Prozesse abdecken, zumal die Wahl nur eines Begriffs ein Wissen um den Vorgang suggerieren würde. Für die Wahl des Begriffs sind Zielsetzung und Textsorte relevant. So ist die ›Substitution‹ bezüglich der schriftlich formulierten Sprache plausibel. Die ›Interaktion‹ dagegen erlaubt besonders in Hinblick auf poetische Metaphorik die Erkundung vieldeutiger semantischer Bezüge, bei denen potenziell beide in der Metapher involvierte Vorstellungen gleichwertig zur Bedeutung beitragen und keine eindeutige, auf den ›Zielbereich‹ fokussierte ›Botschaft‹ übermittelt wird. Als allgemeine Begriffe eignen sich am ehesten ›Übertragung‹ und ›Projektion‹.

Vorzuziehen ist der Begriff ›Projektion‹ insofern, als er das ›projizierte‹ Element fokussiert und in seinen Assoziationen weniger ›räumlich‹ konkret ist als ›Übertragung‹. Seine abstrakten Assoziationen mit Optik, Mathematik, Geographie und Psychologie lassen den Charakter des Vorgangs weniger bestimmt erscheinen und ermöglichen auf diese Weise eine generellere Vorstellung von einem dynamischen Prozess. Der Begriff ermöglicht die Vorstellung von der Transposition eines materiellen Objekts in ein anderes Medium und birgt zudem die Assoziation mit Bildlichkeit, die für die kognitive Produktion und Wirkung der Metapher wichtig ist (s.o., S. 11–13). Während das Adjektiv ›übertragen‹ somit als etablierter Begriff für das Ergebnis des metaphorischen Prozesses nützlich sein kann, ist für den Vorgang das Verb ›projizieren‹ beziehungsweise ›Projektion‹ meist geeigneter. In diesem Zusammenhang ist auch der Begriff ›bildliche Rede‹ hilfreich, denn er impliziert die ›veran-schaulichende‹ Funktion der Metapher. Für den Alltagsgebrauch ge-nügen allerdings oft die Formulierungen ›A mittels/als B verstehen/imaginieren/darstellen‹.

Für den in der kognitiven Linguistik bevorzugten Begriff ›Map-ping‹ – hier mit dem allgemeineren Begriff ›Projektion‹ übersetzt (vgl. Liebert 1992, 30; Drewer 2003, 23) – ist weitläufig diskutiert worden, welche Strukturen auf den Zielbereich projiziert werden und welche einschränkenden Bedingungen (*constraints*) dabei wirk-sam sind. Unterscheiden kann man zwischen potenziell universalen, körperlichen Erfahrungsmustern, die als ›Bildschemata‹ (*image sche-mas*) fundamentale Strukturen wie ›Behälter‹, ›Weg‹, ›Vertikalität‹ oder ›Verbindung‹ zur Verfügung stellen (s.o., S. 24f.), und kulturell spezifischen Mustern (z.B. Zeitstrukturen, Bewertungen von Kör-perform usw.). Darüber hinaus lassen sich – entweder als separate Bedingungen (vgl. Ungerer/Schmid 2006, 120) oder als Aspekt kör-perlich fundierter Erfahrungsmuster – Korrelationen identifizieren, die unseren kognitiven Umgang mit Ereignissen und Handlungen steuern (z.B. Ursache/Wirkung, Intention/Ziel).

Dass in der Praxis mit einer Vielfalt von Prozessen zu rechnen ist, die eine kognitiv-sprachlich differenzierte Verarbeitung erfordern, soll ein Beispiel aus der Alltagssprache zeigen. Dabei wird zugleich deutlich, dass der sprachliche Kontext sowie die realen Bezugspunkte für die Begrifflichkeit relevant sein können.

Der folgende Passus aus einem Artikel in der Zeitschrift *Kicker* handelt von einem Fußballspiel in der 2. Bundesliga zwischen den Mannschaften Rot-Weiss Essen und 1. FC Köln, das 5:0 endete:

Was für eine Blamage, was für ein *Waterloo* für den 1. FC Köln, der in der Rückrunde *zur* großen *Aufholjagd blasen* wollte! Das *zarte Pflänzchen* na-mens »*Aufstiegs*hoffnung«, das nach zuletzt drei Siegen in Serie hier und da *zarte Triebe* zeigte, *zertrampelte* die Elf [...] am gestrigen Sonntag endgültig. [...] Wie dieses [...] Team an der [Essener] Hafenstraße *baden ging*, muss den treuen Fans *wie ein Schlag ins Gesicht* vorkommen.

(*Kicker*, 19.2.2007, 66; Kursivierung KK)

Der Text ist durch eine hohe Dichte konventioneller Metaphern gekennzeichnet, wobei die Wahl der Herkunftsbereiche heterogen ist, aber durchgängig zu den Gegebenheiten des Spiels in Beziehung steht. Der Herkunftsbereich ›Schlacht‹ ist in der westlichen Kultur fest als Metapher für ›Spiel‹ etabliert und erhält hier aufgrund der schweren Niederlage zusätzliche Relevanz. Der Herkunftsbereich ›Jagd‹ evoziert ebenfalls potenziell zwei Gegner – Jäger und Gejag-tes – sowie die für das Fußballspiel relevante Bewegung des Laufens, darüber hinaus hier jedoch vor allem das Streben nach einem Ziel. Dieses erhält im Herkunftsbereich des vertikalen ›Wegs‹ Gestalt, der die Hierarchie der Ligen und die erwünschte Bewegung der Mannschaft impliziert. Der Herkunftsbereich ›Pflanze‹ steht in konkretem Bezug zum »zertrampelten« Gras des Spielfelds, und das ›Baden‹ steht in Verbindung zur »Hafenstraße«. Der ›Schlag‹ ist wiederum dem ›Kampf‹ nahe, wendet den Angriff jedoch ins Persönliche. Die Herkunftsbereiche schaffen durch den engen Bezug auf die Realien ein kohärentes, lebhaftes Bild von der Niederlage und vermitteln dem räumlich und zeitlich entfernten Leser deren emotionale Wirkung auf die Spieler und Fans.

Die Begriffe ›Projektion‹, ›Substitution‹ und ›Interaktion‹ sind allesamt hilfreich, um die von dem Text ausgelösten Prozesse zu bezeichnen – aber ihre Anwendbarkeit variiert. So projiziert die Metapher »zur Aufholjagd blasen« die zielgerichtete Bewegung des Laufens, das Ziel des Vorneweglaufenden und das anfeuernde Signal des Herkunftsbereichs ›Jagd‹ auf den Zielbereich ›Fußball‹; dieser wird im nächsten Satz mit der Metapher »Aufstieg« als hierarchisches System von Mannschaften konkretisiert. Der »Aufstieg« lässt sich wiederum als Projektion der für den Herkunftsbereich prägenden vertikalen Vorwärtsbewegung auf die Mannschaft verstehen, wobei die Vertikalität zugleich die vertikale Konfiguration der 1. und 2. Liga sowie deren jeweiligen Wert ins Bild zieht.

Während bei diesen Metaphern der Begriff ›Substitution‹ zu statisch wirkt, lässt er sich bei der Metapher »ein Waterloo« durchaus sinnvoll einsetzen. Denn hier ›ersetzt‹ die Metapher (Herkunftsbereich: Schlacht) das zuerst genannte Wort »Blamage« im Rahmen einer anaphorischen Wiederholung: Der stilistische Kontext zeigt eine feste Wortfolge, in der die Metapher die ›Stelle‹ des neutraleren Wortes einnimmt. Die Substitution intensiviert die Vorstellung von der beschämenden Niederlage und präzisiert sie, indem sie die Struktur der sich bekämpfenden Menschengruppen vom Herkunftsbereich auf den Zielbereich projiziert.

Beim Idiom »baden gehen« ist dagegen der Begriff ›Interaktion‹ hilfreich. Vermittelt wird zwar vornehmlich die lexikalisierte Bedeutung ›scheitern‹, der Kontext lässt jedoch das ›Wasser‹ des Herkunftsbereichs auf humorvolle Weise mit dem Namen »Hafenstraße« – der Bezeichnung für den realen Ort des Geschehens – interagieren. Hier wäre das unmetaphorische ›scheitern‹ kürzer und ebenso deutlich. Die Metapher wirkt jedoch als aufmerksamkeitsheischendes Wortspiel und steuert Unterhaltungswert bei – ein kognitiver Überschuss, dem der Begriff ›Interaktion‹ Rechnung trägt.

Am komplexesten ist die Metapher vom »zarten Pflänzchen namens ›Aufstiegshoffnung‹«. Der onomastische Aspekt metaphorischer Rede wird mit selbstreflexiver Ironie explizit gemacht, um dem Abstraktum »Hoffnung« ein so geistreiches wie imaginativ wirksames Profil zu verleihen. Die Belebung und Zartheit der Pflanze und die konventionell mit Hoffnung assoziierte Farbe Grün laden den Zielbereich ›Hoffnung‹ emotional auf, um die Metapher »zertrampeln« umso wirksamer zu machen. Erreicht wird durch das Verb eine plötzliche Ausweitung des Herkunftsbereichs zu einem Szenarium: Die Pflanze ist nun Teil einer Wiese und von herumlaufenden Menschen gefährdet; das entsprechende Szenarium des Zielbereichs ist das Fußballfeld mit den unelegant laufenden Spielern. Die metaphorisch erzeugte Verselbständigung der von der Mannschaft gehegten »Hoffnung« ermöglicht die Vorstellung ihrer Zerstörung ›von außen‹ durch die Mannschaft selbst.

Für die Wahl der Metaphern ist der pragmatische Kontext miteinzubeziehen. Das »zarte Pflänzchen« dient vorrangig dem emotionalen Effekt: Die Aussage, dass die Mannschaft ›ihre Hoffnung aufgeben‹ musste, wäre zwar klarer, aber bezüglich der Wirkung wesentlich schwächer. Die Abfolge der Metaphern baut graduell ein Bild von der Mannschaft als einer aggressiven Gruppe auf, das dann in dem Vergleich vom »Schlag ins Gesicht« erweitert wird: Hier nun richtet sich die Aggression der Mannschaft gegen die »treuen Fans«. Deutlich wird daraus die von der Zeitschrift vermittelte Perspektive: Es ist nicht diejenige der enttäuschten Spieler, sondern jene der Fans, welche die Leserschaft und somit den Käuferkreis der Zeitschrift ausmachen. Die Metaphorik fokussiert jene Aspekte, die den Leser am wirksamsten ansprechen.

Metaphorische Prozesse sind letztlich so vielfältig wie Metaphern, und wie diese werden sie nicht nur von kognitiven Vorgängen, sondern auch vom Bezug zum Kontext bestimmt. Es ist daher unerlässlich, eine Vielfalt von wissenschaftlichen Begriffen bereitzuhalten, um die Prozesse zu erkunden. Denn in Bezug auf die mentalen Prozesse, welche die Produktion und Rezeption von Metaphern ermöglichen, ist uns eine ›Wahrheit‹ vermutlich nicht zugänglich, wie Kant in Bezug auf seinen – dem kognitiven Metaphernbegriff nahestehenden (s.o., S. 15) – ›Schema‹-Begriff bemerkt:

Dieser Schematismus unseres Verstandes [...] ist eine verborgene Kunst in den Tiefen der menschlichen Seele, deren wahre Handgriffe wir der Natur schwerlich jemals abrathen und sie unverdeckt vor Augen legen werden. (Kant 1911, 136)

3.4 Grammatik der Metapher

Metaphern begegnen uns vornehmlich in sprachlicher Form, und es ist nicht unerheblich, welche grammatische Form sie haben:

> Metaphor is expressed in words, and a metaphoric word reacts on other words to which it is syntactically and grammatically related. The effect of this interaction varies considerably according to the nature of this grammatical relationship. (Brooke-Rose 1958, 1)

Der sprachliche Aspekt der Metapher wird nicht nur in weiten Teilen der philosophischen Tradition vernachlässigt, sondern in besonders krasser Form von der kognitiven Linguistik (s.u., S. 123f.). Dabei ist unumgehbar, dass jede sprachlich vermittelte Metapher aus Lexemen und syntaktischen Strukturen der jeweiligen natürlichen Sprache besteht. Wie Plett betont, ist die grammatische Form »ein notwendiges Ingrediens einer ›Rhetorik der Metapher‹« (2001a, 109).

Einerseits kann man einen »Katalog grammatischer Strukturformeln« aufstellen (ebd.); andererseits lässt sich untersuchen, welche Formen und Strukturen in bestimmten Textsorten oder auch literarischen Epochen dominant sind. So kommt Manfred Windfuhr zu dem Schluss, dass in der Bildlichkeit des Barock Nominalmetaphern bevorzugt werden und angesichts der primär ›schmückenden‹ Funktion der Metapher das Verb kaum Aufmerksamkeit beansprucht (1966, 49–77, Zitat 52); man mag dann annehmen, dass das Verb beispielsweise in der Romantik an Bedeutung gewinnt.

Im Folgenden soll in aller Kürze anhand von literarischen Beispielen erkundet werden, auf welche Weise die sprachliche Form der Metapher zu ihrer Struktur und Wirkung beiträgt.

Substantivmetaphern

Die Metapherntheorie befasst sich seit der Antike bevorzugt mit Nominalmetaphern; im Vordergrund stehen ›Dinge‹ mit eigentlichen oder uneigentlichen ›Namen‹ und in Definitionen dominiert der Typus ›A = B‹. Die Kopula ›sein‹ verknüpft zwei Substantive im Nominativ, die somit potenziell vertauschbar sind. Wenn es bei Shakespeare heißt »All the world's a stage« (*As You Like It*, II/7; 173) oder bei Calderón schon im Titel *La vida es sueño* – »Das Leben ist ein Traum« –, so bieten sich reizvolle Möglichkeiten der Verkehrung, bei denen Sein und Schein, Wirklichkeit und Theater, Wachen und Träumen binär aufeinander bezogen oder verschmolzen werden können. Und im Deutschen bietet das substantivische

Kompositum die Möglichkeit der Verbindung von Herkunfts- und Zielbereich in einem Wort. So signalisierte man 1918 die Öffnung der Theaterzeitschrift *Die Schaubühne* für politische Themen mit einer metaphorischen Abwandlung des ersten Elements: Der neue Titel *Die Weltbühne* machte sie zum sprachlichen ›Ort‹, an dem Welt und Theater interaktiv zusammentrafen.

Die substantivische Metapher vermag ganze Szenarien zu erschaffen. So verwandelt John Donne (1572/73–1631) den Körper der Geliebten im Prozess ihrer Entkleidung in die erst etwa ein Jahrhundert zuvor entdeckte Neue Welt:

> Licence my roving hands, and let them go
> Behind, before, above, between, below.
> Oh, my America, my new found land,
> My kingdom, safest when with one man manned,
> My mine of precious stones, my empery;
> How blest am I in this discovering thee.
>
> (Donne: *To his Mistress Going to Bed*, V. 25–30)

Die Metapher ›der Körper ist ein Ort‹ wird mit Nominalphrasen ausgestaltet, die ein Land, ein ›bemanntes‹ Königreich und – als topographische Variante der petrarkistischen Edelsteinmetaphorik – ein sexuelles Bergwerk evozieren. Imaginativ wirksam werden diese statischen Metaphern allerdings erst durch die Verben: Sie erklären die Geliebte zur gebietenden Autorität (»Licence...«), machen das Ich zum Pionier (»discover«) und lassen die Körperteile geradezu fühlbar werden (»go | Behind, before, above, between, below«). Emotionale Kraft erhält die Metaphorik durch die Sprechakte – die Aufforderungen (»Licence«, »let«), das apostrophische »Oh« und vor allem den abschließenden Ausruf »How blest am I«, der dem physischen Liebesakt die Andeutung einer spirituellen Segnung verleiht. Der kognitive Effekt der Nominalmetapher erwächst aus dem Zusammenspiel mit dynamisierenden Verben und aus der Einbettung in emotional ausdrucksvolle Sprechakte.

Logisch komplexer gestaltet sich die Form der Genitiv-Verbindung, so im folgenden Kurzgedicht von Ernst Jandl:

> die rache
> der sprache
> ist das gedicht   (Jandl: *die rache*)

Es ist eine Metapher vom Typus ›A = B‹ mit der Zielvorstellung A (Gedicht) an zweiter Stelle; im Sinne der funktionalen Grammatik ist »das gedicht« das Thema und »die rache« das Rhema. Die Me-

tapher lässt sich analogisch ›auflösen‹: ›Das Gedicht verhält sich zur
Sprache wie die Rache zum (impliziten) Menschen‹. Damit wird
aber die Aussage nicht klarer, weil keine offensichtliche Vergleichsbasis gegeben ist. Verfolgt man die syntaktischen, semantischen und
tropologischen Bezüge, so wird deutlich, dass jedes der drei Substantive eine andere Art der Sprachmacht hat. Das »Gedicht« steht
im Zentrum der ›Definition‹ und wird pragmatisch vom Text dargestellt. Die personifizierte »Sprache« ist dem »Gedicht« metonymisch
›übergeordnet‹ und fungiert als Handelnde. Die von der Sprache
erzeugte »Rache« wird durch syntaktische Inversion fokussiert; sie
ist imaginativ ›tätig‹, indem sie sich das für den Racheakt notwendige menschliche Gegenüber erschafft. Die emotionale Kraft der
»Rache« verleiht dem »Gedicht« dadurch – wie der ›Löwe‹ dem
Achilles – eine besondere Wirksamkeit, die den Leser unmittelbar
›anspricht‹. Diese geht nicht wie in der goetheschen Ausdruckspoe-
tik vom ›inneren‹ Ich des Sprechers aus, sondern von der »Sprache«.
Unter Einbezug des poetologischen Kontexts verkörpert das Gedicht
somit eine Performanzpoetik, in der die Sprache sich als ›lebendige‹ Kraft verwirklicht. Dies erreicht es mithilfe seiner spezifischen
sprachlichen Form.

Adjektivmetaphern

Adjektive sind in Nominalphrasen eingebettet oder Teil einer Konstruktion mit der Kopula ›ist‹ – z.B. ›der Baum ist groß‹. Sie bestimmen die Qualitäten des durch das Substantiv Bezeichneten und können wirkungsvoll der ›Ausmalung‹ dienen, aber auch – so in Form
eines Partizip Präsens – der Dynamisierung des Substantivs.

Die Aussagekraft von Adjektiven lässt sich anhand der Fülle von
Nominalphrasen verfolgen, die Hedwig Courths-Mahler in ihren
Liebesromanen für die Charakterisierung der Augen ihrer Protagonisten verwendet. Die Augen gelten traditionell als des Menschen
›Fenster zur Welt‹ und ›Spiegel der Seele‹ und sind entsprechend in
der literarischen Kommunikation zentral – insbesondere, wenn es
um die Vermittlung von Emotionen geht (vgl. Ferber 1999, 70f.).
So zeigt sich in dem Roman *Opfer der Liebe* der jeweilige Zustand
von Bettina, die ihrem Sohn unrechtmäßigerweise zu einer Erbschaft
verhelfen will, in dem »Ausdruck der dunklen Augen«: Eifersucht
manifestiert sich in der Feuermetaphorik ihrer »unruhig flackern-
den Augen«; bei erkannter Schuld erstirbt die Seele in ihren »lee-
ren, hohlen Augen« (Courths-Mahler: *Opfer der Liebe*, 603, 519,
579). Der Held Bernhard besticht durch »offene, klare Augen«
und erweist seine Tatkraft mit »kühn blitzenden Augen« (ebd., 522,

580). Die »ausdrucksvollen« Augen seiner Erwählten sprechen die Wahrheit und ermöglichen eine erfolgreiche Kommunikation über den Gesichtssinn: »Bernhard verstand so gut in diesen Augen zu lesen« (ebd., 589). Entsprechend wird die Vereinigung durch eine mystisch anmutende Versenkungsbewegung vollzogen: »Alles Leid war weggewischt – es waren klare, freie Augen, die sich tief in die seinen senkten« (ebd., 734).

Der Blick auf die Augen vermittelt eine realistisch von ›außen‹ kommende Perspektive auf die Protagonisten. Zugleich ermöglichen die adjektivischen Metaphern durch ihre immer wieder andere Elaborierung des leitmotivischen Substantivs einen Zugang zu den Emotionen; der Leser muss nur ›in diesen Augen lesen‹.

Verbmetaphern

Die imaginativ anregende Wirkung von Verbmetaphern wurde bereits in Donnes Gedicht deutlich, und auch bei Courths-Mahlers adjektivischen Metaphern waren Partizipien beteiligt. Im folgenden Beispiel aus Georg Büchners Erzählung *Lenz* hat der Leser Teil an den geistigen Prozessen des psychisch gestörten Dichters bei seiner Wanderung durchs Gebirge:

Nur manchmal, wenn der Sturm das Gewölk in die Täler warf, und es den Wald herauf dampfte, und die Stimmen an den Felsen wach wurden, bald wie fern verhallende Donner, und dann gewaltig heran brausten, in Tönen, als wollten sie in ihrem wilden Jubel die Erde besingen, und die Wolken wie wilde wiehernde Rosse heransprengten, und der Sonnenschein dazwischen durchging und kam und sein blitzendes Schwert an den Schneeflächen zog, so daß ein helles, blendendes Licht über die Gipfel in die Täler schnitt [...], riß es ihm in der Brust, er stand, keuchend, den Leib vorwärts gebogen, Augen und Mund weit offen, er meinte, er müsse den Sturm in sich ziehen, Alles in sich fassen, er dehnte sich aus und lag über der Erde, er wühlte sich in das All hinein, es war eine Lust, die ihm wehe tat.

(Büchner: *Lenz*, 225f.)

Mit substantivischen Definitionen ›kognitiver‹ Metaphern wäre hier wenig gewonnen: ›der Sturm ist eine Person‹, ›der Sonnenschein ist ein Kämpfer‹, ›der Mensch ist ein Gigant‹. Denn unsere imaginative Mitwirkung an den mentalen Vorgängen wird erst durch die Aktivität der personifizierten Naturphänomene und die Tätigkeiten von Lenz selbst erreicht. Die Erregung teilt sich im schnellen Wechsel von Aufwärts- und Abwärtsbewegung, Entfernung und Herannahen mit, in der abwechslungsreichen Lautstärke, im Wechsel von Dunkel und Licht. Die Bilder wirken kumulativ, und die Vergleiche »als wollten sie besingen« und »wie Rosse« erhalten in der Metapher vom bewaffneten, Licht erzeugenden »Sonnenschein« ihren mythisch intensivierten Höhepunkt. Entsprechend kulminieren die durch »er meinte« eingeleiteten Vorstellungen im paradoxen Gefühl von Lust und Schmerz.

Als Treibkraft in der Darstellung der Landschaft erscheint Lenz' Imagination: Sie belebt und anthropomorphisiert seine Umgebung. Die personifizierten Naturphänomene sind notwendige Träger der evozierten Aktivität, aber erst die Abfolge der Verbmetaphern macht die mentalen Prozesse vorstellbar. Bedeutsam ist zudem die Spannung zwischen ›Eigentlichkeit‹ und ›Uneigentlichkeit‹, denn mit dem distanzierenden »er meinte« wird deutlich, dass die Darstellung der Natur, die der Leser metaphorisch versteht, für den geistig gestörten Lenz die Wirklichkeit darstellt.

Metaphern sind bezüglich ihrer grammatischen Form höchst wandelbar; so kann verbale Bewegung im Substantiv, Adjektiv oder Verb zum Ausdruck kommen. Die Form ist jedoch für den kognitiven Prozess keineswegs unbedeutend; denn die kognitiven Relationen der Metapher sind von ihren sprachlichen Relationen nicht trennbar. Eine Herauslösung von ›kognitiven‹ Metaphern aus ihrer sprachlichen »Heimat« (vgl. Wittgenstein 1984, 300) verdeckt nicht nur ihre sprachliche, sondern auch ihre kognitive Wirkkraft.

3.5 Kontextabhängigkeit

Die Kontextabhängigkeit der Metapher thematisiert schon Quintilian, wenn er bezüglich ihrer Rezeption bemerkt: »Ein Urteil über übertragene Ausdrücke läßt sich nur im zusammenhängenden Text [*contextus*] gewinnen« (VIII, 3, 38; Bd. 2, 165). Allerdings gehen gerade die auf ›Übertragung‹ und ›Substitution‹ gegründeten Ansätze zumeist von isolierten Wörtern – zumeist Substantiven – aus und ergeben Modelle, die kaum für eine Interpretation komplexer Metaphern geeignet sind.

Im Laufe des 20. Jahrhunderts hat sich zunehmend die Bedeutung des Kontexts für jede Theorie der Metapher durchgesetzt, aber es besteht kein Konsens darüber, was in diesen Kontext einzubeziehen ist. Die folgende Erläuterung der Problematik durch Friedrich Ungerer und Hans-Jörg Schmid in ihrer *Introduction to Cognitive Linguistics* gibt einen Einblick in die Spannweite der möglichen Kontexte:

›Context‹ has been defined in many ways by scholars with different back-grounds and various aims in mind. From a purely linguistic point of view the context has been regarded as the linguistic material preceding and following a word or sentence. Language philosophers and pragma-linguists [...] have defined context as the set of background assumptions that are necessary for an utterance to be intelligible. In discourse-orien-ted approaches to language the context has been related to the situati-on in which an utterance is embedded. Originating in the work of the anthropologist Malinowski, the term ›context‹ has been extended still further to include the so-called ›context of culture‹. [...] For cognitive linguists it is important that the notion of ›context‹ should be conside-red a mental phenomenon. (Ungerer/Schmid 2006, 47)

Wie aus der hier umrissenen Debatte hervorgeht, ist die Frage nach der Beschaffenheit und Extension des Kontexts theoretisch hochbri-sant, denn er bestimmt sich aus den Vorgaben des jeweiligen theore-tischen Ansatzes und nicht zuletzt aus den Zielsetzungen der jewei-ligen Disziplin. So erklärt Josef Stern den Kontext in seiner Studie *Metaphor in Context* (2000) zum zentralen Anliegen; ihm geht es jedoch darum, der Metapher auf philosophischem Wege jene kog-nitive Macht abzusprechen, die für die kognitive Metapherntheorie zentral ist. In dieser verschwindet der sprachliche Kontext tendenzi-ell völlig aus dem Blickfeld, so wenn Ungerer/Schmid grundsätzlich für die kognitive Linguistik nur den »mentalen« Kontext fokussieren (2006, 47).

Wenn Erika Linz in ihrer Auseinandersetzung mit Lakoff und Johnson die »mit der Entsprachlichung der Metapher einhergehen-de Ausblendung des sprachlichen Kontextes aus der metaphorolo-gischen Analyse« bemängelt (2004, 261), so ist dem zuzustimmen. Die Berufung auf die im deutschsprachigen Raum immer wieder ins Feld geführte Metapherntheorie von Harald Weinrich bietet jedoch keine Lösung, wie schon aus seiner von Linz zitierten Definition hervorgeht: »Eine Metapher [...] ist ein Wort in einem Kontext, durch den es so determiniert wird, daß es etwas anderes meint, als es bedeutet« (1976, 311; vgl. Linz 2004, 261f.). Er versieht das Wort mit einer ›Intention‹ (personifizierte Variante der ›eigentlichen‹ Bedeutung), die sich im metaphernerzeugenden »Kontext« einer ›Fremd‹-Determinierung unterordnet; sie bringt das Wort dazu, ei-ne fremde ›Meinung‹ auszudrücken (vgl. die Fremdheitsmetaphorik bei Weinrich 1976, 311). Die Metapher ist somit ein ›uneigentlich‹ verwendetes Wort im Kontext ›eigentlich‹ verwendeter Wörter – das Modell ist letztlich jenes der Substitution, wobei Weinrich nicht das substituierte Wort, sondern das sprachliche Umfeld fokussiert.

Der ›Kontext‹ wird als lineare Abfolge von eigentlichen Wörtern mit uneigentlicher Unterbrechung konfiguriert oder als sprachliche ›Fläche‹ mit Fremdkörper.

Hier soll dagegen ein vielschichtiger Kontext vorausgesetzt werden. Aktualisiert werden demnach im Prozess der Produktion und Rezeption von Metaphern potenziell alle von Ungerer/Schmid bezeichneten ›Kontexte‹, denn es dürfte kaum kontrovers sein, dass der Mensch mental auf jeden Aspekt seiner äußeren und inneren Welt reagieren kann. Dann aber ist kein Aspekt jener Welt von vornherein aus dem mentalen Kontext ausgeschlossen. Aspekte der physischen, geistigen und kulturellen Welt können insofern genau so bedeutsam sein wie Strukturen der Sprache, aus der die Metapher Strukturen bezieht und in der sie Ausdruck findet. Der oben unter Bezug auf metaphorische Prozesse diskutierte Artikel zu einem Fußballspiel zeigt, dass die Metaphern verschiedenste Aspekte des behandelten Themas hervorheben können, einschließlich zufälliger Assoziationen zwischen lexikalisierten Metaphern und realen Details (Name ›Hafenstraße‹ – Idiom ›baden gehen‹) (s.o., S. 43–45).

Einbezogen wird demnach prinzipiell all das, was in der Rhetorik unter dem unbegrenzt flexiblen Begriff des *aptum* beziehungsweise *decorum* (Angemessenheit) diskutiert wird. Dass dieses Prinzip grundsätzlich mit dem Ansatz der kognitiven Linguistik kompatibel ist, legen die Ausführungen von Kövecses nahe, wenn er den »weiteren kulturellen Kontext« (broader cultural context) und die »natürliche und physische Umwelt« (natural and physical environment) zu zentralen Faktoren für kulturspezifische Variationen in Metapher und Metonymie erklärt (2002, 186–193; vgl. auch Kövecses 2005) und zudem eine »individuelle Variation« in der Verwendung von Metaphern konstatiert, die auf persönliche Interessen und persönliche Geschichte zurückzuführen ist (ebd., 193–195). Auch wenn er den sprachlichen Aspekt nur ungenügend thematisiert, rückt sein Ansatz damit in die Nähe der Rhetorik.

Welcher Kontext bedeutungswirksam ist (beziehungsweise welche Aspekte des als Ganzheit verstandenen Kontexts), lässt sich letztlich erst unter Bezug auf die jeweilige Metapher bestimmen, denn während einerseits die Bedeutung der Metapher kontextspezifisch ist, so ist andererseits der aktualisierte Kontext metaphernspezifisch; je ungewöhnlicher die Metapher, desto mehr muss der Rezipient den Kontext erweitern, um einen sinnvollen Zusammenhang herzustellen (vgl. Sperber/Wilson 1995, 231–237). Dies sei an nur einem Wort am Ende der 1942 erschienenen Erzählung *L'étranger* von Albert Camus gezeigt – dem Adjektiv »brüderlich«. Der Protagonist Meursault steht am Ende seines »absurden Lebens« (*Der Fremde,*

152) vor der Hinrichtung und hat sich soeben mit einem Wutaus-
bruch des Geistlichen entledigt:

Comme si cette grande colère m'avait purgé du mal, vidé d'espoir, devant
cette nuit chargée de signes et d'étoiles, je m'ouvrais pour la première fois
à la tendre indifférence du monde. De l'éprouver si pareil à moi, si *fraternel* enfin, j'ai senti que j'avais été heureux, et que je l'étais encore. Pour
que tout soit consommé, pour que je me sente moins seul, il me restait à
souhaiter qu'il y ait beaucoup de spectateurs le jour de mon exécution et
qu'ils m'accueillent avec des cris de haine.

(Camus: *L'étranger*, 185f.; Kursivierung KK)

[Als hätte dieser große Zorn mich von allem Übel gereinigt und mir alle
Hoffnung genommen, wurde ich angesichts dieser Nacht voller Zeichen und
Sterne zum ersten Mal empfänglich für die zärtliche Gleichgültigkeit der
Welt. Als ich empfand, wie ähnlich sie mir war, wie *brüderlich*, da fühlte
ich, daß ich glücklich gewesen war und immer noch glücklich bin. Damit
sich alles erfüllt, damit ich mich weniger allein fühle, brauche ich nur noch
eines zu wünschen: am Tag meiner Hinrichtung viele Zuschauer, die mich
mit Schreien des Hasses empfangen.]

(Camus: *Der Fremde*, 153f., Kursivierung KK)

Das Adjektiv »fraternel« ist offensichtlich metaphorisch, denn als
blutsverwandt bezeichnet es nicht Mitglieder einer Familie, sondern das menschliche Ich und die das Ich enthaltende »Welt«. Indem Camus für diese metonymische Relation eine Metapher wählt,
die als Synonym für ›Ähnlichkeit‹ (»pareil«) steht, destabilisiert er
die Hierarchie zwischen Gottes Schöpfung und dem Geschöpf. Im
Hintergrund steht als ›schwache‹ Assoziation die Autonomietopik
der Französischen Revolution (›fraternité‹).
    Zugleich wird die mit ›Brüderlichkeit‹ assoziierte emotionale
Verbundenheit durch die »Gleichgültigkeit« der Welt negiert und
in Unabhängigkeit verkehrt. Das Ich löst sich auf diese Weise aus
seiner Bindung an die Welt und macht sich zu einem ebenbürti-
gen, freien Gegenüber. Die zunächst wie ein Oxymoron anmutende
Nominalphrase »la tendre indifférence du monde« erhält in diesem
Kontext einen Sinn: Die traditionell mit einem anthropomorphen
Schöpfer assoziierte fürsorgliche ›Zärtlichkeit‹ weicht einer Zärtlichkeit, die sich darin ausdrückt, dass sie den Menschen auf sich stellt.
Dabei bietet der vorhergehende »Zorn« den Kontext für eine neue,
abgewogene Haltung gegenüber der Welt, in der das Ich sich der
spannungsvollen »Hoffnung« entledigt hat und eine ›glückliche‹ psy-
chisch-emotionale Unabhängigkeit gewinnt, die in den »Zeichen«
des Himmels ihre Rechtfertigung findet – Zeichen, deren Bedeutung
darin besteht, dass sie *nicht* auf eine göttliche Welt verweisen.

Dieses Zur-Ruhe-Kommen wird allerdings mit dem letzten Satz offenbar von Grund auf in Frage gestellt: Gesucht wird nun eine Verbindung zu Menschen, die das Gefühl des ›Alleinseins‹ bannen soll, sowie eine im öffentlichen ›Grüßen‹ sich manifestierende, kollektive Anerkennung. Dies steht in Widerspruch zu jener Gleichgültigkeit gegenüber den Mitmenschen, mit der Meursault seine Umgebung – und den Leser – durchgehend schockiert hatte. Indem er jedoch die Verbindung über den Ausdruck des »Hasses« sucht, wird die Bindung zugleich provokativ negiert. Erforderlich wird damit eine Erweiterung des Kontextes über den Text hinaus: Denn der Protagonist löst sich hier von der dritten der christlichen Tugenden ›Glaube, Hoffnung, Liebe‹ (vgl. 1 Kor. 13, 13). Im Zorn gegenüber dem Geistlichen hatte er den Glauben hinter sich gelassen, in seiner Akkommodierung gegenüber einer gleichgültigen Welt die Hoffnung. Hier nun lässt er im Moment der – juristischen und existenziellen – ›Erfüllung‹ die größte dieser göttlichen Gnaden hinter sich. Er vollzieht somit einen existentialistischen Bildungsweg.

Die Interpretation hat sich hier weit von dem Wort *fraternel* wegbewegt. Die spezifische Bedeutung des Wortes in diesem Kontext ist jedoch erst unter Einbezug auch der ›entfernten‹ Bezüge erklärbar. Denn ›Brüderlichkeit‹ trägt die Assoziation ›Bruderliebe‹, und diese ist wiederum prototypisch für die (nicht-sexuelle) Liebe zu den Mitmenschen.

Der ›Kontext‹ lässt sich hier weder auf den Satz beschränken, noch auf den Text. Aktualisiert wurden in der Interpretation unterschiedliche kontextuelle Elemente: eine Vielzahl von Bezügen zu anderen Lexemen; eine über die Wortstellung erzeugte, semantisch spezifizierende Parallele mit einem anderen Adjektiv (»pareil«); eine grundlegende kulturelle Struktur (Verwandtschaft); ein historisches Ereignis (Französische Revolution); ein Intertext, der eine bedeutungsträchtige diachronische Dimension evoziert (Bibel); und der Bezug zu den zeitgenössischen Debatten des Existentialismus. Wenn auch andere Leser je nach geistigem Horizont andere Bezüge ins Spiel bringen würden, so wird doch vermutlich keiner der Metapher ohne Bezug auf einen komplexen Kontext einen interpretativ befriedigenden Sinn abgewinnen. Dass es sich nicht nur um einen ›mentalen‹ Kontext handelt, zeigt selbst der philosophische Aspekt: Denn ohne die Sprachkraft von Camus oder Sartre ist der Existentialismus nicht vorstellbar.

3.6 Konvention und Kreativität

Seit der Antike steht die Metapher im Spannungsfeld von Konvention und Innovation, Notwendigkeit und kühner Kreativität. Dies geht schon allein aus den diversen Bemerkungen zur Metapher bei Aristoteles hervor. Denn in der *Rhetorik* verweist er auf die Ubiquität der Metapher:

> Alle Menschen [...] gebrauchen in der Unterredung Metaphern. (Aristoteles: *R*, III, 2, 6; 170)

In der *Poetik* dagegen scheint es, als sei die Bildung von Metaphern auf besonders begabte Menschen beschränkt:

> [Das Finden von Metaphern] ist das Einzige, das man nicht von einem anderen erlernen kann, und ein Zeichen von Begabung. Denn gute Metaphern zu bilden bedeutet, daß man Ähnlichkeiten zu erkennen vermag. (Aristoteles: *P*, 22; 75–77)

Der Widerspruch dürfte im unterschiedlichen Zweck der beiden Werke gründen, denn in der *Rhetorik* geht es um die Rede im Allgemeinen, in der *Poetik* dagegen um die Sonderform dichterischer Rede.

Grundsätzlich stellt Aristoteles in seiner *Rhetorik* das Stilideal der *perspicuitas* (›Durchsichtigkeit‹, Klarheit, Deutlichkeit) in den Vordergrund, und er ist daher bemüht, den Spielraum der Metapher möglichst genau zu bestimmen. Am ehesten darf sie ihre Wirkung in der Dichtkunst entfalten, wo Klarheit die Gefahr des Banalen birgt:

> Die vollkommene sprachliche Form ist klar und zugleich nicht banal. Die sprachliche Form ist am klarsten, wenn sie aus lauter üblichen Worten besteht; aber dann ist sie banal. Die sprachliche Form ist erhaben und vermeidet das Gewöhnliche, wenn sie fremdartige Ausdrücke verwendet. Als fremdartig bezeichne ich [...] die Metapher [...] und überhaupt alles, was nicht üblicher Ausdruck ist. Doch wenn jemand nur [Metaphern] verwenden wollte, dann wäre [...] das Erzeugnis [...] ein Rätsel. (Aristoteles: *P*, 22; 73)

Bezeichnet ist hiermit ein philosophisch orientiertes Spektrum sprachlicher Deutlichkeit, das von den ›gewöhnlichen‹ – und das heißt wohl ›eigentlichen‹ – Worten bis hin zum ›Rätsel‹ reicht. Pro-

blematisch ist diese Bestimmung insofern, als sie weder die alltägliche Metapher noch auch die notwendige Metapher berücksichtigt,
sondern wie auch sonst in der *Poetik* nur die von der Norm abweichende, innovative, kreative Metapher. Hilfreich ist die Bestimmung
jedoch insofern, als sie mit dem ›Rätsel‹ als Extremform der Metapher eine Möglichkeit der Erklärung ›dunkler‹ Lyrik bietet.

Grundsätzlich ist davon auszugehen, dass sowohl in der Alltagssprache als auch in sprachlichen Spezialformen wie der Wissenschaftssprache oder der Dichtung die ganze Spannweite von konventionellen bis hin zu kreativen Metaphern vertreten ist – wobei
die Alltagssprache eher konventionelle Metaphern aufweist und die
Dichtung kreative Metaphorik favorisiert. Für die Wirkung der kreativen beziehungsweise innovativen Metapher ist allerdings der wahrgenommene Bezug zur Konvention zentral.

Es haben sich in der Diskussion um die Metapher unterschiedliche Bezeichnungen für den jeweiligen Konventionalitätsgrad herausgebildet. Dabei ist es am hilfreichsten, prinzipiell ein Spektrum
vorauszusetzen, das von der ›konventionalisierten‹ beziehungsweise
›lexikalisierten‹ Metapher am einen Ende bis zur ›kreativen‹ beziehungsweise ›innovativen‹ Metapher am anderen Ende reicht (vgl.
Kövecses' »scale of conventionality«, 2002, 31). Eine begrifflich eindeutige Ausdifferenzierung dieses Spektrums wird zwar immer wieder versucht (vgl. z.B. Korte 2001, 265f.), ist jedoch weder möglich
noch konsensfähig, da jede lexikalisierte Metapher zwangsläufig auch
›konventionell‹, ›tot‹ und ›verblasst‹ ist und sich andersherum die
Konventionalität einer Metapher erst dann erweisen lässt, wenn sie
in Lexika oder mit zahlreichen Belegen in Korpora vertreten, das
heißt ›lexikalisiert‹ ist. Umgekehrt ist jede ›kühne‹ Metapher zugleich
›lebendig‹ und ›innovativ‹, sonst würde sie nicht als ›kühn‹ wahrgenommen. Hinzukommt eine kontinuierliche ›Bewegung‹ innerhalb
des Spektrums, die Gerhard Kurz auf den Punkt bringt:

> Im alltäglichen wie im literarischen Sprachgebrauch findet eine stete
> Wechselwirkung zwischen kreativen, konventionalisierten und lexikali-
> sierten Metaphern statt. (Kurz 2004, 20)

Denn jede lexikalisierte Metapher lässt sich ›beleben‹ und jede ›lebendige‹ Metapher kann prinzipiell einen Prozess der Konventionalisierung durchmachen und in unsere Wörterbücher Eingang
finden.

Bei näherer Betrachtung wird deutlich, dass unterschiedliche
Kennzeichnungen des Konventionalitätsgrades häufig unterschied-

liche Perspektiven voraussetzen. In der folgenden Tabelle sind sie
daher einerseits binär gruppiert, andererseits perspektivisch ausdifferenziert:

	Konvention	**Kreativität**
diachronisch	lexikalisiert	innovativ
synchronisch	konventionell	kühn
Festigkeit	klischeehaft	wandelbar
Stärke	schwach	stark
Auffälligkeit	unauffällig, verblasst	auffällig, bildlich
Lebendigkeit	tot, schlummernd	lebendig

Am ›konventionellen‹ Ende des Spektrums finden sich grob gesagt
die Merkmale der Alltagsmetapher, am ›kreativen‹ Ende des Spektrums die Merkmale der eher poetischen Metapher – letztere sind
es, die unsere Imagination aktivieren und den Effekt eines ›anschaulichen‹ ›Bildes‹ vermitteln.

In der kognitiven Linguistik steht die konventionelle Metapher
im Zentrum, denn es geht hier um allgemeine kognitive Vorgänge, zu denen man sich mittels der konventionellen Idiomatik Zugang verschaffen will. Wenn es dagegen in der Rhetorik und Poetik
vorrangig um geistreiche, innovative Metaphern geht – um solche
also, die durch Unüblichkeit hervorstechen – so deshalb, weil sie
besonders stark wirken. Sie verlangen die ›Risikobereitschaft‹ des
Sprachkünstlers, denn erst die »kühne und beinahe wagehalsige
Übertragung« schafft außerordentliche »Erhabenheit« (Quintilian,
VIII, 6, 11; Bd. 2, 221–223; vgl. Longin, 32, 3f.; 77). Bezüglich
der Rezeption wirken solche Metaphern Cicero zufolge durch den
Reiz des Unerwarteten, wenn »der Zuhörer in Gedanken in eine
andere Richtung geführt wird«, und sie sind besonders geeignet,
die Imagination zu aktivieren und eine ›sinnliche‹ Wirkung zu erzielen (vgl. Cicero, III, 40, 159f.; 545; s.u., S. 65). Das kognitive
beziehungsweise imaginative Potenzial, das die kognitive Linguistik
in der systematisch organisierten Alltagsmetaphorik identifiziert, ist
dann in besonderem Maße für die ungewöhnliche, innovative Metapher charakteristisch.

Angesichts des Spektrums, das sich zwischen diesen Extremen
auftut, stellt sich die Frage, wie sich die konventionelle Metapher

zur kreativen Metapher verhält. Festzuhalten ist, dass schon in der antiken Metapherntheorie einerseits die Verwendung von konventionellen ›notwendigen‹ Metaphern vorausgesetzt wird, andererseits jedoch auch die Freude an der erfolgreichen kreativen Metapher: »Dort, wo eigene Ausdrücke in Fülle zu Gebote stehen, gefallen trotzdem die uneigentlichen, wenn ihre Übertragung wohlberechnet ist, den Leuten noch viel mehr« (Cicero, III, 40, 160). Ähnlich wie sich in der Alliteration oder im regelmäßigen Rhythmus des Gedichts Aspekte der Alltagssprache in konzentrierter, ungewöhnlicher und daher besonders ausdrucksstarker beziehungsweise ästhetisch ansprechender Form manifestieren, kommt auch in der kreativen Metapher ein Element der Alltagssprache zu besonderer Wirkung, wobei ihre ›Kreativität‹ manchmal darin besteht, dass sie ihre Konventionalität in dichterischer Form zur Schau stellt:

Alles über den Künstler

Der Künstler geht auf dünnem Eis.
Erschafft er Kunst? Baut er nur Scheiß?

Der Künstler läuft auf dunkler Bahn.
Trägt sie zu Ruhm? Führt sie zum Wahn?

Der Künstler fällt in freiem Fall.
Als Stein ins Nichts? Als Stern ins All?
(Gernhardt: *Alles über den Künstler*)

Der Effekt von Robert Gernhardts Gedicht beruht auf der ironischen Infragestellung von Künstler-Klischees in konventionellen Metaphern. Zugleich jedoch wird dem Leser bewusst, dass hier ein Künstler in einer postmodernen Ära die Problematik seiner eigenen Klischeehaftigkeit zur Sprache bringt.

Die Frage des Konventionalitätsgrads gilt in der kognitiven Metapherntheorie bislang als eher peripher, da es ihr vor allem um jene kognitiven Prozesse geht, die sich über die konventionelle Idiomatik erschließen lassen. Dass jedoch die kreative Metapher ein hochinteressanter Forschungsgegenstand ist, zeigt die Hirnforschung. Vereinfacht gesehen, sind lexikalisierte Metaphern offenbar tendenziell in der linken Hirnhälfte ›gespeichert‹ und im sprachlichen Vorgang sofort abrufbar. Neuartige Metaphern dagegen bedürfen einer langsameren, komplexeren Verarbeitung unter Einbezug diffuserer Assoziationen, die eine erhöhte mentale ›Kreativität‹ sowie möglicherweise ›bildlichere‹ Denkweisen stimulieren und besonders für die rechte Hirnhälfte charakteristisch sind (grundsätzlich zur Beziehung zwischen den Hirnhälften vgl. Gazzaniga/Ivry u.a. 2002, 400–444 und

Shapiro/Caramazza 2004; zum Unterschied zwischen lexikalisierten und innovativen Metaphern vgl. Gentner/Bowdle u.a. 2001, 238; Taylor/Regard 2003; Mashal/Faust u.a. 2005). Gerade die komplexesten Metaphern erfordern somit eine verstärkte mentale Kreativität, die weitere Teile des Hirns involviert als die konventionellen Metaphern.

Vor allem aber deutet die neuere Hirnforschung darauf hin, dass eine konzeptuelle Trennung zwischen lexikalisierten und innovativen Metaphern dem Phänomen nicht gerecht wird. Denn einerseits scheint festzustehen, dass die Unterscheidung zwischen lexikalisierten und kreativen Metaphern physiologisch fundiert ist und vermutlich mit der ›Arbeitsteilung‹ der Hirnhälften zu tun hat. Andererseits jedoch ist deutlich, dass die Hirnhälften beim gesunden Menschen auf komplexeste Weise verbunden sind und auch in sprachlichen Prozessen zusammenarbeiten (vgl. Taylor/Regard 2003; Anaki/Faust u.a. 1998). Es ließe sich dann spekulieren, dass die durch den Kontext auffällig gemachte und/oder ungewöhnliche Verwendung einer lexikalisierten Metapher die rechte Hirnhälfte zur Mitarbeit anregt und die Erfahrung geistiger ›Belebung‹ erzeugt. Wenn gerade die konventionellsten Metaphern jedoch mit jenen mentalen Prozessen in Zusammenhang stehen, die für die Produktion und Rezeption von Sprache zuständig sind, so verdeutlicht dies die Absurdität, die in der Alltagssprache etablierte Metapher als ›rein‹ kognitives Phänomen definieren zu wollen, wie dies in der kognitiven Metapherntheorie versucht wird (s.u., S. 123f.). Prototypisch ist die Metapher vielmehr offenbar ein Phänomen des ›Übergangs‹ – zwischen den Hirnhälften, zwischen sprachlichem und ›bildlichem‹ Denken, zwischen Konvention und Innovation.

Die Abfolge von konkreten hin zu ›übertragenen‹ Bedeutungen in Wörterbüchern zur Gegenwartssprache (vgl. Duden 1999, Bd. 1, 39) sowie die Darstellung von Bedeutungsentwicklungen in etymologischen Wörterbüchern beruht auf der Prämisse, dass abstrakte Bedeutungen sich tendenziell aus konkreten Bedeutungen herleiten (vgl. dazu schon Hegel 1986, Bd. 13, 518). Entsprechend haben kognitiv orientierte Forschungsprojekte gezeigt, dass Metaphern nicht nur im gegenwärtigen, synchronisch betrachteten Sprachsystem eine kognitive Systematik aufweisen, sondern auch aus diachronischer Perspektive in etymologischen Prozessen (vgl. Sweetser 1990). Es besteht somit die Tendenz, existierende Wörter auf neue, häufig abstraktere Sachverhalte/Vorstellungen zu übertragen, sowie auch die Tendenz, solche Metaphern zu konventionalisieren und als lexikalisierte Metaphern in den festen Wortschatz zu integrieren.

Dieser geschichtliche Wandel der Wortbedeutungen bietet wichtige Anregungen für die dichterische Spracharbeit, wenn ›tote‹ Meta-

phern ›belebt‹ werden und beispielsweise bei manchen Romantikern
– so bei Jean Paul (vgl. bes. 1973, 184) – die gesamte Sprachauf-
fassung diesen Prozess voraussetzt. Er bietet ein bedeutendes Legi-
timierungspotenzial, denn es ist dann Aufgabe des Dichters, seiner
Sprachgemeinschaft die ursprüngliche Poetizität ihrer Sprache bewusst zu machen. Entsprechend nutzt Ralph Waldo Emerson in
seinem Aufsatz *The Poet* von 1844 die Macht der Metapher, um die
ursprüngliche Lebendigkeit der Sprache zu evozieren:

> The etymologist finds the deadest word to have been once a brilliant pic-
> ture. Language is fossil poetry. As the limestone of the continent consists
> of infinite masses of the shells of animalcules, so language is made up of
> images, or tropes, which now, in their secondary use, have long ceased
> to remind us of their poetic origin. (Emerson 1983, 13)

Die Wirksamkeit von Prozessen der Bildung neuer Metaphern, der
graduellen Konventionalisierung und der Lexikalisierung lässt sich
an Wörtern verfolgen, die für den Umgang mit der Computer-
Technologie erfunden wurden. Die neue Technologie erforderte
neue Bezeichnungen, die auf metaphorischem Wege aus bestehen-
den Wörtern hergeleitet wurden. Metaphern wie ›Internet‹, ›Maus‹,
›Schnittstelle‹, ›Joystick‹ waren zum Zeitpunkt ihrer ›Erfindung‹ innovativ, sie haben jedoch aufgrund ihrer ständigen Verwendung im
Alltagsleben schnell als etablierte Lexeme in die Wörterbücher Eingang gefunden und werden als Metaphern nicht mehr wahrgenommen. Allerdings bewahren sie die Möglichkeit der ›Belebung‹ und
regen potenziell zu neuen Verbindungen an.
   Ein weiteres Beispiel für diesen Konventionalisierungs- beziehungsweise Lexikalisierungsprozess liefert die Metaphorik der ›Ver-
netzung‹. Das Wort ist schnell verständlich, klar imaginierbar sowie
leicht übertragbar. Der ersten Auflage des *Großen Duden* zufolge war
„vernetzen« bis 1981 auf die Chemie und Technik beschränkt und
bedeutete »Moleküle zu einem netzartigen Zusammenschluß ver-
knüpfen« (Duden 1976–1981, Bd. 6, 2763). In der zweiten Auflage
von 1995 stand diese Bedeutung dann an dritter Stelle, denn das
Wort war mittlerweile – vermutlich als Folge der Interaktion von
Systemtheorie und Computertechnik – zu einem viel bedeutungs-
trächtigeren Begriff geworden. Signalisiert wird dies nun durch die
›Rückführung‹ auf die allgemeine Bedeutung, die das erhebliche
metaphorische Potenzial verdeutlicht, denn es handelt sich bei dem
Wort um eine Ausprägung einer der grundlegenden Metaphern des
Denkens und der Sprache (s.o., S. 24): »etwas verbinden, verknüp-

fen« (Duden 1993–1995, Bd. 8, 3694). Entsprechend erscheinen die Beispiele nun in metaphorisch ausdifferenzierter Form, die von konkreteren Bedeutungen wie »Naturschutzgebiete [...] vernetzen« und »Computer vernetzen« zu abstrakteren Bedeutungen wie »vernetztes Denken« und »vernetzte Informationssysteme« führen. Die dritte Auflage von 1999 brachte dann nur noch weitere Beispiele für das zunehmend häufige, lexikalisch jedoch offenbar stabilisierte Wort (Duden 1999, Bd. 9, 4254f.).

Jede einmal lexikalisierte Metapher birgt die Möglichkeit der ›Belebung‹ – eine Metapher, die eine Aktivierung des Bewusstseins für die ›eigentliche‹ Bedeutung impliziert. Erreicht wird dies durch den Kontext, wie aus einem Passus des Kinderbuches *Harry Potter and the Philosopher's Stone* hervorgeht. Beschrieben wird eine Fahrt des phantasielosen Herrn Dursley am Anfang der magischen Ereignisse, bei der er sich ganz auf den Verkauf von Bohrmaschinen zu konzentrieren sucht:

As Mr Dursley drove around the corner and up the road, he watched the cat in his mirror. It was now reading the sign that said *Privet Drive* – no, *looking* at the sign; cats couldn't read [...]. Mr Dursley gave himself a little shake and put the cat out of his mind. As he drove towards the town he thought of nothing except a large order of drills he was hoping to get that day. But on the edge of town, drills were driven out of his mind by something else. [...] He couldn't help noticing that there seemed to be a lot of strangely dressed people about. (Rowling: *Harry Potter*, 8)

Die Infiltrierung der normalen Welt durch die Magie wird mithilfe der metaphorischen Verwendung des Verbs ›to drive‹ im Sinne von ›treiben‹ vermittelt. Bei den Idiomen ›to put something out of one's mind‹ und ›to drive something out of one's mind‹ handelt es sich um lexikalisierte Metaphern. Die letztere wird in einem Wortspiel mit ›to drive‹ im Sinne von ›fahren‹ assoziiert, wodurch der gemeinsame Nenner ›Kontrolle über etwas haben‹ in den Vordergrund rückt. Die bewusst gemachte Metapher »drills were driven out of his mind« gibt uns Zugang zu Herrn Dursleys Denken und zeigt, wie die magische Welt die Kontrolle über seine Denkprozesse übernimmt.

Wenn hier eine ›tote‹ Metapher imaginativ ›belebt‹ wird, so gründet der Effekt nicht in einer neuartigen Verwendung, sondern in der kontextspezifischen Verbindung mit anderen Wörtern, die eine über die automatische Verarbeitung des Lexems hinausgehende Interpretation anregt. Inwieweit beim Lesen solche Effekte wahrgenommen werden, dürfte von der Lesegeschwindigkeit und der Erfahrung des Lesers im Umgang mit solchen Effekten beeinflusst sein. Besonders in journalistischen Texten findet sich eine solche ›alltagsme-

taphorische Kreativität«. Sie erhöht die kommunikative Wirksamkeit und vermag den Unterhaltungswert zu steigern (s.o., S. 17 u.
43–45). Solche Prozesse sind nur graduell von jenen verschieden,
die für innovative Metaphern prägend sind. Wenn die postroman-
tische Lyrik darauf spezialisiert ist, den Effekt des Unüblichen zu
suchen, so ist dies insofern schlüssig, als das Lesen der Textsorte
Lyrik intensivierte Aufmerksamkeit und Interpretationsbereitschaft
voraussetzt.

Insbesondere ›dunkle‹ Lyrik wie jene von Pindar, Hölderlin oder
Trakl konfrontiert den Leser mit einer Fülle von unüblichen Metaphern und im Extremfall – so zum Teil in Hölderlins Spätwerk
– wird die von Aristoteles bezeichnete Grenze überschritten: »wenn
jemand nur [Metaphern] verwenden wollte, dann wäre [...] das Erzeugnis [...] ein Rätsel« (*P*, 22; 73). Die Wirkung der Unüblichkeit,
Kreativität oder Neuheit entsteht auf vielfältige Weise und lässt sich
erst unter Bezug auf den Kontext bestimmen. Gezeigt sei dies anhand von drei Metaphern im ersten Teil von Trakls *Grodek* (Sep-
tember/Oktober 1914):

> Am Abend tönen die herbstlichen Wälder
> Von tödlichen Waffen, die goldnen Ebenen
> Und blauen Seen, darüber die Sonne
> Düstrer hinrollt; umfängt die Nacht
> Sterbende Krieger, die wilde Klage
> Ihrer *zerbrochenen Münder.*
> Doch stille sammelt im Weidengrund
> Rotes Gewölk, darin ein zürnender Gott wohnt
> Das vergoßne Blut sich, *mondne* Kühle;
> Alle Straßen *münden in schwarze Verwesung.*
> (Trakl: *Grodek*, V. 1–10; Kursivierung KK)

Anders als in vielen Gedichten Trakls, bei denen die Beziehung zwischen Herkunfts- und Zielbereich der Metaphern in der Schwebe
bleibt (vgl. z.B. *De Profundis*), ist ein realer Bezugspunkt etabliert:
die durch den Ort im Titel bezeichnete Schlacht bei Grodek im
September 1914. Sie bestimmt den Zielbereich, der mit »Waffen«,
»Kriegern« und deren ›Sterben‹ sowie Tageszeit (Ende der Schlacht)
und landschaftlichen Details ausgestaltet ist.

Die Zeitangaben (Abend, Nacht) lassen sich jedoch aufgrund der
konventionellen Assoziation zwischen Tod und Abend (s.o., S. 27f.)
zugleich metaphorisch verstehen, und zunehmend treten auffällige
Metaphern in den Vordergrund, die zunächst in der schockieren-
den, metonymisch einen Körperteil fokussierenden Metapher von
den »zerbrochenen Mündern« kulminieren. Deren Wirkung gründet

in der innovativen Abwandlung der konventionalisierten Metapher ›gebrochene Augen‹ (Mund statt Auge, *zer*brochen statt *ge*brochen) und im Konflikt mit Naturgesetzen und Logik (Münder sind kein festes Objekt, zerstörte Münder können nicht klagen). Natürliche Gegebenheiten, logische Konventionen und sprachliche Konventionen tragen interaktiv zur Wirkung bei.

Die Metapher »monden« zieht durch die neologistische, ein Substantiv in ein Adjektiv überführende Wortbildung, die unkonventionelle, wenn auch empirisch gegründete Kopplung von Mond und Kühle sowie die syntaktische Ambivalenz Aufmerksamkeit auf sich: Die Nominalphrasen »rotes Gewölk«, »das vergoßne Blut« und »mondne Kühle« besetzen je für sich die Subjektposition, denn die unkonventionelle Stellung des Reflexivpronomens »sich« nach der zweiten Nominalphrase verhindert eine syntaktisch lineare Verbindung. Diese Inversion gibt der »mondnen Kühle« eine Eigenständigkeit, die eine diffuse, über die ganze Landschaft sich verbreitende Atmosphäre evoziert. Obwohl die drei Nominalphrasen dem Zielbereich zugerechnet werden können, werden sie durch die syntaktische Ineinssetzung zu Metaphern, ohne dass sich eine klare ›Richtung‹ ergibt. Angeregt wird dadurch ein assoziatives Lesen, das bildliche Verbindungen stiftet: durch farbliche Kontraste (silbriger Mond gegenüber dem Rot der Wolken und des Blutes), Kontraste der Form (diffuses Profil des nur adjektivischen Mondes, starkes Profil der ›rollenden‹ Sonne) und Widerspiel von Natur und metaphysischer Welt (sanft scheinender Mond, zürnender Gott). Innovativ ist die Metapher »monden« vor allem morphologisch. Ihre Wirkung ist jedoch nicht aus dem Wort für sich erklärlich, sondern beruht auf dem Zusammenspiel kognitiver und stilistischer Faktoren.

Innovativ wirkt vor allem die Metaphorik des letzten zitierten Verses. Allerdings entsprechen Morphologie und Syntax den Konventionen, die Straßen gründen in der Landschaft und auch das zentrale Verb »münden« aktualisiert nur konventionelle Bedeutungen: das ›Hineinfließen‹ eines Flusses in ein größeres Gewässer; eine ›endende‹ oder in etwas anderes ›übergehende‹ Straße; ›auf etwas hinauslaufen‹ oder ›in etwas schließlich seinen Ausdruck finden‹ (vgl. Duden 1999, Bd. 6, 2656). Gerade diese Multivalenz ermöglicht jedoch den Übergang vom Physischen (Straßen) ins Surreale (Verwesung). In der abstrakten Metapher »Verwesung« werden Landschaft und menschlicher Tod zusammengeführt, ein semantischer Prozess, welcher der ›physischen‹ Zusammenführung »aller Straßen« entspricht. Aktualisiert wird mit dieser strukturlos unendlichen Metapher vor allem die konkreteste Bedeutung von ›münden‹: Sie macht die Straßen zu ›Flüssen‹, die in ein ›Meer‹ der »Verwesung« führen. Angeregt wird aber auch die abstraktere zeitliche Assoziation des Verbs, die dem Abstraktum über die räumliche Ausdehnung hinaus auch eine zeitliche Dimension verleiht: Die »Verwesung« ist das Ende der Entwicklung, die mit dem Klang der Waffen ihren Ausgang nahm und über die Klage der Sterbenden und ihr – an die Passion erinnerndes (vgl. Luk. 22, 20) und zur Wassermetaphorik in Beziehung tretendes – vergossenes Blut führte. Das Adjektiv »schwarz« gibt dem Abstraktum zudem eine visuelle Kraft, die durch den Kontrast mit den vorhergehenden Farbwörtern verstärkt wird. Imaginierbar wird auf diese Weise eine Landschaft des allumfassenden, endgültigen Todes – ein Bild, das sich in den darauf folgenden Versen einer jenseitigen Welt öffnet.

Trakls Metaphern beschränken sich nicht auf eine Art der Kreativität; jede Metapher erzeugt den Effekt der Neuartigkeit auf besondere Weise. Dabei entsteht dieser Effekt keineswegs nur aus dem Bezug zwischen den kognitven ›Bereichen‹; oft ergibt er sich aus komplexen Zusammenwirkungen zwischen semantischen, morphologischen und syntaktischen Faktoren. Die bedeutendste Ressource für die Schöpfung kreativer Metaphern ist das Innovationspotenzial der konventionellen Sprache.

3.7 Funktionen

Grundsätzlich ist die Funktion der Metapher vor allem in ihrer strukturgebenden Vermittlungsrolle zwischen Kognition und Sprache zu sehen; dadurch wird sie in der Beziehung zwischen Individuum und Gemeinschaft zu einem zentralen Medium der Kulturstiftung. Es kann hier nicht darum gehen, alle Funktionen der Metapher zu verdeutlichen, da diese so vielfältig sind wie die Funktionen der Kognition und der Sprache. Es sollen lediglich einige Funktionen unter Bezug auf Beispiele hervorgehoben werden.

Besonders die kognitive Metapherntheorie hat verdeutlicht, dass der Metapher hinsichtlich ihrer Funktionen keine Grenzen gesetzt sind. Kognitiv dient sie der Strukturierung unserer internen und externen Welt; sprachlich wirkt sie potenziell an jeder Form der Kommunikation mit. So reichen ihre Aufgaben von der mentalen Erschließung neuer Wissensgebiete und Konzeptualisierung psychologischer Vorgänge über die Kommunikation von Gedanken und Gefühlen bis hin zur Strukturierung der Bedingungen unseres Gesellschaftslebens:

> Metaphors [...] are among our principal vehicles for understanding. And
> they play a central role in the construction of social and political reality.
> (Lakoff/Johnson 2003, 159)

Während in der kognitiven Metapherntheorie die kognitiven Funktionen der Metapher im Vordergrund stehen, geht es in der rhetorischen Metapherntheorie vorrangig um ihren Beitrag zur psychologischen Wirkung der Sprache:

> Die Metapher ist größtenteils dazu erfunden, auf das Gefühl zu wirken
> und die Dinge deutlich zu bezeichnen und vor Augen [*sub oculos*] zu
> stellen. (Quintilian, VIII, 6, 19; 225)

Wenn auch Quintilians Interesse an der Metapher ein durchaus anderes ist als jenes von Lakoff und Johnson, so ist doch deutlich, dass die jeweils hervorgehobenen Funktionen sich nicht ausschließen, sondern komplementär sind. Denn ohne ›deutliche Bezeichnung‹ und ›anschauliche‹ Darstellung sind wissenschaftliche Erkenntnis und Lehre unvorstellbar; und unsere gesellschaftliche und politische Wirklichkeit lebt von Emotionen und sprachlicher Wirkung.

Die Spannweite der Funktionen von Metaphorik geht aus einer spekulativ präsentierten Erklärung von Cicero hervor, in der er eine ganze Serie von möglichen Erklärungen für die Beliebtheit der Metapher liefert:

> Dort, wo eigene Ausdrücke in Fülle zu Gebote stehen, gefallen trotz-
> dem die uneigentlichen, wenn ihre Übertragung wohlberechnet ist, den
> Leuten noch viel mehr. Das mag entweder daher rühren, daß es ein ge-
> wisses Zeichen von Genie ist, das zu übergehen, was einem vor Füßen
> liegt, und etwas anderes zu nehmen, das so weit hergeholt ist; oder es
> kommt davon, daß der Zuhörer in Gedanken in eine andere Richtung
> geführt wird, ohne freilich von dem rechten Wege abzuirren, was be-
> sonders reizvoll ist; oder der Grund besteht darin, daß ein Wort jeweils
> eine Wirklichkeit und ein vollständiges Gleichnis entstehen läßt, oder
> es liegt daran, daß jede Übertragung, die man mit Verstand vornimmt,
> unmittelbar die Sinne anspricht, vor allem den Gesichtssinn, der beson-
> ders lebhaft reagiert. (Cicero, III, 40, 159f.; 545–547)

Ein Genie im wirksamen Einsatz der Metapher eröffnet hier seinem Leser die Freuden der Metapher – es sind die Freuden des aufregend kreativen Zusammenspiels von Sprache und Denken.

Bereicherung des Wortschatzes

Der Wortschatz der Alltagssprache enthält nicht nur eine Fülle von Metaphern, sondern jedes Wort hat grundsätzlich das Potenzial, ›in übertragenem Sinne‹ verwendet zu werden. Typischerweise erfolgt dies als Übertragung der Bezeichnung von konkreteren Dingen auf abstraktere ›Dinge‹:

Maus (Tier)	→	(Computer-)*Maus*
Quelle eines Flusses	→	*Quelle* eines Zitats
Mutter und *Tochter*	→	*Mutter-/Tochter*gesellschaft
auf den Tisch *stellen*	→	ins Internet *stellen*

Die Produktivität von Metaphern wird besonders bei technischen Neuerungen, neuen wissenschaftlichen Erkenntnissen oder neuen sozialen und wirtschaftlichen Institutionen, Strukturen und Praktiken deutlich. Solche entstehenden ›Lücken‹ im Wortschatz werden häufig gefüllt, indem eine als ähnlich wahrgenommene Struktur auf die Neuerung übertragen wird, z.B. Motor*haube*, genetischer *Code*, *Schwellen*länder, online-*Marktplatz*, Lohn*dumping*. Zugleich bleiben Bezeichnungen für veraltete Dinge oder Praktiken im Wortschatz beziehungsweise als Redewendungen erhalten, z.B. ›Schürzenjäger‹, ›Kleinvieh macht auch Mist‹.

Fokussierung

Die Metapher ist ein mentales ›Werkzeug‹ für den Umgang mit abstrakten Zusammenhängen. Dies zeigen Zeitungsüberschriften, die sich durch relativ hohe Metapherndichte auszeichnen, so die folgenden Überschriften zu politischen Themen in der Zeitung *Das Parlament* (26.3.2007, S. 1, 8 u. 10):

Saure Wochen – frohe Feste
50 Jahre Römische Verträge: Berliner Erklärung soll Europa neuen Schwung geben

Träume in der Lausitz
Globale Rohstoffjagd: Im Kampf gegen weltweite Handelsbarrieren hofft die Industrie auf politischen Beistand

Im Todeswettlauf
Ostkongo: Nur ein Bruchteil der HIV-Infizierten hat Zugang zu Medikamenten

Die Metaphern wecken Aufmerksamkeit, fokussieren jeweils einen Aspekt des Zusammenhangs und erzählen in knapper Form eine konkrete ›Geschichte‹, womit eine effiziente Rezeption gefördert wird. Sie erlauben somit die Konzentration kognitiver Ressourcen auf den jeweils relevantesten Aspekt der verfügbaren sensorischen Information. Zwangsläufig gehen damit auch »erkenntnishemmende Auswirkungen« einher (Drewer 2003, 2), da manche Aspekte des Zielbereichs ausgeblendet werden.

Stimulierung der Imagination

Die Wirkung der Metapher auf die Imagination sei anhand eines Gedichts von Charles Baudelaire gezeigt, in dem es um das imaginative Denken selbst geht:

> Au-dessus des étangs, au-dessus des vallées,
> Des montagnes, des bois, des nuages, des mers,
> Par delà le soleil, par delà les éthers,
> Par delà les confins des sphères étoilées,
>
> Mon esprit, tu te meus avec agilité,
>
> [Hoch über jedes Tal, hoch über alle Teiche,
> Über die Berge, Wälder, Wolken und das Meer,
> Hinter die Sonne noch, hinter das Sternenheer,
> Hinter die Grenzen der ätherischen Bereiche,
>
> Mein Geist, bewegst du dich gelenkig jederzeit,]
>
> (Baudelaire: *Élévation*, V. 1–5)

Der Dichter personifiziert seinen eigenen »Geist« auf höchst selektive Weise: Um den Flug ins Unendliche vorstellbar zu machen, gibt er ihm ›Bewegungskraft‹ und »Agilität« ohne das Gewicht eines Körpers. Die konventionelle Metaphorik geistiger ›Beweglichkeit‹ wird in die konkrete Welt ›zurück‹ geführt, um die Flugdynamik aus dem Kontext der physischen Welt zu entwickeln. Indem Baudelaire den Leser graduell höher steigen lässt, evoziert er die Bewegung des Geistes, die dann in der Personifikation ihren Höhepunkt erreicht: Der Leser erlebt imaginativ die Bewegung des angeredeten Geistes mit.

Erschließung geistiger Territorien

Neue Wissensgebiete und Erfindungen sind oft durch Veränderungen der Metaphorik gekennzeichnet; und Metaphern bieten zudem ein wichtiges Instrument, Forschung zu konzeptualisieren. Dies zeigt sich in einer Bemerkung von Albert Einstein und Leopold Infeld in *Die Evolution der Physik*, in der sie 1956 anhand von Weg- und Stufenmetaphorik den Wissensstand der Physik bestimmten:

Der Übergang vom klassischen Feldbegriff zu dem entsprechenden Wahr-scheinlichkeitswellenproblem in der Quantenphysik ist keine einfache Ange-legenheit. Das Höhersteigen um eine Stufe ist in diesem Falle keine leichte Aufgabe [...]. Wird die zukünftige Entwicklung auf dem von der Quanten-physik beschrittenen Wege weitergehen, oder ist es wahrscheinlicher, daß wiederum neue, bahnbrechende Ideen in die Physik eingeführt werden? Wird die Vormarschstraße wieder einmal plötzlich die Richtung ändern?
(Einstein/Infeld 1956, 92f.)

Die physikalischen Begriffe des ›Feldes‹ und der ›Wellen‹ verdeut-lichen die Komplexität des »Übergangs«. Es sind Metaphern, die unterschiedlichen Herkunftsbereichen entstammen und die im Pro-zess der zunehmenden Abstrahierung über das Vorstellbare weit hi-nausgelangt sind: »Wenn für die quantenmäßige Beschreibung von einem Komplex aus zehn Teilchen eine dreißigdimensionale Wahr-scheinlichkeitswelle vonnöten ist, dann würde man für eine ent-sprechende Feldbeschreibung eine unendliche Zahl von Dimensio-nen brauchen« (ebd.). Auch hier noch, jenseits der herkömmlichen Vorstellung von Raum und Zeit, ermöglichen Metaphern ein pro-duktives Denken.

Aktivierung und Vermittlung von Emotionen

Die Emotionen bestimmen unser Leben und wir sind in unseren menschlichen Beziehungen darauf angewiesen, sie zu verstehen und sie zu kommunizieren. Darüber hinaus bieten sie ein mächtiges Po-tenzial der Beeinflussung, wie schon die Sophisten und Platon wuss-ten, aber auch Jesus und nicht zuletzt Hitler und Churchill. Emoti-onen haben jedoch keine sinnlich wahrnehmbare Struktur. Zu ihrer Identifikation, Strukturierung und Kommunikation bedürfen sie der Metaphern (vgl. Kövecses 2000), wie schon aus den Strukturen und Termini deutlich wird, die Freud der Psychologie zur Verfügung stellte – Paradebeispiel ist das ›Über-Ich‹. Die Bedeutung von Me-taphern für die Strukturierung unserer Emotionen geht aus dem folgenden Ausschnitt aus einem Artikel zur Depression hervor:

Der Depressive hat keinen festen Boden unter den Füßen, sein Erleben ist von der Erfahrung geprägt, dass es keine Sicherheiten gibt, auf die er bau-en kann. [Ihm fehlt das] Grundvertrauen in die Möglichkeit, das Leben zu meistern.   (*Psychologie heute*, 4/2007, 78)

Verschiedene Herkunftsbereiche – Standfestigkeit, Handwerk, Architektur, handwerkliche Lernfähigkeit – dienen der Vermittlung eines psychischen Zustandes.

In der Literatur ist die Vermittlung und Anregung von Emotionen besonders seit dem 18. Jahrhundert zentral. Der durchschlagende Erfolg von Goethes Roman *Die Leiden des jungen Werthers* von 1774 gründete vor allem in der mitreißenden Wirkung von Werthers Schilderung seiner eigenen Gefühle. Hofmannsthal dagegen vermittelte dem ›modernen‹ Leser mit seinem rhetorisch meisterhaften ›Brief‹ des Lord Chandos das Gefühl einer Sprachkrise, die den ›Ausdruck‹ von Emotionen unmöglich macht:

Die einzelnen Worte schwammen um mich; sie gerannen zu Augen, die mich anstarrten und in die ich wieder hineinstarren muß: Wirbel sind sie, in die hinabzusehen mich schwindelt, die sich unaufhaltsam drehen und durch die hindurch man ins Leere kommt.   (Hofmannsthal: *Ein Brief*, 48f.)

Die für die Vermittlung von Emotionen typische Wassermetaphorik wird mit der lexikalisierten Metapher des ›Fettauges‹ verbunden und auf die dem Ich als existentielle Gefährdung gegenübergestellte Sprache projiziert. Sie erlaubt es dem Leser, mittels der Sprache den Moment des Sprachverlusts emotional mitzuvollziehen.

Ästhetischer Reiz

Metaphern erfüllen besonders in der Dichtung, aber auch in der Festrede eine bedeutende ästhetische Funktion, die von der metatheoretischen Metapher des ›Sprachschmucks‹ in den Vordergrund gerückt wird. Dieses Potenzial nutzt Gottfried von Straßburg zugleich poetisch und poetologisch, wenn er den Dichter als Wegbereiter jenes Gedichts inszeniert, das der Leser soeben liest:

> gê mîner rede als ebene mite,
> daz ich ir an iegelîchem trite
> rûme unde reine ir strâze
> noch an ir strâze enlâze
> dekeiner slahte stoubelîn,
> ezn müeze dan gescheiden sîn,
> und daz si niuwan ûfe clê
> unde ûf liehten bluomen gê;

[daß meine Dichtung so gepflegt wäre, | daß ich ihr bei jedem Schritt | den Weg ebnete und reinigte | und auf diesem Wege nicht duldete | das geringste Stäubchen, | das nicht entfernt würde, | und daß sie nur auf Klee | und leuchtenden Blumen einherschritte –]

(Gottfried: *Tristan*, V. 4915–4922; Bd. 1, 300f.)

Das Gedicht erscheint als schöne Frau, die den Dichter aufgrund ihrer ästhetischen Vollkommenheit zum hingebungsvollsten Dienst an ihr motiviert. Vorstellbar gemacht und zugleich geboten wird eine Dichtung, die sich durch Schönheit und Ebenmaß auszeichnet, und nicht zuletzt durch den wirksamen Einsatz von *flores* – rhetorischen Figuren – Anerkennung beansprucht.

Unterhaltung

Die Metapher birgt ein bedeutendes Unterhaltungspotenzial, das auf unterschiedlichste Weise zur Wirkung kommen kann. So ist eine häufige Art des Wortspiels das konkretisierende ›Wörtlichnehmen‹ einer konventionellen Metapher, wie in Andreas Okopenkos Zweizeiler *Fall*: »Mir fällt ein Stein vom Herzen / und direkt auf die Zeh'n.« Humorvoll parodieren lässt sich insbesondere das emotionale Potenzial der Metapher, so in Witwe Boltes Reaktion auf die brutale Ermordung ihres Federviehs durch Max und Moritz:

»Fließet aus dem Aug, ihr Tränen!
All mein Hoffen, all mein Sehnen,
Meines Lebens schönster Traum
Hängt an diesem Apfelbaum!«
(Busch: *Max und Moritz*, 1. Streich; 15)

Der komische Effekt beruht auf der Personifikation der »Tränen« und der absurden, durch die Illustration verstärkten Identifikation der Hühnerleichen mit einem metaphorischen »Traum«.

Verpflichtung auf moralische Werte

Zu den bedeutendsten Funktionen der Metapher gehört es, dem Menschen moralische Werte ›nahezubringen‹. So sind religiöse Texte zumeist ausgeprägt metaphorisch – Beispiel ist Luthers Kirchenlied

Ein feste Burg ist unser Gott – und auch die poetologische Metapher vom Autor als ›Gewissen der Nation‹, die auf die deutschen Nobelpreisträger Heinrich Böll und Günter Grass angewandt wurde, zeigt die Bedeutung von Metaphern in der Diskussion um moralische Fragen. Eine subtil moralische Funktion hat die Metapher bei Paul Celan: Er meidet das oberflächliche »Metapherngestöber« (*Ein Dröhnen*, V. 6) und schafft eine Dichtung, die sich als zunehmend resistent gegen eine schnelle Vereinnahmung erweist. Ziel ist jedoch nicht die ›absolute‹, Kommunikation verweigernde Metapher, sondern die hochkonzentrierte, bedeutungsträchtige Metapher, die dem Leser eine moralische Verpflichtung auf die geschichtliche Wahrheit abverlangt. So kulminiert das Gedicht *Weggebeizt* in dem Wort »Zeugnis«, das wiederum mit einem »Atemkristall« identifiziert wird (*Weggebeizt*, V. 19–21): Das ›reine‹ Medium der Sprache, der »Atem«, wird mit dem glasklaren Gestein verknüpft, um dem sprachlichen »Zeugnis« Lauterkeit, Dauerhaftigkeit und Wahrheit zu verleihen – jene Werte, die Platon jenseits der Sprache situiert.

Stimulierung von Handlungen

Die Metapher entsteht aus kognitiv-sprachlichen Prozessen, sie affiziert den Rezipienten über die Sprache, und sie hat das Potenzial, Handlungen zu bewirken. Die handlungsmotivierende Bedeutung, die der Metapher zugemessen wird, geht aus ihrer zentralen Rolle in Religion, Politik und Wirtschaft hervor:

> Vater unser, der du bist im Himmel,
> Geheiliget werde dein Name.
> Dein Reich komme   (*Vater unser*, nach Matt. 6, 9f.)

Ein Gespenst geht um in Europa – das Gespenst des Kommunismus. [...] Es ist hohe Zeit, daß die Kommunisten [...] dem Märchen vom Gespenst des Kommunismus ein Manifest der Partei selbst entgegenstellen.
          (Marx/Engels: *Manifest der Kommunistischen Partei*, 19)

[Pop-up Fenster 1:] Your computer is hungry for great software. Feed it.
[Pop-up Fenster 2:] Download Google Pack.   (Google: *Werbung*)

Im ersten Beispiel dient die Metapher zur Identitätsstiftung (Genealogie: »Vater«) und Glaubensstiftung (künftiges »Reich«), die alle Bereiche des menschlichen Denkens und Handelns beeinflussen soll. Das zweite schafft über die Metaphern »Gespenst« und »Märchen« einen Handlungsbedarf, der durch den Text selbst befriedigt wird, wobei die Metaphern »Manifest« (lat.: ›handgreiflich gemacht‹) und

»entgegenstellen« dem Programm eine konkrete Macht verleihen. Im letzten Beispiel ›belebt‹ die Speisemetaphorik den Computer und schreibt ihm ein ›physisches‹ Bedürfnis zu, das der Rezipient befriedigen soll. In allen drei Fällen erhält die Metapher erst in der Handlung ihre volle Bedeutung.

Indem die Metapher zwischen Kognition und Sprache vermittelt, wirkt sie auf alle Bereiche des Lebens ein. Genutzt wird dieses Potenzial in der 2007 erschienenen Publikation *Die Hummel* von Christian Tschepp und Susanne Schinagl: Der Titel identifiziert die Metapher mit einem den Gesetzen der Aerodynamik zufolge fluguntauglichen Insekt, das dennoch fliegend die Beschränkungen des körperlichen Lebens überwindet (vgl. Junfermann: *Verlagsankündigung*). Präsentiert werden dem Benutzer auf handlichen Kärtchen 99 Metaphern, die in jeder Lebenslage einen geistigen Weg eröffnen: Es sind *Metaphern, die dem Leben Flügel verleihen* (Untertitel). In einem rhetorisch geprägten Zeitalter zeigt sich das Vertrauen in ein Phänomen, das zwischen Gedanken, Sprache und Handlung vermitteln kann. Die metaphorischen »Flügel« verleihen der Metapher die geradezu magische Kraft, die Beschränkungen des Lebens außer Kraft zu setzen.

4. Begriffe im Umkreis der Metapher

Die Metapher ist Teil eines Netzwerks von Begriffen für unterschiedliche Spielarten ›bildlicher‹ Rede. Im Folgenden geht es um begriffliche ›Abgrenzungen‹ sowie um ›Verbindungen‹.

4.1 Vergleich und Analogie

> Der **Vergleich** ist eine explizite Verbindung von zwei Vorstellungen oder Begriffen, die nicht identisch sind, aber (angeblich) in einem oder mehreren Aspekten eine Ähnlichkeit aufweisen: ›A ist wie B‹.
>
> Die **Analogie** setzt eine Gleichheit der Verhältnisse voraus. Beim ›Analogieschluss‹ wird von der Übereinstimmung zweier Dinge in einem oder mehreren Punkten auf die Übereinstimmung auch in anderen Punkten geschlossen.

›Vergleich‹ und ›Analogie‹ machen explizit eine Ähnlichkeit oder Entsprechung zwischen zwei unterschiedlichen Dingen, Prozessen oder Sachverhalten geltend, wobei der Vergleich als allgemeinerer Begriff fungiert und der Begriff Analogie eher eine formal durchgehaltene, rationale Beweisführung bezeichnet.

Der ›Vergleich‹ steht in der antiken Figurenlehre mit der Metapher in Zusammenhang, wobei Aristoteles den Unterschied als relativ unwichtig darstellt (*R*, III, 4, 1; 176), Quintilian ihn dagegen insofern hervorhebt, als er nur die Metapher zu den ›Tropen‹ zählt (s.o., S. 8) und den Vergleich zur allgemeineren Kategorie des ›Wortschmucks‹. Standardbeispiel ist der Vergleich zwischen Achilles und dem Löwen (vgl. Aristoteles: *R*, III, 4, 1; 176):

> Das Gleichnis [*similitudo*, auch Vergleich] [bietet] einen Vergleich mit dem Sachverhalt [...], den wir darstellen wollen, während die Metapher für die Sache selbst steht. Eine Vergleichung ist es, wenn ich sage, ein Mann habe etwas getan ›wie ein Löwe‹, eine Metapher, wenn ich von dem Manne sage: ›er ist ein Löwe‹. (Quintilian, VIII, 6, 9; Bd. 2, 221)

Wie in der *Rhetorica ad Herennium* betont wird, »muß [...] nur der
Punkt, der verglichen wird, [...] Ähnlichkeit besitzen« (IV, 48, 61;
Anon 1998, 299); Vergleichspunkt in diesem Beispiel ist die ›Stär-
ke‹. Der sprachliche Unterschied (Vergleich: ›A ist wie B‹; Metapher:
›A ist B‹) entspricht einem kognitiven Unterschied, insofern als der
Vergleich den Begriff aus dem Zielbereich nennt und mittels der Ver-
gleichspartikel ›wie‹ eine Verbindung zum Begriff aus dem Herkunftsbereich herstellt. Signalisiert wird dadurch Ähnlichkeit und zugleich
Nicht-Identität. Es entsteht somit kein Konflikt mit der bekannten
Wirklichkeit. Die kognitive Metapherntheorie konstatiert daher eine graduelle Differenz gegenüber der Metapher: »A simile [= Ver-
gleich] simply makes a weaker claim« (Lakoff/Turner 1989, 133).
Seine Funktionen zählt die *Rhetorica ad Herennium* auf: Er dient dazu,
»die Angelegenheit zu schmücken, zu verdeutlichen, offenkundiger zu
machen oder vor Augen zu stellen« (IV, 48, 61; Anon 1998, 299).

   Der Vergleich erlaubt aufgrund der linearen Abfolge der Elemente andere Effekte als die Metapher. So evoziert Kafka in seiner
Erzählung *Das Urteil* den kognitiven Prozess des Erinnerns und Ver-
gessens, indem er auf das eigentliche Wort »vergessen« ein physisches
Bild folgen lässt, das diesen Vorgang erfahrbar macht:

> Jetzt erinnerte er sich wieder an den längst vergessenen Entschluß und ver-
> gaß ihn, wie man einen kurzen Faden durch ein Nadelöhr zieht.
>   (Kafka: *Das Urteil*, 57)

In Gegensatz zur komprimierenden Tendenz der Metapher ist hier
gerade die Extension wirkungsvoll.

   Ein Vergleich kann eine Beschreibung einprägsamer machen, wie
das Bild von den prähistorischen Eiern am Anfang des Romans
Hundert Jahre Einsamkeit von Gabriel García Márquez:

> Macondo era entonces una aldea de veinte casas de barro y cañabrava con-
> struidas a la orilla de un río de aguas diáfanas que se precipitaban por un
> lecho de piedras pulidas, blancas y enormes como huevos prehistóricos.
>   (Márquez: *Cien años de soledad*, 9)
> [Macondo war damals ein Dorf von zwanzig Häusern aus Lehm und Bam-
> bus, erbaut am Ufer eines Flusses mit kristallklarem Wasser, das dahineilte
> in einem Bett aus geschliffenen Steinen, weiß und riesig wie vorgeschicht-
> liche Eier.]

Ohne die Gesetze der Plausibilität in Frage zu stellen, evozieren die
Steine einen Anfang am mythischen Beginn der Zeit.

   Der Vergleich erhält wie die Metapher seine Bedeutung aus dem
Kontext. So nutzt Georg Büchner in seinem Drama *Woyzeck* Vergleiche zum Zwecke der tragischen Ironie:

> *Der Zapfenstreich geht vorbei; der Tambourmajor voran.*
> *Margreth* Was ein Mann, wie ein Baum.
> *Marie* Er steht auf seinen Füßen wie ein Löw.
> (Büchner: *Woyzeck*, Szene 2; 148)

> *Woyzeck* [...] Adie, Marie, du bist schön wie die Sünde. – Kann die
> Todsünde so schön sein? (ebd., Szene 13; 161)

Maries konventioneller Ausdruck der Bewunderung für den Tambourmajor fokussiert mit dem Tiervergleich die instinktive sexuelle Attraktion, die sie für den starken Mann verspürt; der offensichtliche Kontrast zu ihrem schwächlichen Geliebten Woyzeck erzeugt eine Spannung, die auf den tragischen Ausgang vorausweist. Woyzecks irrationaler, aber handlungsrelevanter Vergleich zwischen Maries ›Schönheit‹ und der »Sünde« wird im folgenden Satz zur Metapher verdichtet, die ihren Tod impliziert: Marie *ist* die »Todsünde«, denn sie hat aus Woyzecks Perspektive ›Ehe‹-Bruch begangen und geht ihrer Ermordung entgegen. Die graduelle Überleitung vom Vergleich zur Metapher gibt dem Zuschauer einen Einblick in Woyzecks emotional gesteuerten Assoziationsprozess, der in seiner tragischen Tat kulminiert.

Wenn auch der explizite Vergleich tendenziell eine geringere imaginative Leistung verlangt als die Metapher, so ist doch seine kategoriale Unterscheidung von ihr nicht sinnvoll. Dies geht aus der ›Nähe‹ in der Praxis hervor – wobei gerade Quintilian die Wirksamkeit ihrer Interaktion hervorhebt (vgl. VIII, 6, 49; Bd. 2, 239).

Die Verwandtschaft zwischen Metapher und ›Analogie‹ ist anderer Art, wobei allerdings unterschiedliche Spielarten zu berücksichtigen sind. So wird der ursprünglich mathematische Begriff bei Platon zum kosmischen Strukturprinzip (vgl. Kluxen/Remane u.a. 1971, Sp. 214–216); in der Romantik und dann wieder im Symbolismus wurde es in ein poetisches Prinzip verwandelt, so im »Lied in allen Dingen« in Joseph von Eichendorffs *Wünschelrute* (V. 1) und in den ›Übereinstimmungen‹ in Charles Baudelaires synästhetischem Gedicht *Correspondances.*

Bei Aristoteles erfüllt die Analogie dagegen die Funktion eines logischen Hilfsmittels, mittels dessen sich Verbindungen quer zu den hierarchischen Relationen herstellen lassen. Deutlich wird dies in seiner Erklärung der Metapher als »Übertragung eines Wortes [...] entweder von der Gattung auf die Art oder von der Art auf die Gattung, oder von einer Art auf eine andere, oder nach den Regeln der Analogie« (*P*, 21; 67). Er liefert in diesem Kontext eine Definition der (vierstelligen) Analogie (s.o., S. 27):

> Unter einer Analogie verstehe ich eine Beziehung, in der sich die zweite
> Größe zur ersten ähnlich verhält wie die vierte zur dritten. Dann verwen-
> det der Dichter statt der zweiten Größe die vierte oder statt der vierten
> die zweite; und manchmal fügt man hinzu, auf was sich die Bedeutung
> bezieht, für die das Wort eingesetzt ist. So verhält sich z.B. [...] das Al-
> ter [...] zum Leben, wie der Abend zum Tag; der Dichter nennt also den
> Abend »Alter des Tages«, oder, wie Empedokles, das Alter »Abend des
> Lebens« oder »Sonnenuntergang des Lebens«.   (Aristoteles: *P*, 21; 69)

Hiermit bietet er der Metapherntheorie eine strenge Form der Analogie, die eine rationale ›Auflösung‹ der Metapher ermöglicht. Quintilian
versteht diese Form dagegen als nicht-bildliche Form des Vergleichs
(*similitudo*), die sich für die Beweisführung, nicht aber für poetische
Zwecke eignet (vgl. V, 11, 22; Bd. 1, 607 sowie VIII, 3, 75; 181).

Während die Analogie lange Zeit in der Metapherntheorie kaum
eine Rolle gespielt hat, ist sie mit der Hinwendung zu kognitiven
Ansätzen wieder in den Vordergrund gerückt (vgl. Gentner/Jeziorski
1993; Coenen 2002; Drewer 2003; Musolff 2004). Deutlich wird
hier eine generellere Tendenz, im Umfeld der Metapher den Vergleich zugunsten der ›wissenschaftlicheren‹ Analogie zurücktreten
zu lassen. Die Gleichsetzung zwischen Analogie und Metapher ist
jedoch problematisch. Denn besonders bei der ›belebenden‹ Metapher und der Personifikation ist der Begriff wenig hilfreich; und er
versagt bei komplexen innovativen Metaphern, die eine interaktive
Bewegung zwischen konzeptuellen Bereichen aktivieren (vgl. Gent-
ner/Bowdle u.a. 2001, 199–201). Insofern erscheint der Analogie-
begriff vor allem für didaktische und wissenschaftliche Kontexte
angemessen (vgl. ebd., 240).

Die Analogie dient typischerweise der rationalen Verdeutlichung,
wobei die Differenz zwischen dem Erklärenden und dem Erklärten
zentral ist. Dies unterscheidet sie vom ›Beispiel‹, das als Teil des
Erklärten anzusehen ist und somit in einer metonymischen Beziehung dazu steht. Der Erkenntniswert der Analogie wird besonders
in naturwissenschaftlichen Zusammenhängen deutlich, wenn sie dazu dient, ein noch Unbekanntes vorstellbar zu machen, wie in der
folgenden physikalischen Analogie:

> Das negative elektrische Fluidum besteht also sozusagen aus Körnchen, wie
> der Seesand aus Sandkörnern oder ein Haus aus Ziegelsteinen aufgebaut ist.
>   (Einstein/Infeld 1956, 167)

Hier signalisiert die Partikel »sozusagen« die ›Lücke‹ im Wortschatz,
die mit dem uneigentlich verwendeten Wort »Körnchen« gefüllt
wird. Dieses Teilchen verhält sich zum elektrischen Fluidum wie

das Sandkorn zum Seesand oder der Ziegelstein zum Haus. Indem gleich zwei analogische Strukturen bemüht werden, verhindern
die Autoren, dass der Leser die »Körnchen« mit ›wirklichen‹ Körnern identifiziert. Zugleich wird der Vorstellungskraft die Möglichkeit gegeben, sich von dem Unvorstellbaren einen Begriff zu machen.

Durch ihren tendenziell rationalen Charakter eignet sich die
Analogie für geistreiche Gedankenspiele und Sentenzen, wie in der
folgenden vielzitierten Analogie von Goethe anlässlich eines Besuchs
in einer Bibliothek:

man fühlt sich wie in der Gegenwart eines großen Capitals, das geräuschlos
unberechenbare Zinsen spendet.   (Goethe: *Tag- und Jahreshefte*, 77)

Verglichen werden hier Bücher und Geld: Das Wissen verhält sich
zu den in Bibliotheken gelagerten Büchern wie die Zinsen zu dem
in Banken angelegten Geld. Das Weithergeholte weckt Aufmerksamkeit und macht die Analogie einprägsam. Während sie einerseits zu
einer rationalen Schlussfolgerungsleistung herausfordert, evozieren
andererseits die für die strukturelle Entsprechung unwesentlichen
Adjektive »groß« und »geräuschlos« die Bedeutsamkeit eines produktiven Prozesses, der ohne menschliches Zutun vonstatten geht.

Die Analogie ist mit der Metapher und dem Vergleich ›verwandt‹. Mehr als diese stimuliert sie rationale Prozesse, aber wie
Goethe in einem Aphorismus betont, hat die Analogie gegenüber
der logischen Induktion »den Vorteil daß sie nicht abschließt und
eigentlich nichts Letztes will« (1985ff., Bd. 13, 44). Sie setzt somit
dem Erfindungsgeist weder Ziel noch Grenzen.

4.2 Metonymie und Synekdoche

Die **Metonymie** verbindet zwei Vorstellungen oder Begriffe aus einem
einzigen konzeptuellen Bereich; aus rhetorischer Perspektive steht ein
Begriff für einen anderen, der dazu eine reale (z.B. kausale, räumliche,
zeitliche) Beziehung hat, z.B. steht Erzeuger für Erzeugnis, Autor für
Werk, Rohstoff für Fertigprodukt, Behälter für Inhalt, Land oder Ort
für die darin lebenden Personen, die Zeit für die dann lebenden Personen, Körperteil für Eigenschaft, Feldherr für Truppe.

In der **Synekdoche** steht ein Teil für das Ganze, Einzahl für Mehrzahl,
Einfaches für Vielfaches oder (seltener) jeweils umgekehrt.

In der ›Metonymie‹ und ›Synekdoche‹ sind jeweils zwei Vorstellungen beziehungsweise Begriffe aus einem einzigen konzeptuellen Bereich verbunden, statt wie bei der Metapher oder dem Vergleich Vorstellungen oder Begriffe aus zwei unterschiedlichen Bereichen. Die Metonymie und Synekdoche sind von der Funktion her mit der Metapher verwandt und eignen sich besonders für die konkretisierende Fokussierung und selektive Hervorhebung von Merkmalen, Funktionen und hierarchischen Verhältnissen.

Während Aristoteles die Metonymie und Synekdoche im Kontext der Metapher diskutiert und Quintilian sie mit der Metapher den Tropen zuordnet (VIII, 6, 19–28; 225–229), bringt Roman Jakobson 1956 die Metapher und die Metonymie in ein ›Polaritäts‹-Verhältnis (1971, 90; s.o., S. 10). In der kognitiven Metapherntheorie wird die Metonymie (und die Sonderform der Synekdoche) zwar im Rahmen der Metapherntheorie diskutiert, aber von der Metapher unterschieden (vgl. Barcelona 2000; Kövecses 2002, 143–162; Ungerer/Schmid 2006, 114–116 u. 127–131):

> A metonymic mapping occurs within a single domain, not across domains. (Lakoff/Johnson 2003, 103)

Die Beziehung zwischen den beiden Vorstellungen oder Begriffen ist insofern durch einen sachlichen Zusammenhang gekennzeichnet.

Wenn die ›Metonymie‹ beispielsweise den Erzeuger für das Erzeugnis setzt, so fokussiert sie jenen Aspekt, der im Vordergrund stehen soll. So dient bei wertvollen Kulturgütern wie Bildern die Nennung des Malers statt des Bildes der Hervorhebung des Wertes:

Das Haus [des Milliardärs] ist voll mit *Dalís, Mirós, Cezannes, Picassos, Chagalls, Matisses* und *Monets.*   (*Stern,* 15.3.2007, 38)

Hier geht es nicht um die Tatsache, dass in dem Haus Bilder hängen, sondern um den durch die Bilder signalisierten Reichtum. Dieser konstituiert sich jedoch aus der Verbindung mit ihrem Erzeuger.

Im Journalismus gibt die Metonymie abstrakten Kollektiva besonders in Überschriften und knappen Zusammenfassungen ein deutliches Profil. So steht in politischen Kontexten das Land oder die Hauptstadt für die darin Regierenden oder die Bewohner:

USA und *Nordkorea* gehen aufeinander zu.
                    (*Süddeutsche Zeitung,* 9.2.2007, 8)

Brussels forecasts faster growth for EU.
                    (*Financial Times,* 17./18.2.2007, 4)

In beiden Fällen hat die Metonymie eine konkretisierende Funktion, denn der Name bezeichnet eine einfache Größe und blendet die Komplexität der Beteiligten aus. Wenn die Länder im ersten Beispiel zudem noch personifiziert sind, so verstärkt dies die konkretisierende Wirkung.

Die Metonymie dient auch als wirksame politische Waffe, so in dem Schlachtruf »Friede den Hütten! Krieg den Palästen!« (Büchner: *Der Hessische Landbote*, 53). Hier stehen die »Hütten« für die darin wohnenden Armen, die »Paläste« für die Reichen. Die Metonymie stellt die physischen Wohngebäude in den Vordergrund, die das materielle Besitztum der zwei Gruppen repräsentieren.

Bertolt Brecht entwickelt sein Gedicht *Fragen eines lesenden Arbeiters* aus der Metonymie ›Feldherr für die Truppe‹ (vgl. Quintilian, VIII, 6, 26; 229), wobei er sie zu einem Szenarium ausgestaltet, in dem der politisch bewusste »Arbeiter« ihren konventionellen Einsatz in einem Geschichtsbuch kommentiert, so bezüglich der folgenden beiden Heldentaten:

> Der junge Alexander eroberte Indien.
> Er allein?
> Cäsar schlug die Gallier.
> Hatte er nicht wenigstens einen Koch bei sich?
> (Brecht: *Fragen eines lesenden Arbeiters*, V. 14–17)

Dem wirklichen Leser des Gedichts wird mit der Hinterfragung der konventionellen Redefigur deren politische Bedeutung nahegebracht: Bewusst wird eine Bedeutung, die vom Denken über die Sprache bis in die politische Wirklichkeit reicht.

Wenn auch der Unterschied zwischen Metonymie und Metapher, wie er in der neueren Forschung betont wird, theoretisch deutlich ist, so zeigt doch der praktische Einsatz eine eher komplementäre Funktion (vgl. zur Interaktion zwischen Metapher und Metonymie Lakoff/Turner 1989, 102–106). So kulminiert in Kleists Trauerspiel *Penthesilea* der Schlussmonolog der Amazone in einer metaphorisch elaborierten Metonymie, in der das ›Eisen‹ (Rohstoff) für den ›Dolch‹ (Fertigware) steht, der Dolch jedoch ein metaphorischer ist. Penthesilea hat soeben ihren wirklichen Dolch an ihre Freundin übergeben und vertraut nun auf die ›Waffe‹ des Gefühls:

> *Penthesilea* Denn jetzt steig' ich in meinen Busen nieder,
> Gleich einem Schacht, und grabe, kalt wie Erz,
> Mir ein vernichtendes Gefühl hervor.
> Dies Erz, dies läut' ich in der Glut des Jammers
> Hart mir zu Stahl; tränk' es mit Gift sodann,

> Heißätzendem, der Reue, durch und durch;
> Trag' es der Hoffnung ew'gem Amboß zu,
> Und schärf' und spitz es mir zu einem Dolch;
> Und diesem Dolch jetzt reich' ich meine Brust:
> So! So! So! Und wieder! – Nun ist's gut.
> *Sie fällt und stirbt.*   (Kleist: *Penthesilea*, 24. Auftritt, 256)

Indem Kleist die konventionelle materielle Waffe tragischer Selbst-
vernichtung durch einen ›Dolch‹ aus Gefühl und Sprache ersetzt,
bricht er mit den aristotelischen Konventionen der Plausibilität. Er
lässt jedoch den Zuschauer über die Imagination an einem Prozess
der Gefühlsintensivierung teilnehmen, der die gedanklich implau-
sible Handlung emotional nachvollziehbar macht. Gefertigt wird
der metaphorische Dolch aus mehreren Redefiguren, so aus Ver-
gleichen (»Busen [...] | Gleich einem Schacht«, »kalt wie Erz«) und
Metaphern (»ein Gefühl hervorgraben«, »Gift der Reue«, »Amboß
der Hoffnung« u.a.), vor allem aber aus metonymisch mit dem
Dolch zusammenhängenden Gegenständen und Prozessen aus dem
Bereich des Metallhandwerks: »Schacht«, »Erz«, »läutern«, »Glut«,
»hart«, »Stahl«, »heiß«, »Amboß«, »schärfen und spitzen«. Die konventionelle Metapher ›das Wort ist eine Waffe‹ ist hier abgewan-
delt zu ›das Gefühl ist eine Waffe‹. Der metonymisch vollzogene
›Herstellungsprozess‹ vermittelt Penthesileas emotionale Selbstzerstö-
rung, die im Selbstmord durch den sprachlich erzeugten »Dolch«
kulminiert.

Die Substitution ›Eisen‹ für ›Schwert‹ (Rohstoff für Fertigware, vgl.
Wilpert 2001, 516) lässt sich auch als Synekdoche interpretieren
(das Ganze für einen Teil, vgl. Quintilian, VIII, 6, 20; 225) und
verdeutlicht die Verwandtschaft dieser Begriffe (vgl. ebd., VIII, 6,
28; 229); in der kognitiven Metapherntheorie gilt die Synekdoche
als »WHOLE-FOR-PART metonomy« beziehungsweise »PART-FOR-WHOLE
metonomy« (Kövecses 2002, 151f.).

   ›Der Teil für das Ganze‹ ist die häufigste Form der ›Synekdoche‹; sie dient wie die Metonymie besonders der Fokussierung. So
lenkt sie in den folgenden Beispielen die Aufmerksamkeit auf den
für den Kontext und Redezweck jeweils relevanten beziehungsweise
aussagekräftigsten Teil des Körpers:

Ingenieure und Naturwissenschaftler finden meist problemlos einen gutbe-
zahlten Job – schließlich droht ein Mangel an *klugen Köpfen*, die zukunfts-
trächtige Produkte und Technologien entwickeln.
                                                   (*Spiegel*, 11.12.2006, 5)

[Joschka Fischer zu Bundestagsvizepräsident Richard Stücklen, 1984:] »Mit Verlaub, Herr Präsident: Sie sind *ein Arschloch*!«
(zit. nach: Küttler: *Nicht nur die Mode ändert sich*)

In beiden Beispielen wird zunächst mit Berufsbezeichnung oder Titel und Pronomen der ganze Mensch bezeichnet. Im ersten Beispiel wird die Aufmerksamkeit dann auf jenen Teil des Menschen (Kopf) und jenen Teil des Volkes (kluge Menschen) konzentriert, die für Erfindungen in Frage kommen. Im zweiten Beispiel ist zum Zwecke der Abwertung jener Körperteil fokussiert, der die widerlichste und geistig wertloseste Tätigkeit ausführt.

Der Effekt der Fokussierung impliziert eine spezifische Perspektive und lässt sich für unterschiedlichste Zwecke einsetzen. So dient er in dem folgenden Beispiel aus Elfriede Jelineks Roman *Die Liebhaberinnen* zur komplexen Differenzierung von Perspektiven. In einer rhetorischen Frage wird durch die Erzählerperspektive die Perspektive von Brigitte vermittelt, die sich mit der Einstellung ihres künftigen Mannes Heinz auseinandersetzt:

heinz wird doch in brigitte nicht nur *einen körper* sehen und nicht *die ganze vielfalt, die dahintersteckt*? (Jelinek: *Die Liebhaberinnen*, 43)

Die traditionelle Aufspaltung des Menschen in eine körperliche und eine geistig-seelische Komponente bildet die Basis für gegenläufige Fokussierungen. Einerseits wird hervorgehoben, dass Heinz statt des ganzen Menschen »in brigitte« lediglich »einen körper« ›sieht‹ (Teil für das Ganze) und sie demnach unter Ausblendung ihrer Individualität nur als sexuelles Objekt wertschätzt. Andererseits signalisiert die Klischeehaftigkeit der Phrase »die ganze vielfalt, die dahintersteckt« (Vielfaches für Einfaches) die Perspektive Brigittes, die sich als komplexes Individuum sieht, deren ›Blick‹ jedoch durch romantische Klischees geprägt ist. Dem Leser wird vermittelt, dass beide Perspektiven von der Wirklichkeit abweichen und dass es eine weitere Perspektive gibt (Erzähler bzw. impliziter Autor), von der aus die ›wirklichen‹ Relationen erkennbar werden.

Als mit der Metonymie und Synekdoche verwandte Figur gilt die ›Antonomasie‹, die ein Attribut, eine Tätigkeit oder ein Zugehörigkeitsverhältnis zur Benennung nutzt. So finden sich bei Quintilian die Beispiele »der Pelide« (Benennung Achills durch den Vaternamen) und »Fürst der Redekunst in Rom« für Cicero (VIII, 6, 29f.; 229–231). Politische Kraft geht von dieser umschreibenden Figur in Benennungen wie ›der Führer‹ für Hitler oder ›Il Duce‹ für Mussolini aus. Ähnlich wird diese Figur auch im kulturellen Bereich

eingesetzt, so ›der Dichterfürst‹ für Goethe – wobei sich diese Bezeichnung auch als Metapher auffassen lässt.

Umgekehrt kann der Name eines hervorragenden Repräsentanten
für die ›Gattung‹ stehen, so ›ein Herkules‹ für ›ein starker Mann‹:

> [Zarah Leander] wollte eine zweite *Garbo* werden, eine neue *Dietrich*.
> (Kilb: *Zarah Leander*)

> *Napoleons* Abstieg. Der Mythos um den Nissan- und Renault-Chef Ghosn
> bröckelt.   (*Süddeutsche Zeitung*, 9.2.2007, 20)

Im ersten Beispiel wird Leanders Ambition, eine ›große Schauspie-
lerin‹ zu werden, durch den Verweis auf Greta Garbo und Marlene
Dietrich vermittelt. Im zweiten Beispiel steht »Napoleon« für ›Er-
oberer‹ und weckt zugleich die Assoziation mit dem spektakulären
»Abstieg« eines Herrschers. Hier spielt auch eine metaphorische Projektion vom Bereich der Politik auf den Bereich der Wirtschaft mit.
In beiden Beispielen schafft die Antonomasie einen Kontext mit
einem anschaulichen ›Vor-Bild‹.

Generell ist festzustellen, dass Metonymie, Synekdoche und
Antonomasie in den verschiedensten Konstellationen auch in Zusammenwirkung mit Metapher und Vergleich auftreten. Wiewohl es
hilfreich ist, zwischen den spezifischen Strukturen zu differenzieren,
so sind diese Figuren doch hinsichtlich ihrer Funktionen eng verwandt und vermögen sich daher intensivierend zu ergänzen.

4.3   Gleichnis und Parabel

> Das **Gleichnis** ist ein erweiterter, oft narrativ ausgestalteter Vergleich,
> der einer bildlichen Verdeutlichung dient; besonders in religiösen Kon-
> texten vermittelt es eine moralisch-didaktische Lehre.
>
> Der aus dem Griechischen entlehnte Begriff **Parabel** wird zumeist als
> Synonym für das moralisch-didaktische ›Gleichnis‹ verwendet, zumal Lu-
> ther die neutestamentlichen Parabeln mit dem deutschen Wort ›Gleich-
> nis‹ bezeichnete.

Wie der Vergleich ist das ›Gleichnis‹ typischerweise explizit durch
›wie‹ oder ein entsprechendes Signal als bildliches Textelement gekennzeichnet (zum Begriff vgl. Zymner 1997). Wenn auch Definitionen häufig kategorisch zwischen dem ›Vergleich‹ und dem ›Gleich-

nis‹ unterscheiden (vgl. »syntaktische« und »textologische Ebene«, Plett 2001a, 70f.; vgl. auch »Isosemem« und »Isotextem« bei Nate 2001), besteht schon begrifflich ein fließender Übergang, zumal der lateinische Terminus *similitudo* beide Extreme umfasst (vgl. Lausberg 1990, Bd. 1, 421). Quintilian unterscheidet zwischen verschiedenen Formen der *similitudo*, wobei er in diesem Kontext auch die für die Beweisführung sich eignende ›unbildliche‹ Analogie miteinbezieht (s.o., S. 75.). Demgegenüber preist er unter Bezug auf die Dichtung die ›bildlich‹ wirkende Form von Vergleich und Gleichnis:

> Eine herrliche Erfindung aber, die Dinge ins hellste Licht zu rücken, sind die Gleichnisse. Unter ihnen sind die einen [...] unter die Beweismittel zu rechnen, andere sind geschaffen, um das Bild der Dinge deutlich herauszubringen. (Quintilian, VIII, 3, 72)

In der Praxis finden sich beispielsweise bei Homer von kurzen ›Vergleichen‹ bis hin zu längeren ›Gleichnissen‹ diverse Formen auch ›mittlerer‹ Länge; entsprechend bezeichnet die englischsprachige Figurenlehre das gesamte Spektrum als ›epic simile‹. So interagieren in der Darstellung des Helden Achilles im 19. Gesang der *Ilias* Feuer-Vergleiche und -Gleichnisse. Sein Hass auf die Troer kommt in einem knappen Vergleich zum Ausdruck: »die Augen | Funkelten gleichwie lodernde Glut« (19. Gesang, V. 365f.; 344). Den Glanz seiner Erscheinung in der Rüstung evoziert dagegen seine Ausgestaltung durch ein Leuchtfeuer-Gleichnis sowie Vergleiche mit Vollmond, Gestirn, Gold, Flügeln und Sonne (ebd., V. 369–399, 344f.).

Wenn Plett als Merkmal des Gleichnisses geltend macht, dass sich »das Bild verselbständigt« (2001a, 71), so ist dies kaum überzeugend erwiesen, denn das von ihm angeführte homerische Beispiel dient der Verdeutlichung einer spezifischen Vorstellung des Zielbereichs. Gezeigt wird inmitten der Wirren des trojanischen Kriegs der schlaflose Agamemnon, wie »vieles im Geist er bewegte«:

Wie wenn der Donnerer blitzt, der Gemahl der lockigen Here,
Vielen Regen bereitend, unendlichen, oder auch Hagel
Oder ein Schneegestöber, das weiß die Gefilde bedecket,
Oder des Kriegs weit offenen Schlund, des bitteren Unheils:
So vielfältig erseufzt' im Innersten nun Agamemnon
Tief aus dem Herzen empor, und Angst durchbebte die Brust ihm.
       (Homer: *Ilias*, übers. J.H. Voß, 10. Gesang, V. 4–10; 162)

Die Einzelheiten des von Zeus bewirkten Witterungswechsels zeigen die geistig-emotionalen Vorgänge im unschlüssigen Agamemnon.

Das Vergleichselement des Krieges ist logisch nicht mit dem Wetter verknüpft, er kommt jedoch ebenfalls von Zeus; er führt imaginativ ins Zentrum von Agamemnons Dilemma und direkt in die Handlung. Die Evokation sichtbarer Phänomene macht somit den kognitiven Prozess im Helden vorstellbar; die Ausführlichkeit des Bildes ist eine Funktion des Kontexts und Redezwecks.

Vergleich und episches Gleichnis sind somit grundsätzlich als kürzere und längere Spielarten desselben Phänomens zu sehen. Das epische Gleichnis erfüllt eine Funktion, die auch der ›Umschreibung‹ (Periphrase) nahestehen kann, insofern als sie bei einer Vorstellung verweilt und ihre Darstellung ausführlich gestaltet. Während jedoch die Periphrase dem eigentlichen Begriff kumulativ Assoziationen hinzufügt und ihn zuweilen bis hin zur Verrätselung umschreibt (vgl. Plett 2001a, 91f.), bezieht das Gleichnis seine Bilder aus einem anderen konzeptuellen Bereich. Auch dem ›Beispiel‹ steht das Gleichnis nahe, wobei jedoch ebenfalls der Unterschied der konzeptuellen Bereiche ausschlaggebend ist: Das Beispiel ist das Spezifische, das auf eher logischem Wege die Gültigkeit des (metonymisch dazu in Beziehung stehenden) allgemeinen Gesetzes erweist. Das Gleichnis steht zum Erwiesenen in einer analogischen Beziehung, wirkt jedoch tendenziell stärker imaginativ als die Analogie.

Erweiterte Vergleiche finden sich auch im Alltagsdiskurs der Gegenwart, so im folgenden Bericht der Zeitschrift *Stern* zum Auftritt der Bundeskanzlerin Angela Merkel im gesellschaftlichen Ambiente der Berliner Politik:

Angela Merkel war gegen neun auf dem Fest erschienen [...] und war sogleich wie ein Containerschiff mit gefährlicher Ladung in ruhige See bugsiert worden. In diesem Fall ins Museums-Café. Dort saß sie dann zwei Stunden lang mit [...] Ministern, Sprechern, Chefredakteuren. Dann waren die Ausflugspassagiere und Treibgutsammler gekommen, um sie zu bestaunen, die Beiboote und auch die Vergnügungsdampfer. Immer näher hatten manche sie umschippert, bis sie gar nicht mehr anders konnte, als »Guten Abend« zu sagen. Es ist immer das Gleiche mit ihr: Die Kanzlerin ist die verlässlichste Attraktion der Hauptstadt.

(Posche/Hinz: *Manege der Eitelkeiten*, 78)

Der mit Metaphern angereicherte Vergleich zwischen der Bundeskanzlerin und einem »Containerschiff mit gefährlicher Ladung« dient wie ein episches Gleichnis der imaginativ wirksamen Kommunikation, wobei im Kontext des Klatsches die Funktion der Unterhaltung im Vordergrund steht. Das Bild vom Meer mit seinen diversen Schiffen (Herkunftsbereich) ist deutlich unterschieden von

dem realen Fest, um das es im Artikel geht (Zielbereich). Seine
Struktur ist jedoch ähnlich: Es evoziert die Vorstellung von einem
umfassenden Raum (Meer) mit vereinzelten Elementen verschiedener Größenordnung (Schiffe), wobei die Elemente auch einen
menschlichen Aspekt haben (Reisende), der die Szene belebt und
sie mit dem Zielbereich verknüpft.

Während Fotos von glamourösen Gästen ein Fest für das Auge
bieten, nutzt der Text die Mittel der Sprache, um die Aufmerksamkeit des Lesers auf die in ihrer politischen Bedeutung grün-
dende Anziehungskraft der Kanzlerin zu lenken. Die Wirkung des
Schifffahrtsbildes gründet in seiner detailreichen, auch sprachlich
amüsanten Ausgestaltung, die dennoch im Bereich des Faktischen
bleibt, da die Metaphern in den ›wie‹-Vergleich eingebettet sind und
die Phantasie daher nicht überstrapazieren. Es handelt sich um einen Vergleich auf »textologischer« Ebene (Plett 2001a, 70), der als
»Großform des Vergleichs« dem »homerischen Gleichnis« nahesteht
(Wilpert 2001, 313). Für den allgemeinen Begriff vom ›Gleichnis‹
ist jedoch eine parabelartige Eigenständigkeit und zumeist auch ein
didaktischer Zweck zentral (vgl. Duden 1999, Bd. 4, 1534), so dass
hier eher der Begriff ›erweiterter Vergleich‹ angemessen ist.

Das didaktische Potenzial des Gleichnisses etablierte in der griechischen Antike vor allem Platon mit seinem detailliert ausgeführten
›Höhlengleichnis‹ im 7. Buch der *Politeia* (1982, bes. 514a–517a;
420–423): Sokrates benutzt es an zentraler Stelle, um die Natur des
Menschen zu erhellen und die Notwendigkeit eines von Philosophen
regierten Staates zu vermitteln. Die Wirksamkeit des Gleichnisses
erweist das Ende des 7. Buches, wo konstatiert wird, dass der Staat
»nun ganz deutlich vor uns [steht]« (ebd., 541a; 449). Das Gleichnis bietet hier ein Szenarium, das als Basis für einen rationalen
Schlussfolgerungsprozess dient. Am Ende steht nicht das ursprüngliche Szenarium vor Augen, sondern eine ganz neue Struktur, deren
Elemente logisch aus dem bildlichen Szenarium hergeleitet wurden.
Der im Deutschen als ›Höhlengleichnis‹ bekannte Text weist Ge-
meinsamkeiten mit der ›Analogie‹ auf; und er mag als Warnung vor
allzuscharfen Grenzziehungen dienen, denn im Französischen und
Englischen ist er bekannt als ›Allegorie‹.

Grundlegende Bedeutung für die christliche Tradition haben vor
allem die Gleichnisse Jesu, so das Gleichnis vom Verlorenen Sohn
(Luk. 15, 11–32) oder jenes von den Arbeitern im Weinberg (Matt.
20, 1–16), die der Verdeutlichung seiner moralischen Lehre dienen.
Ein (ungewöhnlich kurzes) Gleichnis ist das vom Sauerteig:

Ein anderes Gleichnis redete er zu ihnen. Das Himmelreich ist einem Sauerteig gleich, den ein Weib nahm und unter drei Scheffel Mehl vermengte,
bis er ganz durchsäuert war.   (Matt. 13, 33)

Die Bezeichnung der Geschichte als »Gleichnis« und das explizite »ist ... gleich« verdeutlichen, dass es sich um eine Belehrung
zum Thema des »Himmelsreichs« handelt. Der Herkunftsbereich
des Brotbackens ist bildlich ausgestaltet; allerdings wird keine Auslegung geboten. Diese ist Aufgabe des Rezipienten – entsprechend
dienen die neutestamentlichen Gleichnisse traditionell als Ausgangspunkt für die homiletische Erklärung. Luther liefert in seiner 1545
gedruckten Bibelübersetzung eine seiner theologischen Ausrichtung
folgende Marginalie: »(Sawrteig) Jst auch das wort das den Menschen vernewet« (Luther 1974, Bd. 3, 1993). Deutlich wird hier
die Offenheit für verschiedene Interpretationen, in Gegensatz zum
Höhlengleichnis, bei dem Sokrates die Erklärung mitliefert.

Die Beziehung zwischen den Begriffen ›Gleichnis‹ und ›Parabel‹ ist
komplex (vgl. Kähler/Pöttner u.a. 2000), und es gibt zwischen ihnen
keine konsensfähige Abgrenzung, zumal ›Parabel‹ in anderen europäischen Sprachen der Zentralbegriff für biblische ›Gleichnisse‹ ist.
In der neueren deutschsprachigen Literatur wird der Begriff Parabel
verschiedentlich für moralisch-didaktische Geschichten verwendet,
die für sich oder durch die Einbettung in ihren Kontext zur moralischen Auslegung anregen (vgl. Heydebrand 2003; Zymner 2003a,
bes. Sp. 511–513). In der Tradition von Boccaccios *Decamerone*
steht die ›Ringparabel‹, die Lessing zum Kernstück seines Dramas
Nathan der Weise macht. Kafkas Parabel *Vor dem Gesetz* regt mit
ihrer auf metaphysische Zusammenhänge verweisenden Handlung
als eigenständiger Text zur Interpretation an, wird jedoch vor allem
durch die Einbettung in den Roman *Der Prozess* in der Tradition
der religiösen Parabel verortet: Ein Geistlicher im Dom erzählt sie
dem Protagonisten Josef K. kurz vor dessen Tod. In ihr verdichtet
sich die Erfahrung K.s vom Gesetz und jene des Lesers vom Roman: Die Suche nach einer schlüssigen Erklärung gelangt nicht zum
Ziel. Auch Brecht nutzt mehrfach die Form der Parabel, so in den
Geschichten vom Herrn Keuner und vor allem in übertragener Form
im Drama. Während sich das »Parabelstück« *Der gute Mensch von
Sezuan* (176) mit der christlichen Tradition auseinandersetzt, erfolgt
in *Der Aufstieg des Arturo Ui* die Übertragung der Gattungsbezeichnung in einen gänzlich säkularen Kontext (vgl. Brecht: [*Anmerkung*],
318). Die Gattungsbezeichnung ›Parabelstück‹ signalisiert die Vermittlung einer Botschaft, macht jedoch zugleich klar, dass der Zuschauer gefordert ist, die Lehre wirksam zu machen.

Gleichnis und Parabel sind Grundformen des menschlichen Erzählens: Die homerischen Gleichnisse, Platons Höhlengleichnis und
die Gleichnisse des Neuen Testaments bieten zusammen ein Korpus,
das geradezu als Destillat abendländischer Lehre gelten kann – und
zur Übertragung in neue Kontexte anregt.

4.4   Allegorie

Die **Allegorie** konstituiert sich wie die Metapher aus zwei konzeptuellen Bereichen, wobei der bildlich konkrete Herkunftsbereich narrativ
ausgestaltet wird und mit seinen Elementen einer ebenfalls kohärenten
Sinnfolge im abstrakteren Zielbereich entspricht.

Der Begriff bezeichnet auch Personifikationen, die einem Abstraktum
konkrete Gestalt verleihen, häufig mit bedeutungsträchtigen Requisiten
(z.B. ›Justitia‹ mit der Waage); die narrative Elaborierung ist hier gewissermaßen in der gestalthaften Personifikation verdichtet.

Der Begriff **Allegorese** bezieht sich auf eine besonders im Mittelalter gepflegte Tradition der Bibelexegese, derzufolge der Text als bildliche Sinnebene einer Allegorie verstanden wird, die auf abstraktere Sinnebenen
verweist.

Ähnlich wie sich das Gleichnis als erweiterter Vergleich verstehen
lässt, gilt die ›Allegorie‹ als fortgeführte Metapher beziehungsweise
Abfolge von Metaphern (vgl. Quintilian, VIII, 6, 44; 237 und IX,
2, 46; 289). Wie im Gleichnis wird eine konkretere, bekanntere
und/oder naheliegendere bildliche ›Ebene‹ (Herkunftsbereich) zu einer abstrakteren eigentlichen ›Ebene‹ (Zielbereich) in Bezug gesetzt.
Während die bildlich konkrete narrative Handlung im Gleichnis jedoch typischerweise in die Ebene der eigentlichen Aussage eingebettet ist und diese Aussage wie bei der Kurzform des Vergleichs explizit
im Vordergrund steht, ist in der »vollkommenen Allegorie [...] keine
lexikalische Spur des Ernstgedankens zu finden« (Lausberg 1990,
Bd. 1, 442); das heißt, es ist Aufgabe des Rezipienten, ohne Hilfe
expliziter Signale den Zielbereich zu erschließen. Quintilian betont
allerdings, dass in der Prosarede die ›gemischte‹ Form häufiger ist,
bei der eigentliche Elemente in die bildliche Ebene integriert sind,
z.B. »»Wahrhaftig, ich glaube immer, die anderen Unwetter und
Stürme, zumal in jenen Sturmfluten der Versammlungen, seien es,
die Milo bestehen müßte‹« (VIII, 6, 48). Das eigentliche Element

»Versammlungen« verdeutlicht explizit, dass die »Unwetter« bildlich
zu verstehen sind.

Die Allegorie dient häufig moralisch-didaktischen Zwecken, indem sie abstrakte Lehren als narrativen Prozess gestaltet, der sich
zugleich auf einer abstrakten und einer konkreten Ebene bewegt.
Für den Verfasser der Allegorie besteht die Herausforderung darin, beide Sinnebenen gleichwertig durchzuhalten, wie Johann Jacob
Bodmer 1741 in seinen *Critischen Betrachtungen über die Poetischen
Gemählde der Dichter* hervorhebt:

> Die Allegorie ist [...] eine doppelsinnige Schreibart, welche auf einmahl
> zween Sinne mit sich führet, einer ist geheim, verborgen, allegorisch, der
> andere ist bloß äusserlich und historisch. Für beyde muß der Allegorist
> auf einmahl besorgt seyn, wenn er in einem fehlt, ist das gantze Werck
> verdorben. (Bodmer 1971, 601)

Aus Bodmers Bestimmung wird die Abhängigkeit des Allegoriever-
ständnisses vom Weltbild deutlich (zur Geschichte der Allegorie vgl.
Freytag 1992). Setzt man seine Definition zu den Begriffen der kognitiven Metapherntheorie in Beziehung, so manifestiert sich der
Herkunftsbereich als »äußerlicher« und »historischer« Sinn in den
Worten des Textes – wobei hier mit »historisch« sowohl ›irdisch ge-
schichtlich‹ als auch ›narrativ‹ impliziert sein dürfte. Der Zielbereich
dagegen konstituiert sich als »geheimer, verborgener, allegorischer«
Sinn, der die wahre Bedeutung des Textes birgt. Der sprachliche
Text wird damit zu einer Art ›Chiffre‹, deren Dechiffrierung ein
esoterisches Wissen von den geheimen, verborgenen Dingen und
Bedeutungen verlangt.

Die Allegorie florierte im christlichen Kontext des Mittelalters
und der Frühen Neuzeit, da über die beiden ›Sinnebenen‹ die beiden ›Seinsebenen‹ Gestalt annehmen konnten: Die dem irdischen
Leben entsprechende, bildlich konkrete Ebene der Handlung wurde
durchsichtig für die nicht sichtbare, aber wahre Sinnebene der im
Jenseits verwirklichten Werte. Insbesondere Moralitäten – religiös-
allegorische Schauspiele – machen den Antagonismus zwischen Tugend und Laster zum spannenden Drama. Dass hier ein durchaus
nicht obsoletes Potenzial für publikumswirksame Darstellung gegeben ist, erkannte Hugo von Hofmannsthal: Sein *Jedermann* mit den
Figuren des »reichen Mannes«, der »Buhlschaft«, »Mammon«, den
»Werken« und dem »Glauben« (34) wird Jahr für Jahr in Salzburg
zum Großspektakel.

Die allegorische Struktur der durchgehaltenen ›Doppelsinnigkeit‹
erfüllt somit eine dem Weltbild des Mittelalters und der Frühen Neu-

zeit angemessene Funktion, wie sich beispielsweise bei Calderón verfolgen lässt, wenn er die Titel-Metapher *La vida es sueño* (Das Leben ist ein Traum) zur dramatischen Allegorie ausgestaltet. Es ist so gesehen müßig, absolut zwischen Metapher und Allegorie unterscheiden zu wollen, denn jede Metapher birgt das Potenzial allegorischer Ausgestaltung. Wenn Peter-André Alt geltend macht, bei der von Homer bis in die Neuzeit reichenden Vorstellung von der ›Kette der Wesen‹ handele es sich nicht um eine Metapher, sondern dem »genauen Maßstab der rhetorischen Tropenlehre« zufolge um eine Allegorie, da »schon bei Homer [...] eine ganze Folge von einzelnen Bildvorstellungen« dazugehöre (1995, 497), so suggeriert er eine ›Genauigkeit‹ der Grenzziehung, die nicht gegeben ist. Vor allem aber vermengt er die konzeptuelle und die sprachliche Ebene und setzt eine Grenze, die an der Konstitution und Wirkungsweise der Allegorie vorbeiführt. Denn ob es sich um eine Metapher oder eine Allegorie handelt, wird beispielsweise bei Quintilian nicht unter Bezug auf die Beschaffenheit der Vorstellung besprochen, sondern unter Bezug auf die sprachliche Darstellung. Arthur O. Lovejoy diskutiert 1936 die Vorstellung von der ›Kette der Wesen‹ als »the essential conception of the Neoplatonic cosmology« (1964, 63), und im Kontext der kognitiven Linguistik wird sie als »cultural model« und »[conceptual] metaphor« verstanden (Lakoff/Turner 1989, 160–213). Der Begriff der Allegorie sollte davon nicht abgegrenzt werden, sondern eher ergänzend dazu dienen, eine spezifische Art der narrativen beziehungsweise personifizierenden Ausgestaltung der Metapher zu bezeichnen.

In Bezug auf die dichterische Praxis sind Metapher und Allegorie, aber auch ›Mythos‹ Teil eines Kontinuums, wie Hofmannsthal in seiner Vorrede zum *Salzburger großen Welttheater* betont:

Daß es ein geistliches Schauspiel von Calderon gibt, mit Namen »Das große Welttheater«, weiß alle Welt. Von diesem ist hier die das Ganze tragende Metapher entlehnt: daß die Welt ein Schaugerüst aufbaut, worauf die Menschen in ihren von Gott ihnen zugeteilten Rollen das Spiel des Lebens aufführen; ferner der Titel dieses Spiels und die Namen der sechs Gestalten, durch welche die Menschheit vorgestellt wird – sonst nichts. Diese Bestandteile aber eignen nicht dem großen katholischen Dichter als seine Erfindung, sondern gehören zu dem Schatz von Mythen und Allegorien, die das Mittelalter ausgeformt und den späteren Jahrhunderten übermacht hat. (Hofmannsthal: *Welttheater*, 7)

Indem Hofmannsthal sein allegorisches Stück aus traditionellen »Bestandteilen« konstruiert und für sein Jahrhundert aktualisiert, erweist er deren Zeitlosigkeit *und* Wandelbarkeit sowie die produktive Zusammenwirkung von unbegrenzt übertragbarem Allgemeingut

und individueller Kreativität. Zugleich zeigt er mit der Metapher
von der »das Ganze tragenden Metapher« die Wandelbarkeit und
Anpassungsfähigkeit der Beziehung zwischen Metapher und Allegorie: Dieser Bestimmung nach wird die Metapher nicht narrativ
linear zur Allegorie ›erweitert‹, sondern dient als strukturgebende
Basis für das figurenreiche Spiel.

Die dramatische ›Personifikation‹ geistiger Werte und innerer
Emotionen ist eine extreme Ausprägung dessen, was für die Metapher auch in der Alltagssprache typisch ist: Sie verleiht dem Abstrakten eine vorstellbare und sprachlich darstellbare Form. Entsprechend
verdeutlicht Goethe den emotionalen Zustand des alternden Faust
nicht monologisch, sondern durch Fausts Dialog mit Frau »Sorge«
(*Faust II*, 5. Akt, Mitternacht; 439–443). Rainer Maria Rilke schafft
am Ende der *Duineser Elegien* einen allegorisch-mythischen Raum,
der Einstellungen zum Tod anschaulich macht: In der »Leid-Stadt«
hängen die »Plakate des ›Todlos‹, | jenes bitteren Biers, das den
Trinkenden süß scheint«; im »Leidland« dagegen findet der Leser
von personifizierten »Klagen« bewohnte Berge mit »geschliffenem
Ur-Leid« und der »Quelle der Freude« (10. Elegie, 230–233, V. 16,
35f., 58, 88, 99). Erich Maria Remarque nutzt im selben Jahrzehnt
die Mittel der Allegorie, um dem Leser die Auseinandersetzung jun-
ger Soldaten mit dem Tod und dem Töten vor Augen zu stellen:

> Aus uns sind gefährliche Tiere geworden. Wir kämpfen nicht, wir vertei-
> digen uns vor der Vernichtung. Wir schleudern die Granaten nicht gegen
> Menschen, was wissen wir im Augenblick davon, dort hetzt mit Händen
> und Helmen der Tod hinter uns her, wir können ihm seit drei Tagen zum
> ersten Male ins Gesicht sehen, wir können uns seit drei Tagen zum ersten
> Male wehren gegen ihn.   (Remarque: *Im Westen nichts Neues*, 83)

Die Tiermetapher und die allegorische Personifikation des Todes –
oder der Todesangst – zeigen die entmenschlichende Wirkung des
Krieges: Er nimmt dem Individuum die moralische Entscheidungs-
fähigkeit und reduziert seine Existenz auf das nackte Überleben.

Während die Allegorie einerseits hinsichtlich der Produktion von
Texten die Möglichkeit einer unbegrenzten Ausgestaltung von Metaphern bietet, liefert sie andererseits hinsichtlich der Rezeption
von Texten die Möglichkeit unbegrenzter Interpretierbarkeit. Denn
wenn davon ausgegangen wird, dass sie sich dem Leser in ›vollkom-
mener‹ Form ohne sprachliche Spur der Zielebene präsentiert, dann
lässt sich jeder Text potenziell als bildlicher Bedeutungsträger für abstraktere Sinnebenen auffassen. Dieses Potenzial wurde in der mittel-
alterlichen Tradition der ›Allegorese‹ für die Interpretation der Bibel

fruchtbar gemacht, indem man davon ausging, dass dem wörtlichen Sinn ein spiritueller Sinn entspricht (vgl. Spitz 2003). Im Prozess der theologischen Sinnstiftung schuf man Modelle von enormer Komplexität mit bis zu sieben Sinnebenen, wobei das Modell eines ›vierfachen Schriftsinns‹ zu Dominanz gelangte (vgl. Lubac 1959, Bd. 1).

Dabei wird vorausgesetzt, dass die im biblischen Text dargestellten Dinge und Ereignisse den von Bodmer als ›äußerlich‹ und ›historisch‹ bezeichneten Sinn haben (den Literalsinn oder *sensus litteralis*), dass aber jenseits dieses Sinnes weitere Ebenen zu erschließen sind: ein besonders auf die Kirche bezogener allegorischer Sinn (*sensus allegoricus*), ein auf den einzelnen Menschen bezogener moralischer Sinn (*sensus moralis*) und ein auf die letzten Dinge bezogener anagogischer Sinn (*sensus anagogicus*). Interpretiert wird auf diese Weise zum Beispiel die Stadt Jerusalem wie folgt (vgl. Plett 2001a, 115f.):

Literalsinn:	die historische Hauptstadt des jüdischen Volkes
Allegorischer Sinn:	die Kirche Christi
Moralischer Sinn:	die Seele des Menschen
Anagogischer Sinn:	die himmlische Stadt Gottes

Ähnliche Bedeutungsebenen lassen sich für den Tempel in Jerusalem (vgl. Göttert 1998, 63) oder den Auszug aus Ägypten (vgl. Kurz 2004, 50) geltend machen. Eine diachronische, also in der Zeit erfolgende Entsprechung zur Allegorese ist die ›Typologie‹, derzufolge Dinge und Menschen im Alten Testament als ›Vorbilder‹ für das Neue Testament interpretiert werden. Wenn auch Luther prinzipiell die Priorität des Literalsinns zu etablieren suchte, so verweisen doch die Randbemerkungen in seiner Bibelübersetzung auf weitere Sinnebenen und vor allem auf typologische Bezüge.

Die Bedeutung der Allegorie, Allegorese und Typologie ist für die frühneuzeitliche Literatur nicht zu überschätzen; so geben die Allegorese in Gryphius' Lyrik und die Typologie in Klopstocks *Messias* einen Einblick in ein Weltbild, das von komplexesten Sinnbezügen durchwirkt ist (vgl. Freund 1990, 12–20; Dräger 1971). Während die Aufklärung der Allegorie und Allegorese tendenziell ablehnend gegenüberstand und die Romantik eine rational durchgehaltene Mehrsinnigkeit eher zugunsten einer organisch wirkenden Symbolik meidet, wirkt die Tradition doch auch hier noch fort; bezeichnend ist zudem, dass die obsolet geglaubte Allegorie mit Paul de Mans Essaysammlung *Allegories of Reading* (1979) wieder zu Prominenz gelangte – in einem Ansatz, der die vielfältigen Möglichkeiten der Sinnstiftung durch den Rezipienten erprobt und damit die Tradition der Allegorese erneuert, wenn auch in durchaus gewandelter Form.

Dass die Allegorie selbst im Zeitalter der Romantik nicht aus-
starb, zeigt Joseph von Eichendorffs Erzählung *Aus dem Leben eines
Taugenichts*. Wie John Bunyan in seinem Erfolgsroman *The Pilgrim's
Progress* von 1678–1684 bietet Eichendorff eine Ausgestaltung der
Metapher ›Das Leben ist eine Reise‹ (vgl. Lakoff/Turner 1989, 222)
und wie dort dient als Ziel eine Stadt: Hier ist es allerdings nicht
das heilige Jerusalem, sondern Rom – für den Katholiken Eichendorff die Stadt des Heiligen Stuhls. Indem sich der Held der »heiligen Stadt« nähert (Eichendorff: *Taugenichts*, 522), überquert er
eine »Heide, auf der es so grau und still war, wie im Grabe«, und
er erinnert sich an Gerüchte von der dort begrabenen »Frau Venus«
und den nicht zur Ruhe gekommenen »Heiden« (ebd.). Er aber ist
gegen die Versuchungen gefeit:

> Aber ich ging immer grade fort und ließ mich nichts anfechten. Denn die
> Stadt stieg immer deutlicher und prächtiger vor mir herauf, und die ho-
> hen Burgen und Tore und goldenen Kuppeln glänzten so herrlich im hellen
> Mondschein, als ständen wirklich die Engel in goldenen Gewändern auf
> den Zinnen und sängen durch die stille Nacht herüber.
>
> (Eichendorff: *Taugenichts*, 522)

Die Popularität der Erzählung in einem säkularisierten Kontext
gründet in der Tatsache, dass man sie als unkomplizierte, unter-
haltsame Geschichte von der Wanderschaft eines abenteuerlustigen
Helden lesen kann. Wie jedoch Oskar Seidlin (1978) in seiner Interpretation der Heidelandschaft deutlich gemacht hat, ist jenseits der
Handlungsebene eine spezifisch christliche Geschichte zu entdecken,
die sich in der Licht-, Engels- und Grabessymbolik sowie in dem
Verb »anfechten« zu erkennen gibt. Die ›Doppelsinnigkeit‹ zeigt sich
im Wortspiel »Heide/Heiden« deutlich sowie in dem konjunktivisch
umrahmten Wort »wirklich«: Die Handlungsebene der Reise nach
Rom bleibt mit dem Konjunktiv primär; der geistig-moralisch emp-
fängliche Leser wird jedoch im Lichte der Erzählung als ›wirkliches‹
Ziel die (abstraktere, aber ewige) Stadt Jerusalem erkennen.

Die Interpreten haben sich mit dieser Auslegung allerdings nicht
zufriedengegeben, sondern noch komplexere Sinnebenen erschlos-
sen. So lesen Margret Walter-Schneider und Martina Hasler Eichendorffs Darstellung Roms als Persiflage der deutschen Klassik: »Die
›himmlischen‹ Züge, die er seinem Rombild verleiht, bedeuten nicht
christliche Erlösung, oder in ihnen offenbart sich der hybride
Anspruch der klassischen Kunst, den christlichen Jenseitsglauben
ersetzen zu können« (1985, 351). Problematisch ist die Negierung
der einen ›Bedeutung‹ zugunsten der anderen – denn die Deutung
von Walter-Schneider und Hasler setzt ja voraus, dass das von Ei-

chendorff dargestellte Rom-›Bild‹ (*sensus litteralis*) eine durch den
moralisch sensiblen Leser zu erschließende christlich-allegorische Bedeutung vermittelt (vor allem *sensus anagogicus*), aus der sich wiederum erst die Möglichkeit der kunstkritischen Auslegung durch den
Kunstkenner ergibt (gewissermaßen ein *sensus aestheticus* bzw. ein auf
die Kunst bezogener *sensus moralis*). Walter-Schneider und Hasler
gehen davon aus, dass die Frage nach der ›richtigen‹ Bedeutung mit
der Erschließung der ›einsinnigen‹ Autorintention beantwortet ist.
Die Tradition der Bibelexegese stellt jedoch ein komplexeres Modell der Interpretation zur Verfügung, das möglicherweise weniger
obsolet ist, als es scheint.

Allegorie und Allegorese bieten Möglichkeiten der Bedeutungs-
konstitution und Bedeutungsfindung, die es präsent zu halten gilt.
Denn gerade in Zeiten, als man jenseits der sichtbaren Welt ganz andere Gefilde wusste, waren die Autoren und Leser im mehrsinnigen
Umgang mit Sprache geübt. Poststrukturalistische Ansätze haben
eine Sensibilität für komplexe sprachliche Prozesse geweckt, die sich
weder durch den Autor noch auch durch den Text festlegen lassen.
Dies lässt sich als ganz neues Phänomen verstehen, oder aber als eine
produktive Aktualisierung alter Möglichkeiten der Sinnstiftung.

4.5   Emblem

Das **Emblem** konstituiert sich aus Text und Bild und besteht aus drei
Elementen:
- Motto (*inscriptio*): Überschrift in Latein oder Volkssprache, z.B.
  Sprichwort, kanonisches Zitat aus Bibel bzw. antikem Autor.
- Bild (*pictura, icon, imago, symbolon*): sinnbildliche Darstellung in
  Holzschnitt oder Kupferstich.
- Text (*subscriptio*): Auslegung bzw. Erklärung, oft mit Verhaltensregel
  oder Lebensweisheit, oft als Epigramm.
Die drei Elemente sind aufeinander bezogen; typisch ist der moralisch-
didaktische Zweck.

In der Gegenwartssprache wird der Begriff ›Emblem‹ zum Teil ähnlich
wie ›Symbol‹ verwendet, hauptsächlich jedoch für nationale Wahrzei-
chen, Markenzeichen u.ä.

Das ›Emblem‹ oder ›Sinnbild‹ ist keine Figur der Rede wie die Metapher oder Metonymie, sondern primär eine Gattung, die auf ganz
spezifische Weise Bild und Wort verknüpft und sich somit als visuell

konkretisierte Entsprechung zur sprachlichen Metapher verstehen lässt. Wie die Allegorie – und in Interaktion mit ihr – entspricht das Emblem dem Bedürfnis, metaphysischen Zusammenhängen eine bildliche Form zu verleihen und moralische Lehren bildlich zu gestalten. Eine Verbindung ergibt sich aber auch zum Symbol, da das Emblem einer Weltsicht Gestalt verleiht, die den konkreten Dingen der Welt einen metaphysischen Sinn abgewinnt. Aufgrund seiner Zusammenführung von Wort und Bild eröffnet das Emblem vielfältige Möglichkeiten der metaphorischen Sinnstiftung.

Die produktive Verbindung von Wort und Bild in der Form des Emblems betont Georg Philipp Harsdoerffer in seiner Anweisungspoetik *Poetischer Trichter* von 1647–1653 sowohl theoretisch als auch durch eindrucksvolle Beispiele der Gattung. Er führt eine allgemeine Erläuterung zu »Bildereyen« mit dem folgenden Topos ein: »Es wird die Poëterey ein redendes Gemähl / das Gemähl aber eine stumme Poëterey genennet« (Harsdoerffer 1969, 3. Teil, 101; zum Topos vgl. Hagstrum 1958). Dabei gilt sein besonderes Interesse den »Sinnbildern«, die er zur metaphorischen Rede in Verbindung bringt:

> Wie nun die Wort oder Reden in ihren eigentlichen oder figurlichen Verstand gebrauchet werden [...] also verhält es sich auch mit den Bildern: Sie bedeuten was sie vorstellen / wann man eine Geschichte oder eines Bildniß / oder eine Landschaft mahlet / und dieses ist eigentlicher natürlicher Verstand. Sie bedeuten aber ein anders als sie vorstellen / und zwar Gleichniß- oder Erklärungsweis in den Sinnbildern / deßwegen also genennet / weil besagte Bilder einen verborgenen und nachdenklichen Sinn begreiffen. (Harsdoerffer 1969, 3. Teil, 102)

Die Struktur des Emblems fordert den Leser zu einer komplexen Interpretationsarbeit heraus. In diesem interpretierenden Verweilen liegt die Funktion des Emblems, denn es lädt dazu ein, den Beziehungen zwischen Motto, Bild und Text nachzugehen und die Bedeutung für das praktische Leben fruchtbar zu machen.

Es ist somit schlüssig, wenn Harsdoerffer jedem der drei Teile seiner Poetik ein »Sinnbild« voranstellt, das dem Leser einführend den Zweck des Buches nahebringt. So dient der Spruch »Zucht bringt Frucht« im Frontispiz des ersten Bandes als Motto für ein als »Sinnbild« bezeichnetes Emblem. Das Bild stellt die geduldige Pflege der jungen Rebe dar, und das Gedicht erläutert den Bezug zwischen »Rebe« und »Rede« sowie die Notwendigkeit der Kultivierung. Das Emblem gründet in der topischen Analogie zwischen der Kultivierung des Ackers und der Pflege des Geistes (vgl. Quintilian,

Sinnbild.

Zucht   bringt Frucht.

Sol der neubelaubte Reben
greiff und helle Trauben geben/
    muß man ihn/ auff Berg und Thal/
hacken/düngen/und beschneiden:
ihn auch mit den falben Weiden
    hefften an den Erdenpfal.
So besagte Winzerzucht
bringt verlangte Freudenfrucht.
Sol die Rede/ gleich dem Reben/
hönigsüsse Früchte geben/
    muß der Wörter Maß und Zahl
sie verbinden/ und bereiten/
nach der Sprache Gründen letten
    mit der Reimungreichen Wahl.
Solche kunstbeliebte Zucht
bringt der Lippen holde Frucht.

Georg Philipp Harsdoerffer: *Poetischer Trichter* (1647–53, Frontispiz): »Zucht bringt Frucht«

V, 11, 24; Bd. 1, 609). Die völlige ›Auflösung‹ der Analogie überlässt Harsdoerffer jedoch dem Leser, denn der Lohn der »kunstbeliebten Zucht« wird nur (sprach)bildlich dargestellt: Es ist »der Lippen holde Frucht«. Das Bild evoziert die vollkommenste Form der kunstvoll gestalteten Rede und zugleich den Gegenstand des Buches – das Gedicht. Die Zusammenwirkung von Wort und Bild regt zur fruchtbaren Interpretation an und zielt auf die Umsetzung des Gelernten im praktischen Umgang mit der Anweisungspoetik.

Die Gattung des Emblems ist historisch auf das 16. und 17. Jahrhundert konzentriert, meist durch einen didaktischen Zweck gekennzeichnet und typischerweise in Emblembücher und verwandte Publikationsformen eingebettet (vgl. Mödersheim 1994; Rolet 2007). Wenn das Emblem hier dennoch in die Diskussion miteinbezogen wird, so einerseits deshalb, weil es für eine literarische Epoche zentral ist, in der die bildliche Rede besonders gepflegt wurde, und andererseits deshalb, weil seine spezielle Verbindung von Wort und Bild einen wichtigen Beitrag zum Verständnis für ›bildliche‹ Figuren und kognitiv-sprachliche Prozesse im Umfeld der Metapher liefert.

Eingeführt wurde die Gattung des Emblembuchs mit der Augsburger Publikation der Sammlung *Emblematum liber* (1531) von Andrea Alciato, die bald im gesamten europäischen Raum kursierte. Sein Buch erfuhr über 170 Auflagen und erschien auch mit volkssprachlichen Übersetzungen. Zum Kontext der rasanten Verbreitung von Emblembüchern gehören so unterschiedliche Faktoren wie das humanistische Interesse an der Dechiffrierung der ägyptischen Hieroglyphen und die vom Adel auf Patrizier und Gelehrtenkreise übergreifende Mode der Impresen – an Hut oder Kleidung getragene Medaillen, die in Bild und Schrift die Identität des Trägers vermittelten (vgl. Sulzer 1992, 79–108; Henkel/Schöne 1976, X-XII). Vor allem steht die Form in Zusammenhang mit der Nutzung des didaktischen Potenzials bildlicher Darstellung, zumal Bilder auch analphabetische Rezipienten direkt ansprechen konnten. Die vielfältigen Verbindungen zwischen Wort und Bild in Allegorie, Emblem und Symbol zeigen, dass in der Frühen Neuzeit ein fließender Übergang zwischen graphischer Darstellung, Wort und kognitivem ›Bild‹ gesehen wurde.

Thematisiert wird durch Embleme die universale Wirklichkeit der Natur und Kultur; Alciato erklärt in einem Brief, er habe seine Embleme »ex historia, vel ex rebus naturalibus« genommen (zit. nach Buck 1991, IX), das heißt aus der Geschichte und der Naturkunde, wobei erstere Bibel, Mythologie und Literatur umfasst. So dient beispielsweise die Dattelpalme aufgrund der Verwendbarkeit ihrer Früchte, Blätter und Rinde als Sinnbild für Nutzbarkeit und Leben spendende Kraft, aufgrund ihrer Widerstandskraft als Sinnbild für ›Stärkung durch Widerstand‹ und ›unbeugsame Tugend‹ sowie aufgrund ihrer »gespitzten Rinde« und den »Schwert«-artigen Zweigen als Sinnbild für den Sieg (Harsdoerffer 1969, 3. Teil, 370). Entsprechend zeigt ein Emblem in der ausschließlich lateinischen Erstausgabe des Buches von Alciato unter dem Motto »Obdurandum adversus urgentia« (›Man muss dem Druck widerstehen‹) das Bild einer mit einem Gewicht beschwerten Palme, die dadurch umso kräftiger gewachsen ist (Alciatus: *Emblematum liber*, B3ʳ). Das Epigramm (»Nititur in pondus palma [...]«, s.u.) liefert eine Erklärung zur Widerstandsfähigkeit der Palme, eine Erläuterung ihrer Früchte und eine an einen Knaben adressierte Lehre, er solle die Früchte sammeln und beständig sein.

Andreas Alciatus: *Emblematum liber* (1531), B3ʳ

Kennzeichnend für Emblembücher ist die Variabilität der Elemente bei gleichbleibender grundlegender Struktur sowie auch die veränderliche Fokussierung von Bedeutungsnuancen. So findet sich in einer 1542 publizierten, um elf Embleme erweiterten lateinisch-deutschen Ausgabe von Alciatos Buch (mit Übersetzungen von Wolfgang Hunger) das gleiche lateinische Motto und Epigramm, aber ein anderes Bild. Es stellt einen viel zierlicheren Baum mit dem im Epigramm thematisierten »Bogen« (arcus) dar und auch den im Epigramm angesprochenen Knaben, der vom Baum in die Höhe gehoben wird:

Obdurandum aduersus urgentia. XXIIII.

Nititur in pondus palma, & consurgit in arcum,
    Quo magis & premitur, hoc mage tollit onus.
Fert & odoratas bellaria dulcia glandes,
    Queis mensas inter primus habetur honos.
I puer, & reptans ramis his collige, mentis
    Qui constantis erit, præmia digna feret.

Veſt halten wider beſchwernuß.
                        XXIIII.
Den Palmenbaum druckt nicht ſo hart,
Er ſich doch in die hoch erſchwingt,
Hat auch ſunſt noch ein ſchone art,
Das er gar ſüeſſe fruchten bringt:
Adlicher knab, das gmeel dier ſingt,
Das dich in lernung ſchræck kayn
    ſchwer,
Groß mhue vnd fleyß alles durch dringt
Vnd bringt zu lœtzt vil guet vnd ehr.
                                    E

Andreas Alciatus: *Emblematum libellus* (1542), repr. Nachdr. 1991, 64f.

Im deutschen Motto steht weniger die moralische Bedeutung des
Baums als die auf das Bild ausgerichtete Lehre für den Knaben im
Zentrum: »Festhalten wider Beschwernis«; im deutschen Epigramm
ist diese Lehre zudem weiter ausgeführt als im lateinischen Text.

Es zeigt sich in der graduellen Veränderung der Elemente und
im Zusammenspiel der Medien sowie auch der Sprachen, dass das
Emblem einen komplexen Prozess der bildlich-textuellen Interpretation stimuliert und den Rezipienten darüber hinaus anregt, das
Wahrgenommene für das eigene Leben fruchtbar zu machen. Je
nach Bildungsstand kann das zweisprachige Emblem unterschiedlich
rezipiert werden: direkt über das Bild, über den lateinischen Text
und/oder über den deutschen Text. Angeregt wird eine Sichtweise,
die Bild und Text, physische Welt und metaphysische Bedeutung als
komplementär erfasst und im Wechselspiel aktualisiert.

Die weitreichende Bedeutung der Emblematik für die Literatur
und Poetik der Frühen Neuzeit zeigt sich in Harsdoerffers *Poetischem
Trichter*, zumal er einen Katalog von dichterisch verwendbaren Dingen und Abstrakta bietet, deren Erläuterungen auf die emblematisch
tradierten Bedeutungen eingehen (Bd. 3, 114–504). Dass Embleme bis weit ins 18. Jahrhundert wirksam blieben, zeigt Klopstocks
Epos *Der Messias* (vgl. Dräger 1971, 117–226). Die Subtilität der
sinnbildlichen Kommunikation wird in der Verwendung der Palme
als Landschaftsmerkmal deutlich (vgl. ebd., 146–179), so in der
folgenden Bestimmung eines Ortes, die Jesus dem Engel Gabriel
vermittelt. Sie gehen gerade zum Garten Gethsemane, in dem sich
Jesus betend auf seinen Opfertod vorbereiten wird:

> Gabriel, in der Tiefe des Gartens, am steigenden Berge,
> Ist ein einsamer Ort von zwanzig Palmen umschattet;
> Gegen die hohen Wipfel der Palmen senkt sich vom Himmel,
> Gleich herhangenden Bergen, die Nacht; dort versammle die Engel!
> (Klopstock: *Messias*, 4. Gesang, V. 1333–1336)

Die Bedeutung der Vertikalitätsmetaphorik erschließt sich erst aus
der emblematischen Tradition heraus: Die Palme mit ihrer Fähigkeit,
unter einer niederdrückenden Bürde besonders kräftig zu wachsen,
und ihrer Assoziation des ›Sieges‹ versinnbildlicht den Opfertod und
die Auferstehung und den Triumph durch das Leiden.

Das Emblem als solches ist auf die Frühe Neuzeit konzentriert
und entspricht der damaligen Weltsicht; als Gattung ist es somit nur
noch historisch interessant. Es zeigt jedoch allgemeiner die Wirksamkeit einer Kommunikation, in der Text, Bild und bildliche Rede
zusammenwirken. Dass solche Kommunikationsformen gerade in
der gegenwärtigen Kultur einen hohen Stellenwert haben, verdeut-

licht die oben abgebildete Investment-Anzeige mit dem Löwengesicht (s.o., S. 14). Auch hier dient das Motiv aus der Natur der
Vermittlung einer ›Lehre‹ für die Lebenspraxis. Allerdings erscheinen die textuellen Elemente in anderer Konfiguration: Unten steht
das ›Motto: »Die natürliche Kraft des Marktes.« Die Anweisung
für die Übertragung in den Bereich der Praxis steht an erster Stelle
über dem Bild – die Aufforderung »Folgen Sie Ihrem natürlichen
Beuteinstinkt!« wird durch praktische Hinweise zur Umsetzung konkretisiert. Wenn diese Anweisung einem kommerziellen statt einem
moralischen Interesse dient, so zeigt gerade dieser Unterschied die
Äquivalenz der kulturspezifischen Funktion.

4.6   Symbol

> Der Begriff **Symbol** bezeichnet tendenziell ein konkretes Objekt – be-
> ziehungsweise eine wirkliche Handlung, einen geographisch bestimmba-
> ren Ort, eine manuelle Geste usw. –, dem eine über seine unmittelbare
> Funktion hinausführende Bedeutung zugesprochen wird, ohne dass ihm
> damit die konkrete Identität genommen würde.

Der Begriff ›Symbol‹ ist nicht rhetorisch fundiert und steht daher
in keiner systematischen begriffsgeschichtlichen Beziehung zu den
Tropen. Die Bedeutungen reichen vom ›Sinnbild‹ (z.B. Taube als
Symbol des Friedens) bis hin zum ›Zeichen‹ (z.B. mathematisches
Symbol) und variieren je nach Disziplin und theoretischen Vor-
gaben (vgl. Meier-Oeser/Scholz u.a. 1998; Müller Farguell 2003).
Während in der Frühen Neuzeit keine eindeutige Abgrenzung zur
Allegorie besteht, wird die Allegorie im Zeitalter der Romantik vom
Symbol verdrängt. Die frühneuzeitliche Verbindung zwischen Sym-
bol und Emblem zeigt sich noch heute in der Definition beider als
»Sinnbild« (Duden 1999, Bd. 3, 1015 u. Bd. 8, 3828).
Besonders bezüglich der Sprache ergeben sich unterschiedliche
Bestimmungen des Symbols, da diese selbst als ›symbolisch‹ verstanden werden kann. In der Semiotik und Linguistik dominiert
die von Charles Sanders Peirce (gegen Saussures ›Zeichen‹-Begriff)
vertretene Konzeption des Symbols als Klasse von Zeichen, die auf
einer konventionellen Beziehung zum bezeichneten Objekt beruhen;
in dieser Tradition steht die ›symbolische Ordnung‹ des Poststrukturalismus. In der sonstigen Literaturwissenschaft dagegen dominiert
– wie in der Alltagssprache, Theologie und Philosophie – die Konzeption des Symbols als Sinnbild oder dinglicher Bedeutungsträger.

Diese Bedeutung ist im Folgenden (und in der obigen Definition) vorausgesetzt.

Das Symbol ist zunächst mit der Allegorie und Allegorese verwandt: In Herbarien und Bestiarien des Mittelalters sowie in Emblembüchern wie Joachim Camerarius' *Symbolorum* (1595) und Filippo Picinellis *Mundus Symbolicus* (1653 italienisch; 1681 lateinisch) sind konkrete Elemente der natürlichen Welt (Pflanzen, Tiere usw.) mit ihren abstrakten (besonders moralischen) Bedeutungen aufgeführt. So wie in solchen Büchern die bildliche Darstellung des Objekts als Bedeutungsträger fungiert, kann auch das für das Objekt eingesetzte Wort diese Funktion erfüllen. Kognitiv ist es in beiden Fällen das Objekt (bzw. Handlung, Ort usw.), das als bedeutungsträchtiges Element im Zentrum steht und den Anlass für die abstraktere Auslegung bietet.

Das Symbol konstituiert sich dieser Konzeption zufolge aus der Spannung zwischen einem tendenziell in der Natur beziehungsweise der Wirklichkeit gegründeten konkreten Signifikanten und einem abstrakten, häufig durch Vielfalt gekennzeichneten Signifikat, wobei das konkrete Element eine von abstrakten Bedeutungen unabhängige Identität beibehält. Gegenüber der Metapher ist somit der ›Herkunftsbereich‹ stärker konkretisiert und – besonders in modernen Varianten – aufgewertet, indem er nicht nur eine kognitive, sondern eine physische Gestalt hat und auch ohne Bezug auf einen ›Zielbereich‹ existenzfähig ist. Die Bedeutung kann mehr oder weniger durch Konvention vorgegeben sein.

Je dinglicher beziehungsweise wirklicher der Signifikant und je weniger konventionalisiert die Bedeutungen, desto weiter entfernt sich das Symbol von der Allegorie. Der Synekdoche nähert es sich, wenn es als Teil eines Ganzen begriffen wird; der Metonymie nähert es sich, wenn es in konkreter Form etwas Abstrakteres ›repräsentiert‹. Ist das Symbol individuell und hinsichtlich seiner Bedeutung auf den spezifischen Text beschränkt, lässt sich von einer ›Chiffre‹ sprechen. Ein Bezugspunkt für den Begriff ist Gottfried Benns Gedicht *Ein Wort*: »Ein Wort, ein Satz –: aus Chiffern steigen | erkanntes Leben, jäher Sinn« (V. 1f.). Deutlich wird aus diesen Versen, dass die Metapher des ›Geheimzeichens‹ oder ›Codes‹ als poetologische Metapher der unkonventionellen Sinnstiftung dient. Als literaturwissenschaftlicher Begriff für die Bildlichkeit in der modernen Lyrik stiftet die ›Chiffre‹ allerdings eher Verwirrung.

Jedes Ding in der natürlichen oder vom Menschen geschaffenen Welt lässt sich symbolisch interpretieren – Löwe, Adler, Rose, Eiche, Ring, Kreuz, Tempel usw. (vgl. Lurker 1991) – wobei besonders solche Dinge, deren symbolische Wertigkeit eine lange Tradition hat und weitgehende Anerkennung genießt, als bedeutungsträchtig erkannt werden. Die Bedeutung kann in hohem Maße konventionalisiert oder – besonders in modernen Spielarten – betont individuell und ›offen‹ sein. In kultischen Kontexten wird die Bedeutung von der Gemeinschaft festgelegt, denn hier erfüllt das Ding, die Handlung oder der Ort eine kulturspezifische Funktion. Dies lässt sich beispielsweise am Symbol des Kreuzes in der christlichen Tradition verfolgen. Seine Bedeutung beruht auf dem historischen (bzw. als historisch angenommenen) Ereignis der Kreuzigung Jesu auf dem Berg Golgatha um 30 bis 33 n.Chr. und bleibt an dieses ›wirkliche‹ physische Kreuz gebunden. Es lassen sich jedoch im Prozess der Interpretation und des symbolischen Einsatzes verschiedene Aspekte der Bedeutung fokussieren: Kreuzigung, Opfertod, Auferstehung, ewiges Leben. Die Interpretation interagiert zudem mit der physischen Gestaltung des Symbols, die eher den empirischen Aspekt oder die abstrakte Bedeutung in den Vordergrund rücken kann. So erinnert eine realistische Darstellung des gemarterten Jesus am Holzkreuz an das Ereignis, um zum emotionalen Nachvollzug anzuregen, während eine abstrakte Realisierung beispielsweise in Glas das materielle Objekt für die abstrakte religiöse Bedeutung ›durchsichtig‹ macht.

Gerade Unterschiede in der Interpretation eines Symbols können eine bedeutende identitätsstiftende Funktion erfüllen. Deutlich wird dies in der Auseinandersetzung um die Bedeutung von Brot und Wein im ›Abendmahlsstreit‹: Für Luther erklärte Jesus mit seinen Worten »Das ist mein Leib [...]. Das ist mein Blut« (Matt. 26, 26) seine reale Präsenz im Abendmahl; Zwingli dagegen fasste die Worte metaphorisch. Abgelehnt wurde von beiden die katholische Vorstellung einer Verwandlung von Brot und Wein in Jesus' Leib und Blut. Bei allen drei Auslegungen handelt es sich um ein symbolisches Verständnis jener Substanzen, die im Akt des Abendmahls die Güte Gottes vermitteln; der symbolische Prozess wird jedoch je nach theologischer Voraussetzung anders konfiguriert. Die Vielfalt möglicher Bedeutungen lässt sich dann in der von konfessionellen Dogmen unabhängigen, modernen dichterischen Rezeption dieser Symbole verfolgen, so bei Friedrich Hölderlin (*Brot und Wein*) oder Georg Trakl (»Brot und Wein«, in *Helian*, V. 19, u.ö.).

Dass für das Symbol tendenziell ein konkretes, empirisches Moment prägend ist, hebt Saussure hervor, wenn er es vom ›Zeichen‹ unterscheidet, bei dem der Bezug zwischen *signifiant* und *signifié* arbiträr ist:

> Beim Symbol ist es [...] wesentlich, daß es niemals ganz beliebig ist; es
> ist nicht inhaltlos, sondern bei ihm besteht bis zu einem gewissen Gra-
> de eine natürliche Beziehung zwischen Bezeichnung und Bezeichnetem.
> Das Symbol der Gerechtigkeit, die Waage, könnte nicht etwa durch ir-
> gend etwas anderes, z.B. einen Wagen, ersetzt werden. (Saussure 2001,
> 80; vgl. Saussure 1982, 101)

Deutlich wird hier in der Abgrenzung vom Zeichen die potenzielle
Verbindung des Symbols mit der Allegorie – zumindest in der Variante der allegorischen Personifikation –, denn die Waage ist das
zentrale Requisit der Justitia und stellt somit gewissermaßen ein
Verbindungsglied zwischen Wirklichkeit und Allegorie dar.

Wenn auch Saussures Definition in der Linguistik und Semiotik
kontrovers ist, so bietet sie gerade in Bezug auf die Literatur einen
hilfreichen Bezugspunkt, der die wichtige Rolle des Symbols in modernen Dichtungsauffassungen verständlich macht. In den Vordergrund getreten ist der Symbolbegriff im Zeitalter der Klassik, der
Romantik und des Idealismus – in jener Zeit also, in der die für die
Allegorie charakteristische, dogmatisch festgelegte christliche Gegenüberstellung von dem physischen, aber letztlich insubstantiellen, ver-
gänglichen Diesseits und dem metaphysischen, beständigen Jenseits
ihre prägende Kraft verlor. Das Symbol bot die Möglichkeit eines
viel offeneren Bezugs, der je nach Bedarf eher die Unendlichkeit der
Bedeutungen (Romantik) oder die Gründung in der Wirklichkeit
(Realismus) fokussieren konnte.

Entsprechend grenzt Goethe die Allegorie, »wo das Besondere
nur als Beyspiel, als Exempel des Allgemeinen gilt« (1985ff., Bd. 13,
368), dezidiert aus der Poetik aus, um das Symbol zum Prinzip der
Poesie zu erheben:

> Das ist die wahre Symbolik wo das Besondere das Allgemeinere reprä-
> sentirt, nicht als Traum und Schatten, sondern als lebendig augenblick-
> liche Offenbarung des Unerforschlichen. (Goethe 1985ff., Bd. 13, 33;
> vgl. auch ebd., 207)

Die metaphysische Dimension, die sich in der Allegorie als separate,
nicht sichtbare, aber umso wirklichere Seinswelt darstellt, wird hier
im Zeitalter der Säkularisierung in das Bild hineingenommen, um
ihm ein autonomes Leben zu verleihen.

Es ist eine Zeit, in der man sich des rhetorischen Rüstzeugs zu
entledigen sucht und dazu neigt, die sprachliche Kunst zugunsten
philosophischer Werte oder naturhafter Dinge auszublenden. Symbolisch kann das Ding ›für sich‹ sprechen, denn anders als die Me-

tapher, die Allegorie oder die Analogie ermöglicht das Symbol die
suggestive Vermittlung von Bedeutung, ohne dem Bezeichnenden
seine unmittelbare Identität zu nehmen. Allerdings bleibt beim literarischen Symbol der Übergang zu den Tropen immer fließend,
denn hier ist das Symbol nicht das Ding selbst, sondern eine sprach-
lich-textuelle Bezeichnung für das Ding, die auf eine abstraktere
Vorstellung verweist.

Im Kontext der Romantik avancierte das Symbol zu einem Mittel, mit dem sich unendliche, rational nicht fassbare Dimensionen
evozieren ließen; entsprechend konnte die »blaue Blume«, die den
Titelhelden in Novalis' *Heinrich von Ofterdingen* mit Sehnsucht erfüllt (195), zu einem so einfachen wie bedeutungsträchtigen Symbol
für die deutsche Romantik werden. Anders als die Allegorie birgt
das Symbol die Möglichkeit, geistig anspruchsvolle Aussagen ›unbe-
wusst‹ und mit unbegrenzter Aussagekraft zu vermitteln.

Wenn prinzipiell jedes Ding symbolische Bedeutung annehmen
kann, so ergibt sich daraus für eine realistisch ausgerichtete Poetik
die Möglichkeit, die empirische Welt so zu konfigurieren, dass der
Leser im Detail bedeutungsvolle Zusammenhänge erkennt. Entsprechend erschließt sich in Fontanes Roman *Irrungen, Wirrungen* all-
mählich eine symbolische Bedeutung der anfänglich entworfenen
Konstellation geographischer Gegebenheiten. Dargestellt ist eine
bis 1887 nachweisbare, »feldeinwärts sich erstreckende Gärtnerei«
»an dem Schnittpunkte von Kurfürstendamm und Kurfürstenstraße,
schräg gegenüber dem ›Zoologischen‹« (*Irrungen, Wirrungen*, 319;
vgl. auch ebd., 925f.); zusammengeführt werden damit Natur und
Kultur sowie verschiedene gesellschaftliche Schichten (vgl. Hertling
1985). Im Verlauf der Handlung erweisen die unverrückbaren Ko-
ordinaten der bekannten physischen Umwelt auf ›natürliche‹ Weise
die Macht jener Konventionen, die das individuelle Gesellschafts-
mitglied auf seinen ihm angestammten Platz in der Konstellation
verweisen: »»Die Sitte gilt und muß gelten«« (Fontane an Friedrich
Stephany, 16.7.1887; ebd., 914).

Konventionelle Bedeutungen sind jedoch nur solange stabil, wie
sie von der Gemeinschaft konsensuell festgelegt und vom Individuum erkannt und anerkannt werden. Ein für die Moderne charak-
teristischer Prozess der Destabilisierung lässt sich am Anfang von
Franz Kafkas 1912/13 verfasstem Amerika-Roman *Der Verschollene*
ausmachen. Wenn er den Leser vom Schiff aus die Freiheitsstatue
erblicken lässt, so verweist er auf jenes Erlebnis, das zeitgenössi-
sche Amerika-Reisende angesichts dieses Symbols der Neuen Welt
beschrieben (vgl. Holitscher: *Amerika*, 11 u. 39; Binder 1976, 11
u. 39, 85f.).

Die 1886 von Frankreich gestiftete allegorische Figur mit ihrer
leuchtenden Fackel, den gesprengten Fesseln, der siebenzackigen
Krone (für die sieben Meere) und der Benennung »Liberty Enlight-
ening the World« signalisiert die universale Herrschaft der Autono-
mie, der Aufklärung und der brüderlichen Gleichheit und gilt noch
heute als »universal symbol of freedom and democracy« (National
Park Service: *Statue of Liberty*). Der aus der alten Welt verbannte,
gesellschaftlich isolierte Protagonist Karl Rossmann sieht jedoch in
diesem Symbol am Tor zur Neuen Welt etwas anderes:

Als der siebzehnjährige Karl Roßmann [...] in dem schon langsam gewordenen Schiff in den Hafen von Newyork einfuhr, erblickte er die schon
längst beobachtete Statue der Freiheitsgöttin wie in einem plötzlich stärker
gewordenen Sonnenlicht. Ihr Arm mit dem Schwert ragte wie neuerdings
empor und um ihre Gestalt wehten die freien Lüfte.

(Kafka: *Der Verschollene*, 7)

Ohne die Hilfe eines verlässlichen Erzählers und ohne die feste
Struktur einer in sich geschlossenen Handlung ist der Leser bei seiner Interpretation der Diskrepanz zwischen empirischer Wirklichkeit (Fackel) und individueller Perspektive (Richtschwert) auf sich
gestellt: Verstehen lässt sich die Differenz psychologisch als Ausdruck
von Karls subjektivem Gefühl der Bedrohung, philosophisch als Infragestellung der Zuversicht in die Aufklärung und/oder narrativ
als Ankündigung eines potenziellen, nie geschriebenen Schlusses –

wobei man die Aussage des Autors einbeziehen müsste, der Roman
sei »allerdings ins Endlose angelegt« (an Felice Bauer, 11.11.1912,
in Kafka: *Briefe*, 225). Indem Kafka das empirisch fundierte Symbol nur durch die Perspektive Karls zeigt, konfrontiert er den Leser
mit der Relativierung der sinnlich erfahrbaren Welt und mit der
Destabilisierung ihrer konventionellen Bedeutungen und stimuliert
zugleich eine individuelle Interpretation des ›erneuerten‹ Symbols.

Die Freiheitsstatue mag hier für die endlos wandelbare Beziehung
zwischen Zeichenträger und Bedeutung stehen. Denn nicht nur Karl
Rossmann veränderte die Statue und verlieh ihr eine neue Bedeutung. Die Anregung zur Interpretation war schon zum Zeitpunkt
ihrer Schöpfung angelegt, als man die allegorische Personifikation
der Freiheit mit einer Vielzahl von bedeutungsträchtigen Requisiten
versah. So verstand man sie besonders aus französischer Perspektive
als Verkörperung der Metaphern ›Aufklärung‹ (Fackel) und ›Befreiung‹ sowie ›Fortschritt‹ (gesprengte Fesseln); bald sah man darin
besonders in Amerika auch ›Der Staat ist eine Person‹ (Amerika als
wohlwollende Frau, die Immigranten willkommen heißt). Die Krone stand metonymisch für die Herrschaft der Freiheit über die Welt,
zunehmend jedoch für die Herrschaft Amerikas über die alte Welt.

Die Freiheitsstatue hat auch in neuerer Zeit ihre symbolische
Kraft nicht verloren. Im Science-Fiction-Film *Planet of the Apes*
(1968) wurde sie – von Sand fast verdeckt – zum Symbol der un-
tergegangenen menschlichen Zivilisation; und in *Ghostbusters II*
(1989) trägt sie als lebendige Verkörperung des Guten den Sieg
über das Böse davon. Je zentraler das Symbol für eine Kultur ist,
desto kreativer wird es rezipiert, da sich über Differenzen zur bekannten Bedeutung neue Werte und Interessen besonders wirksam
kommunizieren lassen. Nicht zuletzt vermag das Symbol eine unmittelbare emotionale Reaktion hervorzurufen – so animiert die
Freiheitsstatue in der Reisewerbung zum Flug nach Amerika, denn
im grauen Alltagstrott weckt ihre Geste der Freiheit die Sehnsucht
nach der weiten Welt.

Verfolgen lässt sich an diesem Bedeutungsträger einmal wieder das
produktive Zusammenspiel jener Phänomene, die hier diskutiert
wurden. Sie sind nicht auf die Kognition beschränkt, sondern reichen in die Wirklichkeit hinein; und die Dinge der Wirklichkeit
geben immer wieder Anlass zur sinnstiftenden Bedeutungsfindung.
Dieser Prozess bewegt sich zwischen Konvention und Innovation,
zwischen gesellschaftlich vorgegebener Bedeutung und individueller
Erfindung von Bedeutung, zwischen Metapher, Metonymie, Allegorie, Symbol – ohne begriffliche Grenzen zu respektieren.

5. Theoretische Ansätze

Das Phänomen, das Aristoteles mit dem Begriff *metaphora* (Übertragung) bezeichnet, bewegt sich zwischen Sprache und Denken. Wenn auch in der aristotelischen Metapherntheorie der sprachliche Aspekt insofern Priorität hat, als die Metapher im Kontext der sprachlichen Ausarbeitung behandelt wird, so dient andererseits der gedankliche Aspekt (das ›Erkennen von Ähnlichkeiten‹) dazu, die Metapher von allen anderen Aspekten sprachlicher Technik zu unterscheiden. Während in seiner *Rhetorik* die konventionelle Metapher einbezogen ist, steht in der *Poetik* die kreative, innovative Metapher im Vordergrund. Damit ist einerseits die Sprache der Gemeinschaft in den Prozess einbezogen und andererseits das Denken des mit einzigartiger ›Begabung‹ versehenen Individuums.

Dieses große Spektrum in der ›Grundlegung‹ der Metapherntheorie gilt es bei der Betrachtung gegenwärtiger Theorien im Blick zu behalten, denn es erklärt die Vielfalt der Ansätze und Ergebnisse und den mangelnden Konsens bezüglich der Definition der Metapher (vgl. dazu z.B. Anaki/Faust u.a. 1998, 693).

Wie auf allen Gebieten der Wissenschaft hat die Spezialisierung dazu geführt, dass für jedes Teilgebiet separate Theorien entwickelt worden sind und die Profilierung der jeweiligen Theorie die ›Grenzziehung‹ gefördert hat. Die Vielfalt zeigt sich in dem verdienstvollen Überblick von Rolf, der es unternimmt, Metapherntheorien »in vollem Umfang« darzustellen, und zu dem Schluss kommt, es gebe 25 separate Theorien (2005, 1 und 5), wobei allerdings jede davon wiederum durchaus unterschiedliche Ansätze umfasst und nicht zuletzt die Zuordnung kontrovers ist (vgl. Lacans psychoanalytisch fundierte Metapherntheorie, die Haverkamp als »Version der Interaktionstheorie« auffasst, 1998b, 24, Rolf dagegen der »Substitutionstheorie« zuordnet, 2005, 106–126). Dabei manifestiert sich schon allein im Projekt einer systematischen Ausdifferenzierung und Klassifikation ein rationalistischer Ansatz. Dieser geht auch aus seiner Feststellung hervor, »daß die semantischen Theorien Substantielleres über die Metapher zu sagen haben als die pragmatischen« (ebd., 8), und wird bestätigt, wenn Rolf sein Buch mit dem »unvergeßlichen Erlebnis« der Lektüre von Hans Blumenbergs philosophisch fundierten *Paradigmen zu einer Metaphorologie* ausklingen lässt (ebd., 297).

Die fortlaufende Ausdifferenzierung in der philosophisch orientierten Theorie der Metapher entspricht einer Tendenz, die Johann Georg Sulzer im 18. Jahrhundert bezüglich der praktisch orientierten rhetorischen Figurenlehre bemängelte:

Uebrigens ist zu wünschen, daß die mühesame und schweerfällige Aufzählung und Erklärung so sehr vieler Arten der Figuren, aus den für die Jugend geschriebenen Rhetoriken einmal wieder verbannt werden möchte. Diese Materie dienet zur Beredsamkeit gerade so viel, als eine scholastische Nomenclatur der Ontologie zur Erweiterung der Philosophie dienet. (Sulzer 1771–1774, Bd. 1, 385)

Sulzer fokussiert die Funktionen der Figuren und lässt ein Spektrum gelten, das vom sprachlichen Ausdruck bis zur gedanklichen Erkenntnis reicht, wenn er bemerkt, die Figuren seien »entweder zur Lebhaftigkeit des Mechanischen im Ausdruk, oder zur Verschönerung der Vorstellung selbst, oder zum anschauenden Erkenntnis der Sache, nothwendig« (ebd.). Dass eine solche Funktionsvielfalt allein schon die Metapher kennzeichnet, zeigte sich besonders im Laufe des 20. Jahrhunderts, als sie wieder – wie schon bei Aristoteles – ins Zentrum der Figurentheorie rückte.

Diese unterschiedlichen – oft komplementären – Funktionen lassen sich sinnvoll nur im jeweiligen Kontext erkunden. Bezieht man jedoch die Vielfalt der Kontexte in die Erforschung des ›Wesens‹ der Metapher ein, so sprengt dies die ›Grenzen‹ philosophischer Fragestellungen und es wird notwendig, mit einem Modell zu arbeiten, das ›Übergänge‹ zwischen kognitiven Prozessen und pragmatischem Einsatz vorsieht. Wenn im Folgenden abschließend ein ›ganzheitlicher Ansatz‹ umrissen wird, der verschiedene Theorien zueinander in Beziehung setzt, so wird nicht beansprucht, dass sich daraus eine ›neue‹ oder in philosophischem Sinne ›wahre‹ Theorie herleitet. Ziel ist weniger die Bestimmung des ›Wesens‹ der Metapher als der Entwurf eines Modells, das die prozessuale Wirkungsweise der Sprache berücksichtigt und die Vielfalt theoretischer Ansätze für ein Verständnis metaphorischer Prozesse sowie den Umgang mit der Metapher fruchtbar macht. Wenn Rhetorik und kognitive Metapherntheorie im Vordergrund stehen und Saussure als Bezugspunkt hinzugezogen wird, so deshalb, weil sich daraus ein Modell ergibt, das dem Ziel gerecht wird, den prozessualen Charakter der Metapher zu verdeutlichen und ihre Leistung im Zusammenspiel von Denken und Sprache zu erklären.

5.1   Grundlegung: Aristoteles

Aristoteles (384–322 v. Chr.) entwirft eine knappe, aber tiefgründige Theorie von der Metapher – »Nothing in Latin rhetoric matches Aristotle's discussion of metaphor, either in range or in perception« (Vickers 1997, 320). Dargelegt wird sie einerseits in der *Poetik* (Kap. 21f.), die eine spezifisch philosophische Lösung des in Platons *Politeia* aufgeworfenen Problems der Legitimität von Dichtung darstellt (vgl. Halliwell 1998, 19–27, 115–128 u. 331–336), und andererseits in der *Rhetorik* (III, Kap. 2–4 u. 10f.); diese konzentriert sich auf die Prosarede und bietet eine philosophisch orientierte, gegen die relativistischen Sophisten gerichtete Theorie von der Beredsamkeit. Fruchtbar ist Aristoteles' Metapherntheorie vor allem deshalb, weil er die Metapher als Teil des sprachlichen Ausdrucks behandelt und zugleich aufgrund ihres kognitiven Aspekts hochschätzt und weil er sowohl ihre erkenntnisfördernde Funktion als auch ihre veranschaulichende Wirkung hervorhebt.

Er legt den Grund für die Behandlung der Metapher im Zusammenhang der »sprachlichen Formulierung« (*R*, III, 1, 2; 166); entsprechend wird sie auch in der Folgezeit in jenem Teil rhetorischer Lehrwerke besprochen, der sich der *elocutio* widmet. Bei der artikulierten Sprache geht es für ihn um den »Eindruck, den die Rede bewirkt« (ebd.), und somit wie insgesamt in der Rhetorik nicht um Wahrheit, sondern nur um Wirkung – den »Schein« (*R*, III, 1, 5; 167). Seinen philosophisch orientierten Vorgaben zufolge ergibt sich daraus zwangsläufig die Minderwertigkeit der Sprache:

> Es macht nämlich einen Unterschied für das Verständnis, ob man so oder so spricht, wenn auch nicht allzu viel; vielmehr ist all dies Produkt der Einbildungskraft und zielt auf den Hörer, weshalb niemand auf diese Weise die Geometrie lehrt. (Aristoteles: *R*, III, 1, 6; 167)

Die Geometrie steht hier für jene Wissenschaften, die nicht von den Mitteln der Sprache abhängig sind und die aus diesem Grunde den sprachlich orientierten Wissenschaften überlegen sind.

Aristoteles' Metapherntheorie ist eingebettet in eine Theorie von der Sprache, die den einfachen, universalen, stabilen Vorstellungen absolute Priorität und Stabilität gibt, da sie den universalen Dingen entsprechen. Wie er in *de interpretatione* ausführt, ist die Sprache dagegen durch Instabilität gekennzeichnet, da sie nur in Form von unterschiedlichen natürlichen Sprachen existiert und diese die Vorstellungen mit jeweils anderen Lauten und Schriftzeichen bezeichnen (1; 16a; Aristoteles 2002, 3). Seine Stillehre bezüglich der Prosarede ist dezidiert sachbezogen; Ziel ist, den »Sachverhalt klar [darzulegen]«< (vgl. auch zum Folgenden *R*, III, 2; 169f.). So hat der sprachliche Ausdruck »deutlich« und »angemessen« zu sein, was bedeutet, »weder *niedrig* noch *über die Maßen erhaben*«; die Wirkung soll »natürlich« sein und den Eindruck des künstlich ›Verfertigten‹ meiden. Einzig in der »poetischen« Rede kann eine »nicht niedrige« Ausdrucksweise angemessen sein (vgl. auch *P*, 22; 71). Legitimiert sind somit in der Dichtung sprachliche Mittel, die dem philosophischen Primat der Deutlichkeit und stilistischen Neutralität zuwiderlaufen.

Vorausgesetzt ist ferner, dass jedes Ding prinzipiell durch ein allgemein gebräuchliches »eigentliches Wort« – in der römischen Rhetorik *verbum proprium* – bezeichnet wird (*R*, III, 2, 6; 170). Dies hat weitreichende Folgen für die Metapherntheorie, denn es ermöglicht die Konzeption von einer stabilen Verknüpfung des Wortes mit der bezeichneten Vorstellung und dem entsprechenden Ding. Gegeben ist damit der Rahmen für die Vorstellung von einer ›Substitution‹, derzufolge die Metapher ›an der Stelle‹ des ›eigentlichen Wortes‹ steht (s.o., S. 25f. u. 41). Für den praktischen Umgang mit der Metapher ist diese Vorstellung aufgrund ihrer Einfachheit nützlich; als Grundlegung für den philosophischen Umgang mit der Metapher ist sie dagegen problematisch, und erst mit Saussures Sprachtheorie wurde dieser Verbindung überzeugend der theoretische Boden entzogen – ohne dass allerdings damit das Thema ad acta gelegt war.

Aristoteles lehnt den Gebrauch ungewöhnlicher Wörter in der Prosarede ab; einzig die (Vergleich, Metonymie, Hyperbel u.ä. umfassende) Metapher lässt er neben dem »eigentlichen Wort« gelten. Grund ist, dass alle Menschen sie verwenden (*R*, III, 2, 6; 170). Seine Metapherntheorie setzt somit das voraus, was erst mit Lakoff und Johnsons *Metaphors We Live By* (1980) ins Zentrum der modernen Metapherntheorie rückte – die Ubiquität der Metapher in der Alltagssprache. Wenn Aristoteles allerdings in der *Poetik* hervorhebt, das Bilden von »guten Metaphern« sei ein Zeichen von besonderer »Begabung« und der Fähigkeit »Ähnlichkeiten zu erkennen« (*P*, 22; 75–77), so wird damit die besonders kreative, ungewöhnliche, innovative Metapher in den Vordergrund gerückt, die im Kontext der Dichtung Bewunderung erregt.

Wenn Aristoteles auch einräumt, dass die Metapher manchmal die einzig verfügbare Benennung darstellt (vgl. *R*, III, 2, 12; 172), so versteht er sie doch grundsätzlich als Abweichung von der Norm. Gekennzeichnet ist sie durch ›Fremdartigkeit‹, ihre ›Entlegenheit‹ erzeugt ›Bewunderung‹, sie tendiert zum ›Erhabenen‹ und verleiht der Rede ›Schmuck‹ (*R*, III, 2, 2f.; 169). Wenn man nur Metaphern

verwenden würde, ergäbe sich ein »Rätsel« (*P*, 22; 71–73) – ein
Ansatz, der sich auf die ›hermetische‹ Lyrik anwenden lässt, ohne
den höchst problematischen Begriff einer ›absoluten Metapher‹ zu
bemühen: Der Begriff des ›Rätsels‹ setzt erkenntnisfördernde Kommunikation voraus (vgl. *R*, III, 11, 6), der Begriff der ›absoluten
Metapher‹ dagegen Verweigerung der Kommunikation.

Die Metapher hat bei Aristoteles aufgrund ihres kognitiven Aspekts einen relativ hohen Stellenwert, da er sie zur Analogie in
Verbindung setzt und diese philosophisch höher bewertet als die
spätere rationalistische Tradition es tut (vgl. *P*, 21; 67; *R*, III, 11, 5;
194f.). Die Fähigkeit des philosophisch wertvollen Erkennens von
›Ähnlichkeiten‹ macht auch die besondere natürliche Begabung jener
Dichter aus, die gute Metaphern zu bilden wissen:

> Es ist wichtig, daß man alle die genannten Arten [des unüblichen Aus-
> drucks] passend verwendet [...]; es ist aber bei weitem das Wichtigste, daß
> man Metaphern zu finden weiß. Denn dies ist das Einzige, das man nicht
> von einem anderen erlernen kann, und ein Zeichen von Begabung. Denn
> gute Metaphern zu bilden bedeutet, daß man Ähnlichkeiten zu erkennen
> vermag. (Aristoteles: *P*, 22; 75–77)

Angelegt ist hier eine auf die Metapher fokussierte Poetik der aus
dem individuellen *ingenium* entstehenden Originalität, die über das
technisch Erlernbare hinausführt. In Bezug auf die Rezeption der
Metapher steht das »vor Augen [...] führen« (*R*, III, 11, 1–5) im
Vordergrund. In diesem Zusammenhang zitiert Aristoteles ausführlich aus den homerischen Epen, um zu zeigen, wie die Metapher
das »Unbeseelte« zum »Beseelten« macht und dem Abstrakten lebendige Bewegung verleiht.

Indem Aristoteles die Metapher einerseits mit der Wirkung der
Sprache – auch der Alltagssprache – in Verbindung bringt und andererseits mit der philosophischen Analogie, schafft er eine breite, offene Grundlage für ein Verständnis der vielfältigen kognitiven
und sprachlichen Aspekte der Metapher. Wenn in der Folgezeit zumeist nur Teilaspekte seiner Theorie weiterentwickelt wurden, so
erklärt sich dies aus den jeweiligen Interessen der unterschiedlichen
Disziplinen. Während in der römischen Rhetorik die sprachliche
Wirkung der Metapher im Vordergrund stand und ihr erkenntnis-
förderndes Potenzial daher wenig Interesse beanspruchte, galt insbesondere in der idealistischen Philosophie die Ausgrenzung der
öffentlich wirksamen Sprache aus dem Reich der Ideen als axiomatisch, und auch der niedrige Status der Analogie wirkte einer produktiven Rezeption der aristotelischen Metapherntheorie entgegen.
Erst mit der Sprachphilosophie des 20. Jahrhunderts konnte die

aristotelische Metapherntheorie in ihrem ganzen Umfang produktiv werden – wobei nun jedoch die Spezialisierungen einer umfassenden Rezeption tendenziell im Wege standen.

5.2   Wirkung durch Sprache: Cicero, Quintilian, Longin

Die aristotelische Metapherntheorie entsteht aus einer Spannung heraus: Dargelegt ist sie im Rahmen von Anweisungen zur Verwendung von Sprache, die Perspektive ist jedoch die eines Philosophen, der die Sprache dem Denken unterordnet. Diese Spannung ist in der Metapherntheorie von Cicero und Quintilian nicht gegeben. Ciceros rhetorisches Hauptwerk *De oratore* (55 v. Chr.) liefert eine Grundlegung der praxisorientierten Wissenschaft von der Beredsamkeit; sie entstammt der Feder eines Konsuls, der sich als berühmtester Redner Roms profiliert hatte. Quintilians *Institutio oratoria* (um 88–100 n. Chr.) bietet aus der Perspektive des Rhetoriklehrers eine umfassende Darstellung rhetorisch orientierter Bildung; Vorbild ist ihm die Praxis und Theorie Ciceros. Über den griechischen Verfasser der vermutlich im 1. Jahrhundert n. Chr. entstandenen Schrift *Vom Erhabenen* ist nichts bekannt. Auch wenn eingangs die philosophischen Werte »Wohltun und Wahrheit« zum Maßstab erklärt werden, so ist die Schrift doch praktisch orientiert; der Adressat ist offenbar ein Mann der Politik (Longin, 1, 2; 5). Im Zentrum der in diesen Schriften dargelegten Metapherntheorien steht die Wirkung der Metapher auf Phantasie und Emotionen. Wiewohl Quintilians Ausführungen zur Metapher einflussreicher waren, so ist doch für die grundlegenden Fragen die ciceronische Schrift bedeutender; sie steht daher hier im Vordergrund.

Cicero ist nicht zuletzt deshalb für die Metapherntheorie wichtig, weil er die Grenzziehung zwischen Disziplinen ablehnt und die Rhetorik als universale Theorie der Sprachkunst versteht:

Denn ob von der Natur des Himmels oder der der Erde die Rede ist, von Götter- oder Menschenwesen, von niedrigerem, gleichem oder höherem Gesichtspunkt aus, zum Ansporn oder zur Belehrung, um abzuschrecken, anzutreiben oder abzulenken, um anzufeuern oder zu besänftigen, vor wenigen oder vielen, bei Fremden oder Angehörigen oder im Selbstgespräch, der Fluß der Rede unterscheidet sich nach seinen Armen, nicht nach seinen Quellen; wohin er sich auch wendet, es begleitet ihn dasselbe Rüstzeug und derselbe Schmuck. (Cicero, III, 3, 23; 461)

Als Alternative zur späteren idealistischen Konzeption von disziplinären ›Feldern‹, die durch eine spezifische Sprache gekennzeichnet
sind (s.u., S. 140), stellt Cicero die heraklitische Metapher vom
›Fluss‹ zur Verfügung. Die Fachsprachen sind die ›Arme‹, die mit
der ›Quelle‹ der Alltagssprache in Verbindung bleiben. Bezüglich der
Metapher lässt sich dann voraussetzen, dass die für die Alltagssprache charakteristischen Typen und Prozesse auch in den Fachsprachen
zu finden sind – eine Hypothese, die in einschlägigen Untersuchungen ihre Bestätigung findet (vgl. Drewer 2003, Jäkel 2003). Überwunden ist damit die Gegnerschaft von Philosophie und Rhetorik
in einer umfassenden Interdependenz (vgl. III, 16, 60; 483 u. III,
35, 142f.; 535f.) – allerdings durchaus agonistisch im Zeichen der
Rhetorik, wenn Cicero Platon deswegen preist, weil dieser sich »mit
seinem Spott über die Redner selbst als ein Meister der Beredsamkeit erwies« (I, 11, 47; 69).

Ciceros Prinzip der Universalität der Rhetorik geht Hand in
Hand mit einer hohen Bewertung der Sprache und einer prozessualen Sprachtheorie. Hinsichtlich der Beziehung zwischen Gedanke
und Ausdruck setzt er einen kontinuierlichen Prozess voraus, der
von der gedanklichen ›Erfindung‹ über die sprachliche Gestaltung
bis hin zur Vermittlung durch Stimme und Körper reicht und die
Imagination des Rezipienten stimuliert. Der Prozess involviert den
ganzen Menschen und geschieht in, mit und unter Bezug auf die
öffentliche Gemeinschaft. Programmatisch kritisiert Cicero die von
Sokrates (bzw. Platon) vollzogene Trennung der »Wissenschaft des
philosophischen Erkennens von der des wirkungsvollen Ausdrucks«,
indem er metonymisch die relevanten Körperteile fokussiert: Es ist
eine »Trennung gleichsam zwischen Zunge und Gehirn« (III, 16,
60f; 483). Und die Tendenz wissenschaftlicher Grenzziehung geißelt
er als Inkompetenz jener, die das, »was sie als Ganzes nicht erfassen
können, zerreißen und zerpflücken«: »wie den Körper von der Seele trennen sie den Ausdruck vom Gedanken, was in beiden Fällen
nicht ohne dessen Untergang geschehen kann« (III, 6, 24; 461).
Cicero nutzt die Kraft der Tropen, um die Ganzheit von Denken
und Sprache zu veranschaulichen.

Ciceros Ausführungen erweisen das bedeutende Potenzial der
Rhetorik für die Metapherntheorie: Dies liegt nicht in den detaillierten Klassifikationen, die in der Folgezeit im Rahmen der *elocutio*
entwickelt wurden, sondern im sprachtheoretischen Ansatz. Er hebt
die veranschaulichende Wirkung von Metaphern hervor, besonders
dann, wenn sie »an den Gesichtssinn appellieren«: »sie stellen uns
im Geiste fast vor Augen, was wir nicht sehen und betrachten können« (III, 40, 160f.; 547). Diese Vorstellung von einer sprachlich

erzeugten Reziprozität von ›innen‹ und ›außen‹, von ›geistigem‹ und ›leiblichem‹ Auge, ›geistigem‹ und ›physischem‹ Bild wirkt auch jenseits der Sprache in der Kunst produktiv (s.u., S. 153f.). Und der Metapher öffnet er alle Bereiche des Lebens, wenn er erklärt, dass es »nichts auf der Welt [gibt], dessen Bezeichnung, dessen Namen wir nicht in anderem Zusammenhang gebrauchen können« (III, 40, 161; 547).

Quintilians Metapherntheorie steht im Kontext einer systematischen Behandlung der Redefiguren und lieferte die wohl bedeutendste Grundlage für spätere Rhetoriken und Poetiken. Entsprechend der rhetorischen Zielsetzung hebt er die affektivische Wirkung der Metapher hervor, die mit den Figuren der Veranschaulichung (*evidentia, subiectio sub oculos*) in Verbindung steht: »Die Metapher ist größtenteils dazu erfunden, auf das Gefühl zu wirken und die Dinge deutlich zu bezeichnen und vor Augen zu stellen« (VIII, 6, 19; Bd. 2, 225). Als besonders einflussreich erwies sich seine Klassifikation aufgrund der ›Übertragung‹ zwischen dem ›Belebten‹ und dem ›Unbelebten‹ (s.o., S. 33). Sie ist jedoch insofern wenig hilfreich, als die schon von Aristoteles hervorgehobene ›Belebung‹ des ›Unbelebten‹ die häufigste und wirksamste sein dürfte. Entsprechend schreibt Quintilian selber solchen Metaphern ›Kühnheit‹ und »wunderbare Erhabenheit« zu, die »gefühllosen Dingen ein Handeln und Leben verleihen« (VIII, 6, 10f.; 2: 221–223). Insgesamt liegt die Bedeutung seines Werkes für die Metapherntheorie vor allem in der Systematisierung der Tropen und der Fülle von Beispielen, durch die auch deren Zusammenwirken verdeutlicht wird. Zudem bestätigt er das schon von Aristoteles geltend gemachte Prinzip der Angemessenheit (*aptum, decorum*), womit die Bedeutung des Kontexts und Redezwecks zum Hauptmaßstab für den Einsatz der Metapher wird.

In der pseudo-longinischen Schrift *Vom Erhabenen* geht es um den bewegendsten Stil und die daraus sich ergebende Wirkung des ›Erhabenen‹. Die Bedeutung Longins für die Theorie und Praxis der Metapher liegt entsprechend in seiner Bestimmung ihres affektivischen Potenzials. Einerseits lehnt er künstlich wirkenden ›Schwulst‹ ab (3, 1–4; 9–11); gesucht wird wie schon bei Aristoteles der – wenn auch kunstvoll erzeugte – natürliche Effekt (vgl. Fuhrmann 1973, 157). Zugleich dient jedoch das Prinzip kontextgemäßer Natürlichkeit als Grund für die Ablehnung einer von anderen Theoretikern geltend gemachten Beschränkung der Anzahl von Metaphern oder ihrer Abmilderung durch Partikel wie ›gleichsam‹ oder ›sozusagen‹ (32, 1–3; 77). Im Zentrum steht die Frage, wie die Metapher in ihrer ›kühnsten‹ Form und auch in »enger Folge« erfolgreich eingesetzt werden kann, um den Rezipienten ›mitzureißen‹:

Metaphern [sind] dazu geschaffen, in ihrem stürmischen Schwung alles übrige fortzureißen und vor sich herzustoßen oder vielmehr starke Bilder sogar als unerläßlich zu fordern; auch lassen sie dem Hörer keine Zeit, ihre Zahl zu prüfen, weil er die tiefe Erregung des Sprechers teilt. (Longin, 32, 4; 77)

Indem die intensivste Form von Kommunikation mit der Erzeugung »starker Bilder« ineins gesetzt wird, ist die Zusammenwirkung emotional aufgeladener Sprache und ›bildlich‹ angeregter Vorstellungskraft bezeichnet. Wenn Longin konstatiert, dass bei solch affektivischer Rede die kritisch-rationalen Fähigkeiten des Hörers außer Kraft gesetzt sind, so geht er davon aus, dass die Metaphern ›direkt‹ auf die Vorstellungskraft wirken. Evoziert ist damit die Macht der ›lebendigen‹ metaphorischen Rede – eine Macht, die nur unter Berücksichtigung der Rede als Prozess deutlich wird.

Die hier besprochenen rhetorisch orientierten Schriften konzentrieren sich auf die sprachliche Wirkung der Metapher. Einigkeit besteht über die Ubiquität der Metapher und ihre Wirkung auf die Vorstellungskraft. Der für Aristoteles zentrale Bezug zur Analogie spielt keine Rolle – die veranschaulichende, emotionale Wirkung der Metapher dafür um so mehr.

5.3 Das weite Feld nachantiker Metapherntheorie

Angesichts der Spannung zwischen philosophisch und rhetorisch orientierten Sprachtheorien und der Komplexität schon der antiken Metapherntheorie ist es kaum erstaunlich, wenn sich seit dem Mittelalter eine breite Vielfalt theoretischer Ansätze zur Metapher herausgebildet hat. Einen Einblick gibt Rolf (2005), der allerdings abgesehen von den Theorien der Antike fast ausschließlich jene des 20. Jahrhunderts berücksichtigt (vgl. auch die wichtige Bibliographie von Shibles 1971). Für das 20. Jahrhundert liefern Kompendien zur Metapherntheorie wie die verdienstvollen Sammlungen von Anselm Haverkamp (1996 und 1998a) und Andrew Ortony (1993a) sowie die poetologisch orientierte Anthologie von Klaus Müller-Richter und Arturo Larcati (1998) einen hilfreichen Zugang zum enorm weiten Spektrum der theoretischen Positionen.

Dass der Wettstreit zwischen philosophischen und rhetorischen Ansätzen auch um die Jahrtausendwende seine Brisanz keineswegs eingebüßt hat, zeigt Haverkamps Zusammenstellung von sprachanalytisch und poststrukturalistisch orientierten Ansätzen in *Die para-*

doxe Metapher (1998a). Er konstatiert einerseits das »Wiederauftauchen der Rhetorik nach dem Schiffbruch, den sie im Jahrhundert zuvor erlitten hatte«, andererseits subsumiert er die Rhetorik unter die philosophisch geprägte Ästhetik, wenn er die Restriktivität »bloßer rhetorischer Praxis« voraussetzt (Haverkamp 1998b, 7) und die Rhetorik in ein Polaritätsverhältnis zur Ästhetik bringt: »Rhetorik oder Ästhetik« (ebd., 20). Schon seine Privilegierung der ›reinen‹ Theorie verdeutlicht die vorausgesetzten Wertverhältnisse. Dass jedoch selbst im theoretisch orientierten Dialog dieser Leitdiskurse ein anhaltendes Spannungsmoment gegeben ist, zeigt Haverkamps Rückblick und Ausblick zu den Begriffen der Ästhetik: »Wieviel sie an eigenen, mehr als rhetorischen Termini entwickeln sollte, steht dahin, seit es Ästhetik gibt« (ebd., 25). Bezieht man die Praxis der Metapher mit ein, so verstärkt sich die Spannung.

Angesichts der geradezu explosionsartigen Vermehrung von theoretischen Beiträgen seit den 1980er Jahren ist eine weiter zurückreichende Tradition der nachantiken Reflexion über die Metapher und angrenzende Phänomene kaum sichtbar; allenfalls reicht die Darstellung der Tradition bis in die 1930er Jahre zu I.A. Richards zurück (vgl. den frühesten Aufsatz in Haverkamps Anthologie *Theorie der Metapher*, 1996) oder vielleicht noch bis zu Nietzsche (vgl. Müller-Richter/Larcati 1998). Wenn auch punktuell einige Abstecher in frühere Zeiten unternommen werden – so Untersuchungen zur Bedeutung von Metapher und Metonymie bei Leibniz (Campe 1998), zur Theorie der Metapher bei Rousseau (Rolf 2005, 263–271) oder zu Schema und Analogie bei Kant (Johnson 1987, 152–166; Jäkel 2003, 116–119) – so entsteht doch tendenziell der Eindruck, dass zwischen der Antike und dem 20. Jahrhundert kaum über die Metapher reflektiert wurde – und wenn, dann allenfalls in der Philosophie. Es ist jedoch anzunehmen, dass die Literatur zur Metapher zwischen Mittelalter und 19. Jahrhundert weit umfangreicher, variationsreicher und interessanter ist, als es gegenwärtig scheint.

Dass im Mittelalter erhebliches Interesse an der Metapher bestand, zeigt der Einfluss des Werkes *De schematibus et tropis sacrae scripturae* von Beda Venerabilis (672–737), in dem die rhetorische Figurenlehre auf die Bibel angewandt wird (vgl. Curtius 1993, 56f.). Die Frühe Neuzeit war eine Blütezeit der Metapher, wie schon allein das Werk Petrarcas oder Shakespeares zeigt; dass Lehrwerke eine Fülle von Äußerungen zur Metapher bieten, legt bereits die Anzahl von etwa 100 Barockpoetiken allein in deutscher Sprache nahe (vgl. Niefanger: *Barock*, 65). Zwar ist es ein Gemeinplatz der Forschung, dass solche Werke nur Gemeinplätze aus der rhetorischen Tradition wiederholen; in subtilen Abwandlungen der Schwerpunkte geben

sich jedoch häufig interessante Umwertungen zu erkennen. Auch
in späteren enzyklopädischen Werken findet sich Bedeutendes zur
Metapher. Dies zeigt Sulzers *Allgemeine Theorie der schönen Künste*
(1771–1774): Sein Artikel zur Metapher steht mit der Fokussierung
ihrer »ästhetischen« Wirkung auf der Höhe seiner Zeit (ebd., Bd. 2,
761–763); zugleich spekuliert er, die Metapher könne an Stelle der
»Induktion« für die Beweisführung nützlich sein, womit ein spezifisch kognitiver Aspekt angesprochen ist (ebd., 763).

Eine Studie zu metaphorologischen Ansätzen in der Frühen Neuzeit müsste allerdings nicht nur Werke der theoretischen Anweisung
und Abhandlung berücksichtigen, sondern auch die Praxis – was die
grundsätzliche Frage aufwirft, ob eine rein auf abstrakte theoretische Werke konzentrierte Untersuchung einen adäquaten Eindruck
von der Geschichte der Konzeptualisierung der Metapher bieten
kann. Denn ein rhetorisch orientierter Ansatz wird sich tendenziell
auf die Praxis sprachlicher Wirkung konzentrieren. Dies sei an nur
einem Beispiel erläutert – der bereits oben (Kap. 4.5) erwähnten
Frucht- und Palmenmetaphorik der Fruchtbringenden Gesellschaft.
Die Hochschätzung der Metapher zeigt sich hier vorrangig nicht in
theoretischen Schriften, sondern in der Vielfalt ihrer Verwendung
in Poetiken, Gedichten und Bildern, in ihrer identitätsstiftenden
Funktion für die Festigung der Gruppe, in ihrer diskursfördernden
Kraft bei Zusammenkünften und vor allem in ihrem praktischen
Einsatz in der Etablierung deutscher Sprache und Kultur. Dass sich
die Mitglieder durchaus der kognitiven Macht der Metapher bewusst waren, geht aus Georg Philipp Harsdoerffers *Lobgedicht* auf
das Frontispiz des programmatischen Werks von Carl Gustav von
Hille, *Der Teutsche Palmbaum*, hervor. Denn er verknüpft anhand
der Metapher von der ›Frucht‹ eine Fülle von Bibelzitaten, die in
immer wieder neuen Bildern Fruchtbarkeit und Dauer vermitteln,
und kommuniziert auf diese Weise die sprachlichen Ziele der Gesellschaft – Ziele, die der Leser in der Kulturgemeinschaft praktisch
umsetzen soll. Harsdoerffers Theorie der Metapher gibt sich im per-
formativen Prozess zu erkennen.

Wie bereits erörtert, umfasst der Blick der gegenwärtigen Metaphernforschung zwar die Theorie der Antike, beschränkt sich sonst
jedoch vornehmlich auf die Zeit seit dem Aufkommen der ›Interaktionstheorie‹ von I.A. Richards und Max Black, wobei einerseits
deren Einsichten in die kognitive Bedeutung der Sprache hervorgehoben werden, andererseits die Problematik eines ›Interaktions‹-
Modells, das unzureichend die ›Richtung‹ der Metapher – *vom*
Herkunftsbereich *zum* Zielbereich – berücksichtigt und den wenig
überzeugenden Schluss hervorbringt, dass in der Metapher »Man is

a wolf« nicht nur der Mensch Eigenschaften des Wolfs annimmt, sondern der Wolf ›menschlich‹ wird (Black 1962, 39 u. 44; vgl. auch Black 1996; s.o., S. 39f.). Hilfreich ist Olaf Jäkels »Abgrenzung« der kognitiven Metapherntheorie von der Interaktionstheorie I.A. Richards' und Max Blacks, zumal er andererseits auch den pragmatischen Ansatz John Searles (Jäkel 2003, 93–108) berücksichtigt.

Allerdings ist es mittlerweile zum Standardtopos der deutschsprachigen kognitiven Metaphernforschung geworden, dass die von Lakoff und Johnson initiierte kognitive Metapherntheorie europäische – und vor allem deutsche – ›Vorläufer‹ hat (vgl. Baldauf 1997, 286; Coenen 2002, 208f.; Drewer 2003, 5). Gründlich befasst sich Jäkel mit der »Ahnengalerie«: vornehmlich Kants Analogie- und Symbolbegriff, Blumenbergs Metaphorologie und Weinrichs Bildfeld-Theorie (Jäkel 2003, 116–130, hier 129; s.a. Jäkel 1999). Zur Weiterarbeit regt auch seine Liste von »›Vorläufern im Geiste‹« an (ebd., 113f.), die einige sprachtheoretische Titel vor 1900 enthält. Problematisch ist jedoch grundsätzlich die Kategorisierung der Metapherntheorie vor 1980 anhand des Kriteriums, inwieweit sie mit der kognitiven Metapherntheorie übereinstimmt. Denn die Metapherntheorie ist grundsätzlich vom sprachtheoretischen Ansatz abhängig, wie schon die antike Metapherntheorie zeigt. Diesen Kontext gilt es bei einer Begutachtung der Tradition grundsätzlich miteinzubeziehen, denn vordergründig ähnliche Aussagen beruhen zuweilen auf durchaus unterschiedlichen Voraussetzungen.

Deutlich wird dies in Bezug auf Hans Blumenbergs 1960 publizierte *Paradigmen zu einer Metaphorologie* (1998). Jäkel betont, dass nicht erst Johnson, sondern bereits Blumenberg »die *philosophische* Relevanz konzeptueller Metaphern« erkannt habe (2003, 294). Dies ist nicht falsch, sagt jedoch nichts aus über die Art der Relevanz oder den jeweiligen Stellenwert der Metapher. Für Johnson ermöglicht die Metapher die Erforschung der Interaktion zwischen Körper, Phantasie und Denken, und sie gilt ihm als Teil eines auch entwicklungspsychologisch bedeutsamen Prozesses, der rationalistische Ansätze in Frage stellt, wie die programmatischen Titel *The Body in the Mind* (1987) und *Philosophy in the Flesh* (1999, mit Lakoff) verdeutlichen. Blumenberg dagegen versteht die Metapher als Spezialproblem philosophischer Sprache, das es philosophisch zu lösen gilt. Wenn er auch Wichtiges zur kognitiven Rolle der Metapher und zur Mentalitätsgeschichte liefert, so erfolgt dies doch im Kontext einer philosophischen Widerlegung der kartesischen Theorie von der Erreichbarkeit einer rein logisch-begrifflichen Sprache (1960, 7; zu diesem Komplex s.u., S. 130). Die »Begriffswelt« bleibt bei ihm jedoch von dem ›unter‹ ihr liegenden »Bereich der Phantasie« getrennt (ebd., 10f.), so dass die rationalistischen Strukturen und Grenzen grundsätzlich erhalten bleiben. Der ›Vorläufer‹-Topos blendet diesen fundamentalen Unterschied aus.

Die Einordnung Weinrichs als ›Vorläufer‹ ist ebenfalls problematisch. Seine in dem Band *Sprache in Texten* gesammelten Beiträge zur Metapherntheorie (1976, 276–341) boten wichtige semantische Untersuchungen zur Metapher und nicht zuletzt wichtige Termini: Er übertrug die von Jost Trier entwickelte Theorie des semantischen ›Wortfelds‹ (vgl. Trier 1973) auf die Metapher und stellte der deutschsprachigen Metaphernforschung die Begriffe ›Bildfeld‹, ›Bildspender‹ und ›Bildempfänger‹ zur Verfügung (vgl. dazu Rolf 2005, 68–71); diese stehen den mittlerweile in der kognitiven Metapherntheorie etablierten Begriffen *domain* sowie *source domain* und *target domain* nahe. Seine vornehmlich anhand von literarischen Texten entwickelte Theorie unterscheidet sich jedoch grundlegend von den neueren kognitiven Ansätzen. Deutlich wird dies, wenn Weinrich die Semantik der Metapher anhand zweier »Werte« bestimmt und eine »Dialektik von Bedeutung und Meinung« geltend macht:

Auch für die Metapher erhalten wir zwei Werte, den Bedeutungswert und einen von ihm abweichenden Meinungswert, der durch den Kontext bestimmt ist. Dieser weicht freilich [...] in überraschender Weise vom Bedeutungswert ab. Das gibt der Metapher ein Plus an Spannung und ein *nescio quid* an Witz. Darum lieben wir die Metapher. (Weinrich 1976, 323)

Weinrichs Bestimmung und sein Beispielmaterial zeigen, dass er sich an der ›kreativen‹, ›poetischen‹ Metapher orientiert; sein Ansatz setzt grundsätzlich ›Substitution‹ voraus (s.o., S. 51f.), und die lexikalisierte Metapher findet in seiner Theorie keinen Platz. Der Titel seines Bandes verdeutlicht, dass es ihm um *Sprache in Texten* geht; in einem solchen Kontext erscheint die Metapher grundsätzlich vom sprachlichen Kontext abhängig. Mit kognitiven Ansätzen ist dieses Prinzip jedoch nicht vereinbar. Die immer wieder in der deutschsprachigen Metaphernforschung vorgebrachte Ansicht, Lakoff und Johnson hätten sich auf Weinrich beziehen sollen (vgl. z.B. Coenen 2002, 208), erscheint insofern geradezu absurd.

Wenn auch weder die Leistung Weinrichs, noch auch die grundsätzliche Bedeutung des sprachlichen Kontexts in Abrede gestellt werden soll, so bieten doch seine relativ knappen, in weiten Teilen auf literarische Texte fokussierten Ausführungen nicht annähernd den Einblick in metaphorische Prozesse, der sich aus der literaturtheoretisch orientierten Vielfalt poststrukturalistischer Ansätze ergibt (vgl. dazu die hilfreiche Diskussion in Bossinade 2000, 104–125), geschweige denn aus der interdisziplinär arbeitenden kognitiven Me-

taphernforschung. Problematisch ist in der kognitiven Metapherntheorie grundsätzlich die Tendenz zur Abwertung beziehungsweise
Ausblendung der Sprache; aber bezüglich der für die Metapher relevanten kognitiven Prozesse hat die Tradition vor 1980 nichts Ver-
gleichbares zu bieten.

5.4 Kognitive Perspektiven

Mit dem wachsenden Interesse der Kognitionswissenschaften an der
Metapher hat sich ihr Stellenwert grundlegend verändert. Dies ist
weniger eine Frage der Originalität im Detail – so sind die meisten Aspekte der von Lakoff und Johnson in *Metaphors We Live By*
vorgelegten Theorie in irgendeiner Form auch von früheren For-
schern diskutiert worden – als eine Verschiebung der Perspektive
und Fragestellung: Lakoff und Johnsons interdisziplinär angelegtes,
populärwissenschaftlich präsentiertes Buch markiert den wohl bedeutendsten Paradigmenwechsel in der Metaphernforschung. Denn
indem sie die Alltagsmetaphorik ins Zentrum ihrer Theorie stellen, machen sie die schon in der Antike immer wieder konstatierte grundsätzliche Metaphorizität der Sprache einsichtig. Indem sie
programmatisch den schon von Aristoteles diskutierten kognitiven
Aspekt der Metapher zum primären Aspekt erklären, verdeutlichen
sie ihre in alle Bereiche des menschlichen Lebens reichende Kraft.
Und indem sie metaphorische Prozesse zu sensomotorischen Prozessen in Beziehung bringen, ermöglichen sie ein Verständnis für die
psychologischen Prozesse, die sowohl die Produktion als auch die
Wirkung der Metapher bestimmen.

Damit aber lässt sich eine unbegrenzte Wirkung der Metapher
in der Beziehung zwischen körperlicher Erfahrung, Kognition und
Kommunikation vorstellen und darstellen. Statt ein besonderer Aspekt einer speziellen Form der Sprache zu sein oder – wie bei Hans
Blumenberg – als Spezialproblem der Philosophie Aufmerksamkeit
zu beanspruchen, wird sie zur anthropologischen Universalie, zu einem Thema der Psychologie und zu einem Phänomen, das an fundamentalen neuropsychologischen Prozessen teilhat. Stand vordem
der Beitrag der Metapher zum Stil im Vordergrund, so wird aus dieser Perspektive heraus ihr Beitrag zu unseren kognitiv-sprachlichen
Fähigkeiten und unserer geistigen Kreativität ersichtlich. Deutlich
wird vor allem ihre Kraft, unser Denken, unsere Emotionen, unsere
imaginativen Fähigkeiten und unsere Sprache produktiv interagieren
zu lassen, sowie auch ihr Potenzial, unseren innersten Gefühlen und

abenteuerlichsten Vorstellungen eine Struktur und einen kommunizierbaren Sinn zu verleihen.

Lakoff und Johnsons Buch war nicht zuletzt deshalb so erfolgreich, weil es einerseits zu einer allgemeineren Infragestellung platonisch fundierter Prämissen beitrug (s.o., S. 117 und s.u., S. 123) und andererseits als Beitrag zu den sich etablierenden interdisziplinären Kognitionswissenschaften rezipiert werden konnte. Entsprechend anregend wirkte der in kooperativer Zusammenarbeit eingebrachte Beitrag von Linguistik, Philosophie und (mit Mark Turner) Literaturwissenschaft. Der interdisziplinäre Kontext ermöglicht die produktive Interaktion und Konkurrenz zwischen unterschiedlichen Ansätze und Perspektiven.

Bei der Komplexität des Forschungsgegenstands und der Vielzahl der Ansätze kann es nicht ausbleiben, dass sich zum Teil gravierende Änderungen in der Theorie ergeben. Dies zeigen schon die Veröffentlichungen von Lakoff und Johnson. So stimmt es keineswegs, dass ihr 1999 erschienenes Gemeinschaftswerk *Philosophy in the Flesh* »für den sprachwissenschaftlichen Ansatz und die Methodik der kognitiven Metapherntheorie nichts wirklich neues bringt« (Jäkel 2003, 21). Denn in den Vordergrund gerückt ist nun die von anderen Wissenschaftlern vorangetriebene Forschung zu neuronalen Verbindungen mit der These von der Bildung eines Grundstocks von »primary metaphors« in einer Frühphase der Entwicklung (z.B. *Affection Is Warmth, Important Is Big, Time Is Motion*): »The ›associations‹ [...] are realized neurally in simultaneous activations that result in permanent neural connections being made across the neural networks that define conceptual domains« (Lakoff/Johnson 1999, 46; vgl. auch 50–54). Hiermit aber erhält die von Gilles Fauconnier und Mark Turner entwickelte Theorie vom »conceptual blending« (2002) erhöhte Bedeutung, die – wie Jäkel bemerkt (2003, 94) – der 1980 von Lakoff und Johnson attackierten Theorie von einer ›Interaktion‹ nahesteht. Dass andere Aspekte ihrer Theorie ebenfalls modifiziert worden sind, verdeutlicht das Nachwort zur zweiten Auflage von *Metaphors We Live By* (Lakoff/Johnson 2003, 243–276). Wenn auch die eher zunehmende Instabilität der kognitiven Metapherntheorie die ›Anwendbarkeit‹ der Ergebnisse erschwert, so dient sie doch als Warnung vor allzu griffigen Definitionen und vorschnellen Verallgemeinerungen.

Die Vielfalt der an der Produktion und Rezeption der Metapher beteiligten Prozesse bringt es mit sich, dass Einsichten in ihre Funktion sich aus verschiedenen kognitionswissenschaftlichen Disziplinen ergeben können. So bietet beispielsweise die Hemisphärenforschung – wenn auch bislang nur ansatzweise – wichtige Befunde zur Beziehung zwischen lexikalisierten und kreativen Metaphern (s.o., S. 58f.; vgl. Kohl 2007, 152–159). Vielversprechend ist auch die (neuro)psychologische Forschung zur Visualisierung, denn hier geht es um die Frage, wie sich metaphorische Prozesse zum ›bildlichen‹ Denken, zur ›Imagination‹ und zur ›Kreativität‹ verhalten. So unterscheidet Zenon Pylyshyn in seiner 2003 veröffentlichten Studie *Seeing and Visualizing* zwischen »thinking in words«, »seeing an image in our ›mind's‹ eye‹« und »activity of the visual system« und diskutiert die Befunde zur Beziehung zwischen »imagery, imagination and creativity« (2006, xvi, 417 u. 428). Er kommt zu dem Schluss, dass unser ›visuelles Denken‹ – entgegen unserer ›inneren Erfahrung‹ – eine ›Sprache des Denkens‹ erfordert, die selbst nicht ›bildlich‹ ist (ebd., xv). Dies deutet darauf hin, dass erst unser metaphorisches Denken das ›mentale Sehen‹ ermöglicht: Es handelt sich um die – für unser Denken offenbar charakteristische – »illusion that we experience the *form* of our thoughts« (ebd., 428). Diese Illusion steht wiederum in Zusammenhang mit der Vorstellung »that natural language serves as the vehicle of thought« (ebd., 431). Die Metapher ermöglicht somit die Konzeptualisierung des Denkens und der sprachlichen Kommunikation.

Wenn Pylyshyn auch selbst diese Brücke nicht schlägt und sich weder mit der Metapherntheorie, noch auch spezifisch mit Ansätzen der kognitiven Linguistik befasst, so ergibt sich hieraus doch eine bedeutende Verbindung zur Diskussion um metasprachliche Metaphern in der kognitiven Linguistik (vgl. Reddy 1993; Lakoff 1993; dazu Kohl 2007, 174–178). Eine Verbindung ergibt sich weiterhin zu der schon in der Antike konstatierten (diachronisch in der Etymologie sich manifestierenden) Bedeutung der Metapher für die Bezeichnung solcher Dinge, die ›noch‹ keine Bezeichnung haben (Katachrese): »words and phrases appear to cut the world up more coarsely than does thought. There are many concepts for which there is no corresponding word (though presumably for many of them there *could* be an appropriate word)« (Pylyshyn 2006, 431) – wobei sich allerdings die Frage nach der empirischen Basis für solche vor- oder nicht-sprachlichen Konzeptualisierungen stellt. Es ist anzunehmen, dass die Metapher nicht nur der Sprache »den allerschwierigsten Dienst [leistet], daß nämlich keinem Ding seine Benennung zu mangeln scheine« (Quintilian, VIII, 6, 5; 2: 219), sondern dass sie dem Denken den noch schwierigeren Dienst leistet, dass keinem Gedanken und Denkvorgang die Möglichkeit der konzeptualisierbaren – und damit artikulierbaren – Strukturierung zu mangeln scheint. Der von Pylyshyn konstatierte Prozess der Vereinfachung, der mit der Versprachlichung einhergeht, wäre somit ein

Prozess der auf unsere jeweiligen Bedürfnisse zugeschnittenen Auswahl, wie er auch für unsere Wahrnehmung charakteristisch ist.

Die traditionell im Kontext der Rhetorik erörterte Metapher ist dann eine kommunikationsorientierte Ausprägung allgemeinerer kognitiver Fähigkeiten: Fähigkeiten der vom Prinzip der Relevanz gesteuerten Selektion, der strukturgebenden Vereinfachung und der sinnstiftenden Vermittlung. Es sind Fähigkeiten, die wir tagtäglich benutzen und gerne im rhetorischen Wettstreit und kunstvollen Sprachspiel weiterentwickeln, und sie sind untrennbar verbunden mit den Fähigkeiten der ›Imagination‹ – ein Aspekt der Kognition, der gegenwärtig als »fundamental scientific topic« rehabilitiert wird (Fauconnier/Turner 2002, 15). Jedenfalls zeigen die Ergebnisse der Kognitionswissenschaften, dass eine ›Eingrenzung‹ der Metapher ihrer Funktion und Funktionsweise nicht gerecht wird.

5.5   Ein ganzheitlicher Ansatz

Vorausgesetzt ist hier durchgängig, dass die Metapher ein Phänomen der Vermittlung und Verbindung ist und dass sie in allen Aspekten unseres Lebens struktur- und sinnstiftend zu wirken vermag. Unser Umgang mit Metaphern fordert gleichermaßen unsere kognitiven und sprachlichen Fähigkeiten, und bei der Schöpfung oder Rezeption unkonventioneller Metaphern aktivieren wir mühelos komplexeste imaginative Prozesse. Dabei ist es nicht möglich, ›trennscharf‹ zwischen rationalem Denken, ›bildlichem‹ Denken und mentaler Sprache zu unterscheiden; und bei affektivischen Metaphern kommen zudem die Emotionen ins Spiel, die wiederum unabtrennbar mit anderen mentalen Prozessen verbunden sind.

Auch zwischen ›rein‹ gedachter Sprache und artikulierter Sprache lässt sich keine eindeutige Grenze ziehen: Wir können zwar messen, an welchem ›Punkt‹ im Prozess der Versprachlichung des Gedachten ein Laut oder Schriftzeichen hervorgebracht wird, aber wir wissen nicht, inwieweit wir ›nicht-sprachlich‹ denken (vgl. Pylyshyn 2006, 430–433) oder genau wann das Gedachte eine grammatische, morphologische, lautliche oder schriftbildliche ›Struktur‹ erhält – anzunehmen ist, dass dies erheblicher Variation unterliegt und dass die ›gedanklichen‹ und ›sprachlichen‹ Strukturen auf komplexe Weise ineinander übergehen beziehungsweise integriert sind. Wenn wir dann noch einbeziehen, »daß alle Zustände und Vorgänge der Bewußtseinswelt mit Zuständen und Vorgängen in den Gehirnzellen korrelieren« und demnach mit physischen Prozessen untrennbar ver-

quickt sind, so können wir diese Einsicht als »schwindelerregend«
aus dem wissenschaftlichen Bewusstsein ausgrenzen (Coenen 2002,
224) oder eine Theorie von der Metapher entwickeln, die eine solche Korrelation einbezieht.

Wenn in den vorhergehenden Teilen des Kapitels einerseits die
Metapherntheorie der Rhetorik und andererseits jene der kognitiven
Linguistik im Zentrum stand, so deshalb, weil sie sich produktiv
ergänzen. In der kognitiven Metapherntheorie – oder richtiger: in
der Vielzahl kognitiver Ansätze – geht es vorrangig (und zum Teil
ausschließlich) um den gedanklich-psychologischen Aspekt der Metapher und die entwicklungspsychologischen Prozesse, die in der
Metapher zum Ausdruck kommen. In der Rhetorik geht es um
die sprachliche Ausprägung der Metapher im Kontext sprachlicher
Praxis und unter Einbeziehung der Psychologie der Rezeption. Für
ein Verständnis der Metapher sind Kognition und Artikulation, Produktion und Rezeption gleichermaßen wesentlich.

Der Einbezug der Rhetorik ist nicht zuletzt deshalb angebracht,
weil die kognitive Linguistik zu rationalistischen Grenzziehungen
tendiert, die einem Verständnis für die Wirkkraft der Metapher im
Wege stehen. Ihren eigenen Aussagen zufolge beabsichtigten Lakoff
und Johnson 1980 mit ihrem »experientialist approach« eine fundamentale Neuorientierung gegenüber den Prämissen der platonischen
Tradition (2003, x), und Lakoff hatte schon 1977 einen ›holistisch‹
orientierten Ansatz geltend gemacht:

What I would ultimately like to show [...] is that thought, perception, the
emotions, cognitive processing, motor activity, and language are all organ-
ized in terms of the same kind of structures, which I am calling *gestalts*.
[...] Gestalts are at once holistic and analyzable. They have parts, but the
wholes are not reducible to the parts. (Lakoff 1977, 246)

Trotz dieses Anspruchs ist die von Lakoff und Johnson vorgelegte Metapherntheorie durch die rationalistische Grenze zwischen
Kognition und Sprache gekennzeichnet. Krass formuliert ist dies
in Lakoffs programmatischem Aufsatz *The Contemporary Theory
of Metaphor* (1993), wenn er – in Fortführung der von Chomsky
vollzogenen Spaltung der Sprache in eine ›interne‹ und eine aus
dem Sprachbegriff ausgegrenzte ›externe‹ Sprache – die Metapher
in zwei Teile spaltet, um die Sprache aus der Metapher auszugren-
zen: »the locus of metaphor is thought, *not* language« und »we
have reserved the term ›metaphor‹ for the mappings, *rather than*
for the linguistic expressions« (1993, 204 und 209, Kursivierung
KK; vgl. Chomsky 1986, 15–51, bes. 51). Entsprechend dienen
Metaphern in ihrer sprachlichen Form lediglich als ›Beweismateri-

al‹ und ›Fenster ins Gehirn‹; im Vordergrund stehen ›rein‹ konzeptuelle Metaphern, deren Vor- beziehungsweise Nichtsprachlichkeit
typischerweise durch Kapitälchen signalisiert wird, z.B. ›TIME IS MO-
NEY‹ (vgl. Lakoff/Johnson 2003, 6; Kövecses 2002, 4). Dass diese
›konzeptuellen‹ Metaphern sich dem Leser tatsächlich in Form von
sprachlichen Metaphern präsentieren und zudem eine Entscheidung
bezüglich des Allgemeinheitsgrads voraussetzen (statt MONEY ließe
sich VALUABLE RESOURCE setzen), wird ausgeblendet. Wie Erika Linz
zu Recht kritisiert, basiert die von Lakoff und Johnson entwickelte
Metapherntheorie auf der Illusion einer »sprachfreien konzeptuellen
Figur« (Linz 2004, 257).

Die Ausblendung oder Abtrennung des sprachlichen Aspekts ist
nicht nur bezüglich der Definition der Metapher grundsätzlich verfehlt: Es wird damit tendenziell der gesamte Ansatz unterminiert.
Denn wenn unser tägliches Handeln von Metaphern bestimmt wird
– »what we do every day is very much a matter of metaphor« (La-
koff/Johnson 2003, 3) –, dann ist die sprachliche Dimension der
Metapher eine wesentliche Voraussetzung für ihre Wirksamkeit. Jene Systematik, die Lakoff und Johnson in der Alltagsmetaphorik
entdecken, gründet in dem Zusammenspiel zwischen individuellem
Denken und kollektiver, kulturvermittelnder Sprache.

Die Rhetorik tendiert zwar in ihren Anweisungsbüchern zu einer
ähnlichen Trennung zwischen Denken und Sprache und priorisiert
durch die Zuordnung der Metapher zur *elocutio* deren sprachlichen
Aspekt. Grundsätzlich jedoch geht sie vom ganzen Menschen aus,
wie besonders bei Cicero deutlich wird. Sie berücksichtigt das rationale Denken, die Emotionen, die Imagination und den Körper
mit Mimik und Gestik, sie widmet sich der Artikulation, und sie
erforscht die Wirkung artikulierter Sprache auf die Rezipienten. Zudem bietet die ›Angemessenheit‹ (*aptum*) ein dynamisches Prinzip,
das kontextspezifisch die Zusammenwirkung aller am sprachlichen
Vorgang beteiligten Prozesse regelt.

Wenn hier ein ›ganzheitlicher‹ Ansatz dargestellt wird, so handelt
es sich um eine holistisch motivierte Zusammenschau jener Aspekte
der Metapher, die bereits oben zur Sprache gekommen sind (vgl.
auch Kohl 2007, 170–189). Zugrundegelegt sind folgende Prämissen zur Beziehung zwischen Kognition und Sprache:

* Sprache ist ein Prozess und bedarf zur angemessenen Konzeptu-
  alisierung eines prozessualen Modells.
* Denken und Sprache interagieren und wirken im sprachlichen
  Prozess als Kontinuum.
* Im funktionierenden Gehirn sind ›verbales‹ Denken, ›bildliches‹
  Denken und Emotionen integriert.

- Körperliche und kognitive Prozesse sind voneinander abhängig und untrennbar miteinander verquickt.
- Kognitive und mentalsprachliche Prozesse sind nur metaphorisch erfassbar und beschreibbar; eine dem Anspruch nach ›trennscharfe‹ Begrifflichkeit ist demnach so unangemessen wie irreführend.

In diesem sprachtheoretischen Kontext lässt sich die Metapher unter Bezug auf das saussuresche Modell vom ›Kreislauf des Sprechens‹ (*circuit de la parole*) als kognitiv-sprachlicher Kreislauf konzeptualisieren, in dem Produktion und Rezeption, Kognition und Artikulation verbunden sind:

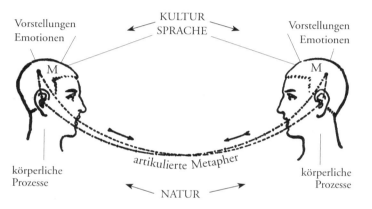

Kognitiv-sprachlicher Kreislauf der Metapher (M)

Ein solch prozessuales Modell macht deutlich, dass die ›Grenze‹ zwischen der konzeptuellen Metapher und der artikulierten Metapher keineswegs eine Schimäre ist: Es handelt sich um die Grunderfahrung von der Körpergrenze, die unsere metasprachliche Reflexion und Begrifflichkeit prägt (z.B. ›Ausdruck‹). Zugleich jedoch zeigt sowohl das Bild als auch die Metapher vom ›Kreislauf‹ die Kontinuität zwischen Denken und Sprache.

Im Folgenden seien abschließend Thesen zu einem ganzheitlichen Metaphernverständnis aufgeführt, die jeweils unter Bezug auf ein potenziell gegensätzliches Begriffspaar prozessuale ›Verbindungen‹ hervorheben. Gestützt werden die Thesen von Aussagen in der Metaphernforschung, die insgesamt die Metapher als ganzheitlichen Prozess vorstellbar machen.

Thesen zu einem ganzheitlichen Metaphernverständnis

Kognition – Sprache

Metaphern sind ein normaler Teil des Denkens und der Sprache. Als solche entstehen und wirken sie prozessual, ohne dass sich zwischen Kognition und Sprache eine ›zeitliche‹ oder ›räumliche‹ Grenze ziehen ließe, denn das Wort wirkt als »inneres und äußeres Wort« (Herder 1884, 356). Auf diese Weise strukturieren sie auch unser Handeln: »Metaphor is pervasive in everyday life, not just in language but in thought and action« (Lakoff/Johnson 2003, 3).

Kognition – Körper

Unsere körperliche Erfahrung bietet Strukturen wie ›Vertikalität‹ (s.o., S. 24), mittels derer wir abstrakte Bereiche strukturieren können: »Orientational metaphors give a concept a spatial orientation [...]. They have a basis in our physical and cultural experience« (Lakoff/Johnson 2003, 14). Entsprechend ermöglichen Metaphern die kognitive Verarbeitung körperlicher Erfahrungen.

Kognition – Emotion

Emotionen stehen mit den an der Produktion und Rezeption von Sprache beteiligten Bewusstseinsprozessen in Verbindung: »some sort of basic emotional state is present whenever you are conscious« (Greenfield 2002, 16). Entsprechend ermöglichen Metaphern die kognitive Verarbeitung von Emotionen und die Stimulierung von Emotionen im Rezipienten: »wo die Leidenschaften wie ein Sturzbach dahinjagen, führen sie notwendig auch eine Flut von Bildern mit sich« (Longin, 32, 1; 77).

Physische Wahrnehmung – Geistige Vorstellung

Die Vorstellung von der Metapher als einem sprachlichen ›Bild‹ gründet offenbar in der allgemeinen Tendenz, Vorstellungen als entweder verbal oder bildlich zu konzeptualisieren: »We find it natural to suppose that our thoughts take the form of either [...] thinking in words [...] or of [...] seeing an image in our ›mind's eye‹« (Pylyshyn 2006, 428). Wenn wir die Metapher als ›veranschaulichendes‹ ›Bild‹ verstehen, so konzeptualisieren wir die über die nicht-metaphorische Sprache hinausführende Leistung der Metapher. Sie gibt unserer ›Innenwelt‹ eine ›wahrnehmbare‹ Struktur.

Physische Welt – Metaphysische Welt

Jeder Aspekt der menschlichen Welt eignet sich prinzipiell für die metaphorische Verarbeitung: »Es gibt [...] nichts auf der Welt, dessen Bezeichnung, dessen Namen wir nicht in anderem Zusammenhang gebrauchen können« (Cicero, III, 40, 161; 547). Typischerweise wird im metaphorischen Prozess das Konkrete, psychologisch ›Naheliegende‹ auf das Abstraktere, psychologisch ›Entferntere‹ projiziert: »Conceptual metaphors are *unidirectional*: they go from concrete to abstract domains; the most common source domains are concrete, while the most common targets are abstract concepts« (Kövecses 2002, 25). Unser Denken vermag sich auf diese Weise sinnstiftend zwischen der physischen und mentalen beziehungsweise metaphysischen Welt zu bewegen und diesen Sinn für das eigene Leben und jenes der Gemeinschaft fruchtbar zu machen.

Natur – Kultur
Das Individuum hat die naturgegebene Fähigkeit, Metaphern zu produzieren und zu rezipieren. Es entwickelt diese Fähigkeit unter Bezug auf seine körperlich-geistigen Erfahrungen und in Interaktion mit seiner Sprach- und Kulturgemeinschaft: »These embodied patterns do not remain private or peculiar to the person who experiences them. [...] They become shared cultural models of experience and help to determine the nature of our meaningful, coherent understanding of our ›world‹« (Johnson 1987, 14). Die solchermaßen entwickelten Metaphern vermag das Individuum je nach natürlicher Begabung und kulturellem Umfeld unverändert zu übernehmen oder kreativ abzuwandeln.

Konvention – Kreativität
Der Mensch hat die Fähigkeit, konventionelle (konsensuelle) und kreative (individuelle) Metaphern zu produzieren und zu rezipieren. Konventionelle (lexikalisierte) Metaphern sind Teil des unmittelbar ›abrufbaren‹ Wortschatzes, sie lassen sich jedoch kreativ abwandeln, wobei offenbar – auch im Prozess der Rezeption – zusätzliche Bereiche des Gehirns aktiviert werden: »The [left hemisphere] is generally more efficient in word recognition. However, in [...] metaphor processing, where the activation of multiple distantly related meanings is required, the contribution of the [right hemisphere] may be more salient« (Anaki/Faust u.a. 1998, 693).

Die Metapher ist letztlich ein Phänomen des ganzen Menschen in seinem natürlichen und gesellschaftlichen Kontext, und es ist folgerichtig, wenn beispielsweise bei Quintilian die Diskussion ihres angemessenen Einsatzes in einem Buch erfolgt, das die Ausbildung des Menschen von klein auf und unter Einbeziehung von Denken, Sprache und Körper darstellt.

Herausgegriffen sind oben nur ein paar ›Verbindungen‹, die für die Komplexität und Konnektivität metaphorischer Prozesse stehen mögen. Besonders angesichts der Hemisphärenforschung könnte man behaupten, die Forschung zur Metapher stünde ›erst am Anfang‹. Dabei ist jedoch zu berücksichtigen, dass uns die Erkundung metaphorischer Prozesse ins Zentrum der Frage nach der Interaktion von Denken und Sprache führt. Diese Frage aber beschäftigte schon die größten Geister der Antike – und es ist weder abzusehen noch auch zu hoffen, dass diese Debatte ein Ende findet.

6. Die Metapher als interdisziplinäres Mittel der Erkenntnis, Identitätsstiftung und Veränderung

Indem die Metapher zwischen Kognition und Sprache vermittelt, bewegt sie sich im hochbrisanten Interaktionsfeld zwischen Philosophie und Rhetorik: zwischen jener Disziplin, die sich der Wahrheit, dem Wissen um die Wahrheit und somit der Welt der Theorie widmet, und jener Disziplin, die sich auf die sprachliche Kommunikation von Wissen, Emotionen und Interessen in der Praxis der öffentlichen Welt spezialisiert. Beide erheben im Reich der Disziplinen einen Anspruch auf universelle Gültigkeit und Macht: die Philosophie, indem sie als Gesetzgeberin die Oberaufsicht über die maßgeblichen Grenzen und Zuständigkeiten beansprucht; die Rhetorik, indem sie die universelle Notwendigkeit der Rede und somit die universelle Gültigkeit rhetorischer Technik und Wirkung geltend macht. Während im 19. und 20. Jahrhundert besonders im deutschen Sprachraum tendenziell die Vorgaben des Idealismus die wissenschaftliche Landschaft beherrscht haben, so ist doch in den letzten Jahrzehnten eine »Rückkehr der Rhetorik« in die Wissenschaften feststellbar (Clifford 1986, 10) – und damit eine zunehmend evidente Bedeutung der Metapher.

Wenn sich im Verlauf der westlichen Geistesgeschichte immer wieder – und gegenwärtig in verstärktem Maße – gravierende Verschiebungen in der disziplinären Landschaft ergeben, wenn sich in virulenten Machtkämpfen und Freundschaftsbünden die unterschiedlichsten disziplinären Konstellationen herausbilden, so spielt die Metapher dabei eine unerlässliche Rolle: Sie versieht das abstrakte ›Reich‹ der Disziplinen mit Grenzen und Verbindungen, internen Strukturen und Identitäten; und sie schafft Möglichkeiten der kognitiven und sprachlichen ›Übertragung‹, durch welche die Disziplinen miteinander kommunizieren können.

Besonders in Prozessen der Grenzverschiebung und Neudefinition ermöglichen Metaphern die Reflexion über die eigenen Werte und die Kommunikation von Identität. Dabei ist die Form der Kommunikation mit den vermittelten Forschungsinhalten verquickt, denn wissenschaftliche Identität manifestiert sich in der Privilegierung bestimmter Denkmodelle, in der Wahl der Darstellungsform und nicht zuletzt im Status und Einsatz der Metapher. So gilt die Metapher traditionell als Merkmal dichterischer Sprache, das in der Sprache der Wissenschaft keinen Platz hat. Deutlich wird dies beispielsweise in Gero von Wilperts *Sachwörterbuch der Literatur*, wenn er die sprachliche »Bildhaftigkeit« als »wesentlichen Bestandteil jedes Sprachkunstwerkes im Gegensatz zum theoretischen Schrifttum« definiert (2001, 89). Eine solche als Faktum sich präsentierende allgemeine Grenzziehung zwischen Diskursen und speziell die Ausgrenzung der Metapher aus der wissenschaftlichen Sprache gründet jedoch in spezifisch philosophischen Prämissen, die besonders mit dem Idealismus axiomatisch wurden (s.u., S. 140): Sie dienen dazu, die Beteiligung der Sprache am Denken und die Abhängigkeit wissenschaftlicher Betätigung von sprachlicher Kommunikation auszublenden. Ein Blick auf den praktischen Einsatz ›bildlicher‹ Rede im »theoretischen Schrifttum« zeigt jedoch, dass dort die ubiquitären Metaphern des Alltagsdenkens und der Alltagssprache wichtige Funktionen erfüllen.

Die Bedeutung der Metapher für die Kommunikation wissenschaftlicher Prioritäten lässt sich am Werk Nietzsches verfolgen, so wenn er in der *Götzen-Dämmerung* vorführt, wie man mit dem metaphorischen »Hammer philosophirt« (1967ff., Abt. 6, Bd. 3, 49) oder wenn er in *Jenseits von Gut und Böse* in seinem »Kampf gegen Plato« und den »christlich-kirchlichen Druck von Jahrtausenden« mittels Metaphern eine »prachtvolle Spannung des Geistes« ins Bewusstsein des Rezipienten einschreibt: »mit einem so gespannten Bogen kann man nunmehr nach den fernsten Zielen schiessen« (ebd., Bd. 2, 4f.). Sanfter unterwandert Ludwig Wittgenstein die Fundamente der platonischen Philosophie, wenn er in seinen *Philosophischen Untersuchungen* den Rezipienten einlädt, mit ihm »ein weites Gedankengebiet, kreuz und quer, nach allen Richtungen hin zu durchreisen« (1984, 231). Er entwirft geistige »Landschaftsskizzen«, die zur Weiterarbeit anregen sollen: »Ich möchte nicht mit meiner Schrift Andern das Denken ersparen. Sondern, wenn es möglich wäre, jemand zu eigenen Gedanken anregen« (ebd., 233). Die metaphorische »Skizze« gibt dem zeitlich Erfassten eine räumliche Gestalt, verlangt jedoch von der Imagination, dass sie das Bild prozessual vervollständigt. Der Modus der sprachlichen Darstellung wird damit zur Form der mentalen Bewegung.

Für die wissenschaftliche Forschung und Kommunikation ist die sprachliche Form somit keine triviale Nebensache. Jene Wissenschaftler, die sich mit der Suche nach einer ›logisch vollkommenen‹ Sprache befassen, sind meist bemüht, die Wirkung der Sprache auf das Denken weitmöglichst auszuschalten (vgl. Eco 2002, bes. 217–235, 318). Wittgenstein geht den entgegengesetzten Weg, wenn er die natürliche Sprache des Alltags zum Maßstab erklärt:

Wenn die Philosophen ein Wort gebrauchen – »Wissen«, »Sein«, »Gegen-stand«, »Ich«, »Satz«, »Name« – und das *Wesen* des Dings zu erfassen trach-ten, muß man sich immer fragen: Wird denn dieses Wort in der Sprache, in der es seine Heimat hat, je tatsächlich so gebraucht? –
Wir führen die Wörter von ihrer metaphysischen, wieder auf ihre all-tägliche Verwendung zurück. (Wittgenstein 1984, 300)

Dieser Ansatz hat für die Wissenschaftssprache bedeutende Impli-kationen, denn er erfordert eine stete Rückbindung an den Alltags-diskurs, der für speziellere Formen der Sprache unbegrenzt verfügbar bleibt. Die beispielsweise von Hegel zwischen den Sprachen ver-schiedener Disziplinen gezogenen ›Grenzen‹ werden damit außer Kraft gesetzt (s.u., S. 140), und auch eine vermeintliche Dichotomie zwischen ›Fach-‹ und ›Gemeinsprache‹ wird hinfällig (vgl. das ›Plä-doyer‹ für Integration bei Kalverkämper 1990). Es soll damit kei-neswegs die Bedeutung der Fachsprachen in Abrede gestellt werden: Besonders bezüglich der Lexik bedarf jede Disziplin spezieller Be-griffe, und manche Wissenschaften benötigen besondere Zeichen, Symbole usw. Wenn jedoch grundsätzlich die Alltagssprache als ge-meinschaftliche Basis gilt, dann ermöglicht sie die unerlässliche Kommunikation auch mit Nichtspezialisten und somit den inter-disziplinären Austausch. Umgekehrt steht den einzelnen Wissen-schaften das gesamte Spektrum sprachlicher Möglichkeiten zur Ver-fügung – einschließlich der konventionellen und der innovativen Metapher.

Bereits Aristoteles konstatiert, dass die Metapher »Wissen« ver-mittelt und das ›Lernen‹ fördert (*R*, III, 10, 2; 1410b; 190; und III, 11, 6; 1412a; 195), und es ist grundsätzlich davon auszugehen, dass jede Wissenschaft sich der Metapher sowohl zu Erkenntnis- als auch zu Kommunikationszwecken bedient. Entsprechend kommt Olaf Jäkel in seiner Untersuchung *Wie Metaphern Wissen schaffen* zu dem Schluss, Alltagssprache wie Expertendiskurs seien »vollständig durchsetzt von konventionellen Metaphern« (2003, 286) – wobei es zugleich um Denkmodelle und um deren sprachliche Ausprä-gung geht.

Auch bezüglich der Identitätsstiftung und Traditionsbildung er-füllt die Metapher in allen Disziplinen eine bedeutende Funktion. So stellen metaphorische Topoi einen ›festen‹ Grundbestand an eta-blierten, sprachlich geformten Vorstellungen zur Verfügung, die zur Tradierung des Alten, aber auch zur Profilierung des Neuen dienen können. Jede Disziplin hat ihren ›Begründer‹ oder ›Vater‹, ihren ›Weg‹ mit einem ›Anfang‹ und zuweilen einem provokativ erklärten ›Ende‹, ihre ›Heldentaten‹ und ihre ›Grenzen‹; verfolgen lässt sich dies beispielsweise an der Funktion von Opitz und Goethe für die deutsche Literaturgeschichtsschreibung und an der Bedeutung autonomieästhetischer Grenzmetaphorik für die deutschsprachige Literaturwissenschaft (vgl. Kohl 2007, 194–205 u. 427–437). Es zeigt sich darin die Bedeutung kollektiver Gedanken- und Spracharbeit in der Vermittlung kultureller und gruppenspezifischer Werte.

Wenn einerseits prinzipiell damit zu rechnen ist, dass in der Wissenschaft wie auf anderen Gebieten ein nicht-metaphorisches Denken und Kommunizieren existiert, so ist andererseits klar, dass für die Wissenschaft wie allgemein ein nicht-metaphorisches Denken und Kommunizieren unzureichend wäre (vgl. Jäkel 2003, 287f.); ein Versuch, ›Grenzen‹ der Metaphorizität zu identifizieren, dürfte gerade in Hinsicht auf solch abstrakte Zusammenhänge, wie sie für die Wissenschaft kennzeichnend sind, müßig sein. Dies zeigen zwei Beispiele, die Jäkel für »nichtmetaphorisches ›Wissen‹« anführt:

»In der *Wirtschaft* geht es um Kapital, Angebot und Nachfrage.«
»In der *Religion* fragt der Mensch nach Sinnbezügen über die sichtbare Welt hinaus.«
                                                                    (Jäkel 2003, 288)

Denn auch hier spielen Metaphern mit. Schon die räumlichen Bestimmungen »in« und »über ... hinaus« implizieren metaphorische ›Grenzen‹, und der Begriff »sichtbare Welt« impliziert eine abgrenzbare »Welt« sowie die Metapher ›Wissen ist Sehen‹ (vgl. Lakoff/ Johnson 1999, 53f.; Kövecses 2002, 218f.), zumal im post-idealistischen wissenschaftlichen Kontext die Religion für das Gebiet des rational nicht Erschließbaren zuständig ist. Auch beim Begriff ›Nachfrage‹ sind metaphorische Prozesse wirksam: Es handelt sich hier um die ›Übertragung‹ eines konkreten sprachlichen Akts – der sprachlichen Frage nach einem Objekt (vgl. Grimm 1984, Bd. 13, Sp. 55) – auf einen hochkomplexen abstrakten Prozess, an dem wirtschaftspolitische Steuerungsmechanismen, unternehmerische Interessen und vielerlei Bedürfnisse von Individuen und Organisationen beteiligt sind. Das wirtschaftswissenschaftliche Begriffspaar ›Angebot und Nachfrage‹ lässt sich somit als konventionalisierte Metapher verstehen und als Beispiel dafür, wie konkrete Prozesse das Verständnis abstrakter Prozesse erleichtern. Unser Verständnis des Zusammenhangs beruht gerade auf dem Vermögen, Übergänge zwischen Konkret und Abstrakt *ohne* das Hindernis einer mentalen Grenze zu meistern.

Ohne die Metapher können wir uns geistig nicht bewegen, und metaphorische Topoi erfüllen eine bedeutende Funktion in der Vermittlung wissenschaftlicher Werte. Wollen wir uns mit den Prämissen und der Vorgehensweise einer spezifischen Wissenschaft befassen, so ist es hilfreich, ihre bevorzugten Metaphern zu identifizieren; und schon allein ihre Konzeptualisierung von Wissenschaft ist aufschlussreich (vgl. Jäkel 2003, 229–259, der »metaphorische Wissenschafts-Szenarien« von Aristoteles über Descartes, Bacon, Kant und Popper bis hin zu Kuhn untersucht). Metaphern lassen sich nicht aus der Wissenschaft eliminieren, aber wir können die jeweils vorausgesetzten Metaphern nach ihren Implikationen befragen, und wir können mit alternativen Metaphern experimentieren, um alternative oder auch neue Erkenntnisse möglich zu machen.

Es kann im Folgenden auch nicht ansatzweise darum gehen, dominante Metaphern der jeweiligen Disziplinen zu identifizieren, eine Theorie der Metapher in Fachsprachen zu entwickeln oder auch eine systematische Darstellung der Reflexion über die Bedeutung der Metapher in den jeweiligen Disziplinen zu bieten (zu Aspekten dieser Fragen vgl. Drewer 2003, Jäkel 2003 u. Geideck/Liebert 2003; zur Bedeutung der Metapher in Prozessen der wissenschaftlichen Innovation vgl. Danneberg 1995). Auch geht es nicht um den Erweis der Metaphorizität von Fachsprachen, denn die Forschung hat inzwischen hinreichend die Ubiquität der Metapher in allen Formen der Sprache aufgezeigt. Ziel ist lediglich, im selektiven Blick auf unterschiedliche Disziplinen kleine Einblicke in Funktionen der Metapher zu gewinnen, wenn es um die Definition des Forschungsgegenstands, den ›Zugang‹ zum Forschungsgegenstand und dessen sprachliche Vermittlung, die Profilierung der disziplinären Identität und die Projektion disziplinärer Interessen geht.

Im Zentrum dieses Kapitels stehen somit unterschiedliche ›Zielbereiche‹ der Metapher. Insgesamt geht es jedoch weniger um disziplinäre Differenzen hinsichtlich der Verwendung von Metaphern – diese müssten durch sehr viel differenziertere Untersuchungen erkundet werden – als um die Hervorhebung der interdisziplinär verbindenden Kraft metaphorischer Kommunikation. Denn immer wieder wird die grundlegende Funktion ubiquitärer Metaphern wie ›Behälter‹, ›Weg‹, ›Vertikalität‹ oder ›Verbindung‹ deutlich werden. Beispielsweise ist als grundlegende Metapher bezüglich des Verhältnisses der wissenschaftlichen Disziplinen zueinander vor allem jene der identitätsstiftenden ›Grenze‹ bedeutsam – wobei sich gerade disziplinäre Grenzen im Laufe der Jahrhunderte immer wieder grundlegend verschoben haben. So bemerkt Thomas S. Kuhn zur Beziehung zwischen Naturwissenschaften und bildender Kunst in der Renaissance: »Leonardo was only one of many men who passed freely back and forth between fields that only later became categorically distinct« (Kuhn 1996, 161); dies ist ein Beispiel unter vielen für die Grenzziehungen, die im Laufe der Zeit zu disziplinären Ab-

gründen wurden. Wenn gegenwärtig die Grenzen in Fluss geraten
sind, so bietet die Reflexion über identitätsstiftende Metaphern ein
wichtiges Mittel der Neuorientierung.

6.1 Sprache als Wissenschaft, Praxis und Kunst

Sprachreflexion, Sprachpraxis und Sprachkunst sind seit der Antike
produktiv verquickt, und die Theorie von der Sprache und ihrer literarischen sowie wissenschaftlichen Verwendung steht von Anfang
an im Zeichen der Metapher. Wie ein Fanal wirkt die *Helena-Rede*
des Gorgias, in der er die »Wirkkraft der Rede« mit der Wirkung
von Drogen vergleicht; manche Redner, so konstatiert er, »berau-
schen und bezaubern die Seele mit einer üblen Bekehrung« (1989,
11–13). Dass seine Sprachreflexion auf die Nachwelt gekommen ist,
dürfte nicht zuletzt der Wirkkraft seiner Metaphern zuzuschreiben
sein. Wenn Platon den Sophisten mit gleicher Sprach-Macht seinen
Philosophenstaat entgegensetzt und Aristoteles seine philosophisch
orientierte Grundlegung rhetorischer Wissenschaft ins Zeichen einer »Refutation der sophistischen Rede« stellt (*R*, III, 2, 12; 172),
so zeigt sich die Brisanz des Themas.

   Während die philosophische Tradition seit Aristoteles eher einen
schlichten Stil pflegt, ist für die rhetorisch ausgerichtete Sprach- und
Literaturreflexion häufig ein ausgeprägter Einsatz von Metaphorik
kennzeichnend – so bei Longin oder im Diskurs der frühneuzeitlichen Sprachgesellschaften. Sie kultivieren ihr kognitives *und* prag-
matisches Potenzial: durch den Gesellschaftsnamen (Fruchtbringende Gesellschaft, Pegnesischer Blumenorden), durch die Namen der
Mitglieder (der Nährende, der Spielende) und durch ein zur metaphorischen Elaborierung anregendes Programm (vgl. Hille: *Der
Teutsche Palmbaum*). Die Metapher ist für die Sprachförderung, die
nationale Kulturförderung und die literarische Tätigkeit gleichermaßen zentral. Während einerseits die kulturpolitischen Bestrebungen
in den imaginativen Raum einer Kommunikations-Idylle transpo-
niert werden, sucht andererseits der Diskurs die Transposition in
die Wirklichkeit. Diese Interaktion zwischen Herkunfts- und Zielbereich ist durch die rhetorische Tradition vorgegeben: Ihr zufolge
kennt die Sprache keine disziplinären Grenzen (s.o., S. 111), und
ihren Wert bezieht sie vornehmlich aus der öffentlichen Praxis, in
der die Disziplinen zueinander in Beziehung treten.

   Die Bedeutung der Metapher für die Konzeptualisierung des
Forschungsgegenstands zeigt sich deutlich in den Auseinanderset-

zungen um die Sprache, die Dichtung und die Wissenschaft von
Sprache und Dichtung in der zweiten Hälfte des 18. Jahrhunderts.
Die für die Frühe Neuzeit kennzeichnende gemeinschaftlich erarbei-
tete Sprach- und Literaturpflege durch gelehrte Dichter weicht einer
theoretisch-didaktischen Definition von Normen durch Sprachwis-
senschaftler, so im 1782 publizierten Lehrwerk von Johann Christoph Adelung: *Umständliches Lehrgebäude der Deutschen Sprache,
zur Erläuterung der Deutschen Sprachlehre für Schulen* (1782). Die
architektonische Metapher vermittelt systematischen Aufbau und
funktionale Festigkeit; das Werk selbst ist geprägt durch nüchter-
ne Darstellung. Demgegenüber widmen sich die Dichter nun einer möglichst individualistischen Sprachpflege in der literarischen
Praxis, denn im Zeitalter der Romantik gilt es, die Originalität des
schöpferischen Individuums auch sprachlich zu erweisen – nicht zuletzt durch die innovative Metapher. Als axiomatisch gelten fortan
die ›Grenzen‹ zwischen Theorie und Praxis, Wissenschaft und Kunst.
Die Metapher gilt als Kennzeichen der Poesie.

Allerdings finden sich in den Theorien von der Sprache durchaus weiterhin Spannungen zwischen philosophisch und rhetorisch
orientierten Ansätzen, die sich in der Metaphorik verfolgen lassen.
Während sich in Adelungs räumlicher Metaphorik eine rationalis-
tisch motivierte Stabilisierung des Forschungsgegenstands zeigt,
kommuniziert Wilhelm von Humboldt seine rhetorisch orientierte
Auffassung von Sprache durch prozessuale Metaphern. Für ihn ist
sie kein objekthaftes »Werk«, sondern eine im »lebendigen Vortrag«
sich verwirklichende »Thätigkeit« (vgl. Gardt 1999, 230–245):

Die Sprache, in ihrem wirklichen Wesen aufgefasst, ist etwas beständig und
in jedem Augenblicke Vorübergehendes. [...] Sie ist nemlich die sich ewig
wiederholende Arbeit des Geistes, den articulirten Laut zum Ausdruck des
Gedanken fähig zu machen. (Humboldt 1963, 418)

Das ›Vorübergehen‹ und der »Ausdruck« sind eindeutig Metaphern;
ob die »Arbeit« des (personifizierten) »Geistes« metaphorisch oder
wörtlich zu nehmen ist, hängt von den sprachtheoretischen Prämissen ab: Die ›Wahrheit‹ von der Sprache ist relativ.

Metaphorische Konzeptualisierungen von Sprache haben bedeutende Auswirkungen auf das Gesellschaftsleben, denn in dem Maße,
wie die Sprache als wandelbar verstanden wird, wird sie zum Politikum. Geht man – mit philosophisch orientierten Prämissen – davon
aus, dass die Sprache ›stabil‹ ist oder dass sie sich als ›autonomes‹
›System‹ entwickelt, bleibt sie von gesellschaftlichen Entwicklungen unabhängig. Gilt sie dagegen – unter Voraussetzung rhetorisch
orientierter Prämissen – als interaktiv mit den gesellschaftlichen Ge-

gebenheiten ›verbunden‹ und als ›Instrument‹ der Konstitution von Wirklichkeit, so ist es die Aufgabe des Individuums sowie auch staatlicher Institutionen, kontinuierlich ihre Angemessenheit bezüglich der gesellschaftlichen Gegebenheiten zu hinterfragen und verändernd in die Sprache einzugreifen. Die Sprache lässt sich in dem Falle für die politische Sensibilisierung und die Durchsetzung neuer Gesellschaftsformen und -praktiken nutzen.

Entsprechend plädierte die Feministin Senta Trömel-Plötz 1991 in ihrem Buch *Vatersprache – Mutterland* schon im Titel mittels der programmatischen Vertauschung konventioneller Metaphern für Veränderungen einer patriarchalisch geprägten Sprache, »weil mit Sprache nicht nur Wirklichkeit reflektiert wird, sondern weil Sprache auch Wirklichkeit schafft« (1993, 137). Verhandelt wird diese Problematik gegenwärtig unter dem brisanten Stichwort der *political correctness* (vgl. Schiewe 1998; Wierlemann 2002; Wikipedia 2007), so wenn diskutiert wird, ob die Bezeichnung ›Gastarbeiterkinder‹ durch den Ausdruck ›Kinder mit Migrationshintergrund‹ zu ersetzen ist. Hier geht es um den kognitiven Effekt. Der ›künstlich‹ geschaffene Ausdruck ist metaphorisch anders strukturiert als der konventionalisierte: Er verlegt die in der euphemistischen Metapher ›Gast‹ implizierte ›Fremdheit‹ in die Vergangenheit und rückt sie aus dem ›Blickfeld‹ in den ›Hintergrund‹; zudem eliminiert er die abwertende, für ein Kind unangemessene Klassifizierung ›Arbeiter‹. Der Neologismus schafft somit auf metaphorischem Wege die sprachliche Voraussetzung für gesellschaftliche Akzeptanz und gibt den bezeichneten Menschen den Freiraum, sich ohne vorgegebene Grenzen innerhalb der Gemeinschaft zu entfalten. In der Diskussion um solche Sprachänderungen zeigt sich – nach Humboldt – die stetige ›Arbeit‹ des kollektiven ›Geistes‹, die Sprache zukunftsfähig zu machen. Sprachtheorie und Sprachpraxis sind hier untrennbar verquickt.

Metaphern haben in der Sprachpflege kulturpolitisch eine wichtige Funktion. So sahen es die frühneuzeitlichen Sprachgesellschaften als ihre Aufgabe, die deutsche Sprache gegenüber ihren Konkurrenten – einerseits dem universalen Latein, anderseits den anderen Vulgärsprachen – stark zu machen. Ähnliche Ziele lassen sich auch in der Gegenwart verfolgen: Sprachpflege ist ein nationales Unterfangen, das Identität stiftet und nicht zuletzt wirtschaftliche Bedeutung hat. Dies zeigt das Vorwort im maßgeblichen Wörterbuch der deutschen Sprache:

Das Kulturgut Wörterbuch gewinnt in unserer Gesellschaft zunehmend an Bedeutung. [...] Dieses Wörterbuch [...] soll die Sprachkultur fördern und schließlich auch dazu beitragen, die Stellung des Deutschen in der Welt als Wissenschaftssprache und als Konferenzsprache zu stärken. (Duden 1999, Bd. 1, 6)

Die Dudenreaktion erfüllt hier eine ähnliche Funktion wie die Sprachgesellschaften. Die Metapher vom »Kulturgut« evoziert ›kulturelles Kapital‹ und bring assoziativ auch ›ökonomisches Kapital‹ ins Spiel: Denn es ist evident, dass der Status der deutschen Sprache auch wirtschaftliche Auswirkungen hat und die Sprachpflege demnach für den materiellen Erfolg der wirtschaftlichen ›Standorte‹ Deutschland, Österreich und Schweiz relevant ist. Die Metapher deutet das politische und kommerzielle Interesse an, ohne doch die ›hohe‹ ideelle Ebene der Wissenschaft zu verlassen.

Besonders die schriftlich fixierte Sprache, und damit auch die Literatur, erfüllt eine bedeutende Aufgabe in der Projektion und Tradierung kultureller Werte. Dabei stehen Kulturpolitik, literarische Praxis, Literaturkritik, Literaturgeschichtsschreibung und Literaturwissenschaft durchgängig in einer produktiven Verbindung.

Wenn Deutschland seit dem Ende des Nationalsozialismus seine Kultur unter dem Banner des ›Goethe-Instituts‹ in die Welt projiziert, so steht der Name des Dichters metonymisch für die Kulturnation der ›Dichter und Denker‹, die die Verirrungen der politischen Nation zu transzendieren vermochte. Zugleich wurde Schriftstellern wie Heinrich Böll und Günter Grass die Rolle des (metaphorischen beziehungsweise metonymischen) ›Gewissens der Nation‹ zugeschrieben, eine Rolle, die in der Verleihung des Nobelpreises internationale Anerkennung fand. Die Debatte um Grass' moralische Integrität, die 2006 durch sein ›Bekenntnis‹, er habe in der Waffen-SS gedient, ausgelöst wurde, bestätigte gewissermaßen noch einmal aus negativer Perspektive die Bedeutung des Schriftstellers für das nationale Selbstverständnis.

In der Einbindung des Schriftstellers ins Gesellschaftsleben manifestiert sich grundsätzlich eine rhetorisch ausgerichtete Auffassung von Literatur. Die Literaturwissenschaft tendiert hingegen eher zu philosophisch orientierter Grenzmetaphorik. So wird der Forschungsgegenstand ›moderne deutsche Literatur‹ durch die Konstruktion einer diachronischen ›Epochenschwelle‹ um 1770 eingegrenzt (vgl. Gumbrecht/Link-Heer 1985; Herzog/Koselleck 1987), die als ›verspäteter‹ deutscher Reflex der *Querelle des anciens et des modernes* zu sehen ist. Diese architektonisch elaborierte Wegmetapher konstruiert aus der komplexen Debatte zwei linear angeordnete, getrennte ›Räume‹: Während der erste nur zur Vergangenheit hin offen ist und nach Übertreten der Schwelle nicht mehr zur Umgebung gehört, öffnet sich der zweite zu einer erneuerbaren, immer wieder als ›modern‹ konzipierbaren Gegenwart hin. Die Akzeptanz dieser Metapher dürfte nicht zuletzt in ihrer strukturellen Entsprechung zur Heilsgeschichte gründen, zumal damit automatisch das

›Neue‹ als ›Erfüllung‹ des ›Alten‹ einen höheren Wert erlangte und Goethe eine Messias-ähnliche Funktion erfüllen konnte. Legitimiert wird mit diesen Grenzziehungen einerseits ein Sonderstatus des Forschungsgebiets und andererseits dessen isolierte Betrachtung.

Gestützt wird diese diachronische Grenzziehung durch die idealistisch geprägte und systemtheoretisch elaborierte ›zeitlose‹ Autonomietopik (vgl. Kohl 2007, 427–437). In ihr sind politische, philosophische und literarische Faktoren der Zeit um 1800 verschmolzen: die Emanzipation des bürgerlichen Individuums in der Französischen Revolution; die kantsche Metapher vom ›Mündigwerden‹ des aufgeklärten Menschen; die im Zeichen Rousseaus erfahrene ›Befreiung‹ des ›natürlichen‹ Menschen aus den ›Fesseln‹ der Konvention; die ›Befreiung‹ der Literatur aus den ›Fesseln‹ der Rhetorik und aus den Bindungen an Hof und Kirche; die ›Verkörperung‹ der deutschen Literatur im ›freien‹, aus seinem ›Inneren‹ heraus schaffenden Individuum Goethe.

Insgesamt ist in den letzten Jahrzehnten deutlich geworden, dass die traditionell als spezifisch dichterisch verstandene Metapher auch in der ästhetischen beziehungsweise literaturwissenschaftlichen Theorie eine bedeutende Funktion erfüllt (vgl. Greber 2002; Kohl 2007; vgl. grundlegend Curtius 1993; Abrams 1953). Die Wirkung solcher Metaphern auf die Konzeptualisierung literarischer Zusammenhänge zeigt das Vorwort einer wichtigen Anthologie poetologischer Äußerungen zur Metapher von Nietzsche bis Handke. Wenn die Herausgeber bemerken, dass die Metapher »schon früh die engen tropologischen Schranken der Rhetorik übersprungen hatte und auf das Grenzgebiet zwischen Philosophie und Literatur geraten war« (Müller-Richter/Larcati 1998, 15), so schränken sie die fruchtbare Diskussion des Phänomens auf die Zeit »seit der Romantik« ein (ebd., 14). Vorausgesetzt sind idealistische Prämissen: die Abgrenzbarkeit disziplinärer ›Bereiche‹; die Restriktivität der Rhetorik; die ›Freiheit‹ der Zeit seit der Romantik; die ›Nähe‹ zwischen Philosophie und Literatur. Indem die Herausgeber ihrem Forschungsgegenstand eine heldenhafte Befreiungstat zuschreiben, beleben sie die Wirkkraft seiner Darstellung. Sie verkennen jedoch, dass die Metapher schon seit der Antike im produktiven Spannungsfeld zwischen Rhetorik, Dichtung und Philosophie diskutiert wird – und dass sie in diesem vergrößerten Kontext ein noch viel abenteuerlicheres Leben führt.

6.2 Philosophie und andere Geisteswissenschaften

Die Philosophie erfüllt schon seit der Antike eine Leitfunktion im Reich des Wissens. Cicero bezeichnet sie als »Erzeugerin« und »Mutter« der Wissenschaften (I, 3, 9; 47); bestätigt wurde dieser Status im Idealismus. Die Tendenz zur Abwertung der Sprache in der platonisch-aristotelischen Tradition erwies sich daher auch für andere Disziplinen als gravierend. Denn obwohl Aristoteles punktuell die erkenntnisfördernde Funktion der Metapher anerkennt (s.o., S. 131), so steht die platonisch-aristotelische Tradition der Metapher doch grundsätzlich ablehnend gegenüber, da sie dem sprachlichen Ausdruck zugerechnet wird; deutlich wird dies, wenn Hegel sie als »äußeren Schmuck« abtut (1986, Bd. 13, 518). Erst im Laufe des 20. Jahrhunderts rückt die Metapher als Thema der philosophischen Selbstreflexion in den Vordergrund, ein Vorgang, der seinen systematischen Höhepunkt in der Publikation eines *Wörterbuchs der philosophischen Metaphern* findet (Konersmann 2007). Es ist dies ein Prozess, der mit Veränderungen in den philosophischen Fragestellungen sowie in der Perspektive auf die Metapher einhergeht. Aus der Perspektive der kognitiven Metapherntheorie wird deutlich, dass die Metapher der Philosophie nicht zuletzt im metaphernfeindlichen Idealismus bedeutende Dienste leistete. Gedankliche Theorie und sprachliche Praxis sind in diesem Prozess untrennbar verbunden.

Die Leistung des Idealismus besonders für die Geisteswissenschaften bestand darin, dass er die im Prozess der Säkularisation ins Wanken geratenen metaphysischen Bezüge mittels Metaphern stabilisierte und auf dieser Grundlage die zulässigen Fragestellungen definierte. Verfolgen lässt sich das Projekt der Stabilisierung in Kants »Architektonik der reinen Vernunft« in der *Kritik der reinen Vernunft* (1911, 538–549; zu Kants Gebäudemetaphorik vgl. Jäkel 2003, 239–244) und in seiner Strukturierung des »Gebiets der Philosophie« in der *Kritik der Urteilskraft*:

Begriffe, sofern sie auf Gegenstände bezogen werden, unangesehen ob ein Erkenntniß derselben möglich sei oder nicht, haben ihr Feld, welches bloß nach dem Verhältnisse, das ihr Object zu unserem Erkenntnißvermögen überhaupt hat, bestimmt wird. – Der Theil dieses Feldes, worin für uns Erkenntniß möglich ist, ist ein Boden (*territorium*) für diese Begriffe und das dazu erforderliche Erkenntnißvermögen. Der Theil des Bodens, worauf diese gesetzgebend sind, ist das Gebiet (*ditio*) dieser Begriffe und der ihnen zustehenden Erkenntnißvermögen. (Kant 1908, 174)

Die Verbindung von Territorialmetaphorik mit juristischen Metaphern verleiht dem »Gebiet« die Grundrequisiten eines Staates. Anders als in Platons Philosophenstaat sind keine Bewohner vorgesehen; das Gebiet bleibt abstrakt und für die vielfältigsten ›Inhalte‹ empfänglich. Entsprechend wählt Kant nicht wie Platon die Form des menschlichen Dialogs, sondern einen betont ›schmucklos‹ amtlichen Stil. Zentrales Argumentationsmittel sind Metaphern vom Typus ›A = B‹, sie erscheinen jedoch unter Ausblendung ihrer Metaphorizität als Definitionen und nehmen den Status von juristisch festgelegten Satzungen an, zumal sie durch gelehrte lateinische Spezialbegriffe autoritativ aufgewertet werden.

Die Übertragbarkeit und traditionsstiftende Bedeutung der Territorialmetaphorik geht aus den Abgrenzungen hervor, mit denen Hegel »Die poetische Sprache« in seiner *Ästhetik* bestimmt: Die Kunst soll uns »auf einen anderen Boden stellen« als Alltag, Religion und Philosophie, und »vor allem muß sie die scharfen Sonderungen und Relationen des Verstandes [...] von sich fernhalten, weil diese Formen« uns sogleich aus dem Gebiete der Phantasie in ein anderes Feld hineinversetzen« (Hegel 1986, Bd. 15, 283f.). Die Welt des Geistes wird zum überschaubaren Raum, in dem die Relationen bis hin zur Kommunikationsweise der Disziplinen systematisch festgelegt sind.

Die idealistische Territorial- und Rechtsmetaphorik mag als Beispiel für die Macht der Metapher in den Wissenschaften stehen. Ihr Erfolg erklärt sich aus der Autorität der platonischen Tradition, aus der mit ›Boden‹ und ›Gesetz‹ vermittelten Vorstellung von einer zugleich natürlichen und kulturellen Stabilität und aus der Eignung dieser Metaphern für apologetische Zwecke. Der Idealismus schuf damit ein Denkmodell von unübertroffener Tragkraft und gab den Wissenschaften das Werkzeug für die Selbstlegitimation.

Die Sprache hat in Bezug auf dieses System destabilisierendes Potenzial. Deutlich wird dies, wenn die Metapher als philosophisches Problem behandelt wird – so wenn Hans Blumenberg 1960 ihre »Legitimität« in der philosophischen Sprache untersucht und sie einer von der »Begriffswelt« getrennten »katalytischen Sphäre« zuordnet (1998, 10f.) oder wenn Josef Stern sie einem ›exotischen Phänomen‹ in der Physik vergleicht (2000, xii). Einen ganz anderen Stellenwert erhält die Metapher dort, wo sie performativ zu Wort kommt, wie in Nietzsches *Also sprach Zarathustra* (1967ff., Abt. 6, Bd. 1) oder seiner Selbstprojektion als »Dynamit« in *Ecce Homo* (ebd., Bd. 3, 363), eine Metapher, in der er die Stabilität des Systems voraussetzt, um es mit den Mitteln der Rhetorik zu sprengen (vgl. Kopperschmidt/Schanze 1994). Die sprachliche Wirksamkeit der Metapher erhellt aus der Erfahrung seines Werks als »Erdbeben« (Benn: *Nietzsche*, 199; vgl. Hillebrand 1978).

Wenn die Sprache in der Philosophie des 20. Jahrhunderts einen hohen Status erlangt hat – bei Heidegger und Wittgenstein, 1967 in Richard Rortys Anthologie *The Linguistic Turn* (1992a; vgl. zur Tradition dieser ›Wende‹ Losonsky 2006), bei den französischen Poststrukturalisten oder in Martha C. Nussbaums *Upheavals of Thought. The Intelligence of Emotions* (2001) – so lässt sich dies als Erstarkung der rhetorischen Tradition verstehen, besonders dann, wenn die Fokussierung der Sprache die ›Grenze‹ zwischen Philosophie und Dichtung in Frage stellt (vgl. Rorty 1992b, 374).

Die für die neuere Philosophie prägenden Spannungen finden sich in disziplinspezifisch abgewandelter Form auch in anderen Geisteswissenschaften, wie bereits deutlich wurde. Dass allerdings der Status der Metapher auch vom Forschungsgegenstand abhängt, zeigt die Theologie. Hier hat die Sprache einen relativ hohen Stellenwert, denn Theologie und Homiletik sind ohne Sprache nicht denkbar: »Im Anfang war das Wort« (Joh. 1, 1). Die Notwendigkeit einer wirksamen Vermittlung religiöser Werte fördert ein Interesse an der Metapher; so betont Luther die kognitive Bedeutung der ›Bildlichkeit‹ gerade bezüglich solcher Glaubensfragen, die über eine physisch gegründete Plausibilität weit hinausgehen (vgl. seine *Predigt am Ostertag*, Luther 1909). Entsprechend gehört metasprachliche Reflexion zum Grundbestand theologischer Wissenschaft (s.o., S. 4f.). Insgesamt steht in der Hermeneutik die Frage nach der Bedeutung des Wortes im Vordergrund, nicht zuletzt im Idealismus bei Friedrich Schleiermacher. Auf dieser Basis hat sich die neuere Metapherntheorie in Bezug auf religiöse Sprache und Theologie als besonders produktiv erwiesen (vgl. Ricœur/Jüngel 1974; McFague 1982; Soskice 1985; Buntfuß 1997; Bernhardt/Link-Wieczorek 1999; Frey/Rohls u.a. 2003; Wolff 2005).

Während für die Theologie der Bezug zwischen Sprache und Forschungsgegenstand zwar kontrovers ist, prinzipiell aber außer Zweifel steht, ist die Geschichtswissenschaft diesbezüglich durch eine komplexe Spannung gekennzeichnet. Im Humanismus war die Geschichte mit der Rhetorik verbunden und diente apologetischen Zwecken; im 19. Jahrhundert wurde dagegen die Orientierung an der wirklichen Begebenheit maßgeblich. So weist Leopold von Ranke, ›Begründer der Geschichtswissenschaft‹, die Rollen des Geschichtsschreibers als ›Richter‹ und ›Lehrer‹ zurück, um die Wissenschaft auf das »eigentlich« Geschehene zu verpflichten:

Man hat der Historie das Amt, die Vergangenheit zu richten, die Mitwelt zum Nutzen zukünftiger Jahre zu belehren, beygemessen: so hoher Aemter unterwindet sich gegenwärtiger Versuch nicht: er will bloß sagen, wie es eigentlich gewesen.   (Ranke 1824, VI)

Indem Ranke sein Projekt in einer Bescheidenheitsgeste mittels Vertikalmetaphorik auf der ›Ebene‹ des Geschehenen situiert, vermittelt er ›Nähe‹ zum Forschungsgegenstand; und indem er die objektfremden »Ämter« des ›Richtens‹ und ›Lehrens‹ ausschaltet, um »bloß« das »eigentlich« ›Gewesene‹ zu fokussieren, macht er die ›einfache‹ Objektivität zum gültigen Maßstab. Die Partikel »bloß« stellt die ›nackte‹ Wahrheit in den Vordergrund, blendet die Problematik des Zugangs zum ›Gewesenen‹ aus und stellt die Orientierung am ›Gewesenen‹ als ausreichende Theorie dar. Die Sprache als Medium des Zugangs zur Geschichte und Medium der Vermittlung von Geschichte wird dadurch völlig ausgeblendet.

Aus dieser Perspektive heraus ist jeder theoretisch verallgemeinernde Ansatz als subversiv zu werten; entsprechend virulent sind die Debatten um die marxistische Geschichtstheorie und dann die Auseinandersetzungen um die Thesen zu ›Posthistoire‹ und ›End of History‹ (Alexandre Kojève, Jean Baudrillard, Francis Fukuyama; vgl. Niethammer 1989). Wenn der Topos vom ›Ende‹ der Disziplin diese auch in Frage stellt, so ist hier zumindest noch eine Orientierung an gesellschaftlichen Prozessen gegeben. Hayden White dagegen provozierte die Zunft mit seiner Anwendung literaturtheoretischer Begriffe auf die Geschichtsschreibung (*Metahistory*, 1973; *Tropics of Discourse*, 1978). So benutzt er Tropen, um Modalitäten der Geschichtsschreibung zu erkunden, und die Strukturen der Fiktion, um narrative Muster in der Darstellung von Geschichte zu verfolgen. In *The Content of the Form* (1987) hinterfragt bereits der Titel die traditionelle Trennung von ›Inhalt‹ und ›Form‹: Die narrative Form ist weder ein ›Behälter‹ für das Wesentliche, noch auch ein nachgeordneter ›Ausdruck‹ eines in der Wirklichkeit vorab Gegebenen, sondern sie dient der mythischen Konstruktion von Wirklichkeit, indem sie Struktur und Sinn verleiht. Die Profilierung der Tropen setzt voraus, dass das ›eigentlich Gewesene‹ der Geschichtswissenschaft eine sprachliche Konstruktion ist.

Wie in den sprachlichen Wissenschaften und in der Philosophie erfüllt die Metapher in der Geschichtswissenschaft eine bedeutende identitäts- und sinnstiftende Funktion (vgl. Demandt 1978). Und in dem Maße, wie die Sprache eine Aufwertung erfährt, rückt auch die Metapher als kognitiv wirksame Kraft in den Vordergrund des Diskurses.

6.3   Sozialwissenschaften

Die ›Sozial‹- beziehungsweise ›Gesellschafts‹-Wissenschaften sind mit
Ausnahme der Rechtswissenschaft relativ ›neue‹ Disziplinen; und
ihre Forschungsgegenstände sind eng verbunden, insofern als An-
thropologie, Soziologie, Politik, Wirtschaft, Bildung jeweils andere
Aspekte des gesellschaftlichen Zusammenlebens und der gesellschaftlichen Kultur fokussieren. Waren bis in die 1970er Jahre vor allem
die Naturwissenschaften mit ihren empirischen Forschungsmetho-
den maßgeblich, so hat besonders mit dem Poststrukturalismus die
Semiotik und damit auch die Sprache an Bedeutung gewonnen.
Gewachsen ist damit einerseits die Sensibilität für disziplinspezifi-
sche Metaphern wie die ›Maschine‹ in der Konzeptualisierung der
Gesellschaft (vgl. Elster 1989; Elster 2007) und andererseits das Interesse am strategischen Einsatz von Metaphern, so Metaphern im
semantischen Bereich des ›Spiels‹ im Rahmen der Spieltheorie (vgl.
Rieck 2006). Als fruchtbar erwiesen hat sich auch die Erforschung
historischer Entwicklungen anhand spezifischer Metaphern, so die
Übertragung der Fortschrittsmetaphorik des frühen 20. Jahrhunderts auf die Debatten um die Globalisierung um die Jahrtausendwende (vgl. Pemberton 2001).
   Die Verschiebung der wissenschaftlichen Relationen zeigt ein
1986 publizierter Aufsatzband zur Ethnographie. Schon der Titel
Writing Culture (Clifford/Marcus 1986) signalisiert eine veränderte Perspektive gegenüber dem herkömmlichen empirischen Ansatz:
»participant-observation, the classic formula for ethnographic work,
leaves little room for texts« (Clifford 1986, 1). Den großen Kontext
bildet die zunehmende Bedeutung der Rhetorik für die Wissenschaften, die Öffnung für die Hermeneutik und die Dezentrierung west-
licher Kultur (ebd., 10). Die Perspektive des Schreibenden wird in
den Gesellschaftswissenschaften zu einem Politikum; und die Frage,
wer welche ›Wirklichkeit‹ ›repräsentiert‹ rückt ins Zentrum der Debatte um Menschenrechte in einer multikulturellen Welt. Deutlich
machte dies Edward Said 1978 in seinem Buch *Orientalism*, als er
Tropen identifizierte, durch die Europäer und Amerikaner asiati-
sche und arabische Kulturen konzeptualisieren – so durch Thea-
termetaphern, die dem ›Zuschauer‹ einen privilegierten ›Überblick‹
über die Handlung und Handelnden verschafft (2003, 71f. u.ö.).
Grundlegender noch ist die Metapher ›Zentrum – Peripherie‹, denn
sie regelt den ›Wert‹ der an der Konstitution kultureller Wirklichkeit beteiligten Gruppen und bestimmt die Wichtigkeit ihrer Par-
tizipation. Das Projekt *Writing Culture* entwirft demgegenüber eine dialogisch konzipierte Wissenschaft, in der die partizipierenden

»Stimmen« gleichwertig sind: »a cultural poetics that is an interplay of voices, of positioned utterances« (Clifford 1986, 12). Der ›Paradigmenwechsel‹ wird mittels Metaphern vollzogen.

Die Infragestellung etablierter Praktiken und etablierter Metaphern wird gemeinhin als ›Krise‹ der Disziplin erfahren (vgl. ebd., 3) – wobei allerdings die Konstatierung einer ›Krise‹ ein rhetorisches Mittel darstellt, die Aufmerksamkeit des Lesers auf einen ›neuen‹ Ansatz zu lenken. Entsprechend wird das stabile ›Gebiet‹, das die Grenzen der Disziplin definiert, ihren Methoden Legitimität verleiht und dem Wissenschaftler einen ›Überblick‹ ermöglicht, der Prozessualität anheimgestellt: »science is in, not above, historical and linguistic processes« (ebd., 2).

Dass solche Metaphern wichtige wissenschaftliche Topoi darstellen, lässt sich auch in der Soziologie verfolgen, so in den identitätsstiftenden Metaphern, mit denen Niklas Luhmann 1984 seine Systemtheorie einführt (*Soziale Systeme*). Interessant ist sein Ansatz nicht zuletzt deshalb, weil er im Kontext einer ›Rhetorisierung‹ sozialwissenschaftlicher Diskurse zwar der Sprache und Literatur einen relativ hohen Stellenwert einräumt, letztlich jedoch bestrebt ist, ein idealistisch untermauertes System zu schaffen. Wenn er den Entwurf einer für die Soziologie allgemeingültigen Theorie »wagt« und das einführende Kapitel »Paradigmawechsel in der Systemtheorie« betitelt (Luhmann 1987, 10 u. 15), so stellt er seine Theorie in die 1962 von Thomas S. Kuhn etablierte Tradition naturwissenschaftlicher ›Revolutionen‹ (Kuhn 1996). Luhmann konstatiert dem von Kuhn entworfenen Handlungsmuster zufolge zunächst eine »Theoriekrise« (1987, 7), der er mittels Personifikation sowie Schwellen- und Wassermetaphorik konkrete Gestalt verleiht, um verständlich zu machen, »weshalb die Soziologie vor einer solchen Schwelle zurückstaut, schäumt und ohne klaren Duktus Komplexität ansammelt« (ebd., 11). Diese Metaphorik dient nicht nur der Darstellung einer Krise, sondern macht den Leser empfänglich für eine Theorie, die in diesem chaotischen Szenarium ›Ordnung‹ schaffen und den endgültigen ›Fortschritt‹ bringen soll.

Abstraktion wird bei Luhmann zu einem geradezu mythisch aufgeladenen Eigenwert, wenn er mittels einer allegorisch ausgeführten Flug-Metapher empirischen Ansätzen eine Absage erteilt und die »erkenntnistheoretische Notwendigkeit« einer Trennung der Theorie vom Forschungsgegenstand evoziert:

Diese Theorieanlage erzwingt eine Darstellung in ungewöhnlicher Abstraktionslage. Der Flug muß über den Wolken stattfinden, und es ist mit einer ziemlich geschlossenen Wolkendecke zu rechnen. Man muß sich auf die eigenen Instrumente verlassen. Gelegentlich sind Durchblicke nach unten möglich – ein Blick auf Gelände mit Wegen, Siedlungen, Flüssen oder Küstenstreifen, die an Vertrautes erinnern; oder auch ein Blick auf ein größeres Stück Landschaft mit den erloschenen Vulkanen des Marxismus. Aber niemand sollte der Illusion zum Opfer fallen, daß diese wenigen Anhaltspunkte genügen, um den Flug zu steuern.   (Luhmann 1987, 12f.)

Die Metaphorik vermittelt einen Ansatz, der jenem in *Writing Culture* diametral entgegengesetzt ist: Statt sich auf den kulturellen ›Prozess‹ einzulassen, wählt Luhmann eine gottähnliche Position »über den Wolken«. Absolut gesetzt wird damit die Autorität der idealistischen Tradition: Nur das Reich der Ideen gilt als ›Wirklichkeit‹; ein Vertrauen auf die physischen Sinne ergibt nur ›Illusionen‹, keine Wahrheit. Mit der Rolle des ›Piloten‹ beansprucht der Autor die alleinige Kontrolle über die ›Instrumente‹ und das Wissen, um den Leser sicher durch das (nun auf der Erde situierte) »Labyrinth« (ebd., 14) zu führen. Zugleich erweist Luhmann performativ – wohl unter implizitem Verweis auf Nietzsche – seine eigene »Artistik« (ebd., 13). Der bereits zum untätigen Passagier degradierte Leser wird zum Zuschauer, der das ›geschlossene System‹ des gottähnlichen Experten als Gesamtkunstwerk bewundert.

Ausgeblendet ist damit die Komplexität der menschlichen Gesellschaft. Sie wird zum Substrat für eine Universaltheorie mit endlosen Möglichkeiten der »Ausdifferenzierung« und einer schier unbegrenzten »Anschlußfähigkeit« (ebd., 62; vgl. z.B. die an Hegels *Ästhetik* orientierte Übertragung auf die Kunst in Luhmann 1997) – Metaphern, die innerhalb eines festen Rahmens Flexibilität suggerieren. Anderen Disziplinen diente die luhmannsche Systemtheorie zur Aufwertung ihrer ›Wissenschaftlichkeit‹, so wenn 2000 im *Reallexikon der deutschen Literaturwissenschaft* erklärt wird, der Begriff »Literatursystem« sei mittlerweile für die Literaturgeschichtsschreibung »unentbehrlich [...], sofern sie mehr sein will als annalistisch geordnete Addition von Text-/Autoren-Monographien« (Titzmann 2000, 480). Dabei dürfte die breite und schnelle Akzeptanz der luhmannschen Systemtheorie im deutschen Sprachraum vor allem darin begründet sein, dass sie die bekannten Muster der idealistischen Tradition aktualisierte.

Am Vorwort zu Luhmanns groß angelegtem Projekt lässt sich verfolgen, wie relativ einfache Metaphern dazu dienen, komplexe wissenschaftliche Zusammenhänge ›zugänglich‹ zu machen: indem sie dem Abstrakten, Unbekannten eine konkrete, bekannte Struktur geben; indem sie Szenarien entwerfen, die dem Dargestellten einen Sinn verleihen; indem sie einen narrativen Kontext schaffen, in dem Autor und Werk zum Rezipienten ›sprechen‹; und nicht zuletzt, indem sie eine Gemeinschaft der ›Eingeweihten‹ stiften.

6.4   Mathematik und Naturwissenschaften

In Bezug auf Mathematik, Naturwissenschaften sowie auch Technik ist zunehmend die Bedeutung von Metaphern für das Denken, die Beweisführung und die Formulierung von Hypothesen deutlich geworden – so stand 2001 in der Zeitschrift *Nature* der programmatische Satz: »In both science and technology, metaphors direct the way we think, reason and hypothesize« (Draaisma 2001). Obwohl sich die Metapherntheorie kaum mit diesen Bereichen befasst hat, ist doch deutlich, dass die Metapher auch hier die Konzeptualisierung von Strukturen und Prozessen ermöglicht, die sich der physischen Wahrnehmung entziehen. So erweist Drewer (2003) die Bedeutung von Metaphern für die naturwissenschaftliche Forschung exemplarisch anhand des Zielbereichs »Schwarze Löcher«, und Christina Brandt (2004) erkundet unter Einbezug der frühen Virusforschung den Beitrag von Metaphern zur Molekularbiologie (›Alphabet‹, ›Code‹, ›Information‹, ›Programm‹).

Dass Metaphern auch für das Selbstverständnis der Naturwissenschaften eine wichtige Funktion haben, zeigte Kuhn 1962 in *The Structure of Scientific Revolutions* bezüglich naturwissenschaftlicher Fortschrittsmetaphorik (1996, 160–173); zu prüfen wäre Lakoff und Johnsons Hypothese, es handle sich bei den ›Revolutionen‹ generell um die Ersetzung alter durch neue Metaphern (1999, 92).

Während es dabei vor allem um die kognitive Funktion der Metapher geht, ist auch ihre kommunikative Funktion bedeutsam, wie aus metasprachlichen Reflexionen von Mathematikern und Naturwissenschaftlern hervorgeht. Diese stehen im Folgenden im Vordergrund.

In der Mathematik manifestiert sich das nicht-metaphorische logische Denken gewissermaßen in ›reinster‹ Form. Ihre Notation wird häufig als ›Sprache‹ konzipiert, aber sie kommt ohne Worte und verbal erzeugte ›Bilder‹ aus; selbst ›Schönheit‹ ist in der Mathematik nicht bildlich visuell, sondern logisch. Die Bedeutung mathematischer Notation zeigt eine Anekdote von Bertrand Russell über die Begegnung mit Giuseppe Peano – Mitbegründer der symbolischen Logik – im Jahr 1900:

The Congress was a turning point in my intellectual life, because I there met Peano. I already knew him by name and had seen some of his work, but had not taken the trouble to master his notation. In discussions at the Congress I observed that he was always more precise than anyone else, and that he invariably got the better of any argument upon which he embarked. As the days went by, I decided that this must be owing to his mathematical logic. I therefore got him to give me all his works, and as soon as the

Congress was over I retired to Fernhurst to study quietly every word written by him and his disciples. It became clear to me that his notation afforded an instrument of logical analysis such as I had been seeking for years, and that by studying him I was acquiring a new and powerful technique for the work that I had long wanted to do. (Russell 1967, Bd. 1, 144)

Den entscheidenden Impuls für das Erlernen der Notation gibt die Beobachtung, dass sie im Streitgespräch das überlegene Überzeugungsmittel darstellt – sie ist somit ein Medium der Kommunikation, das eine der Sprache entsprechende Funktion erfüllt. Im Zentrum der Ausführungen steht die strukturbildende Metapher von einem ›Handwerk‹ mit »Instrument« und »Technik«, das man »meistern« kann.

Russells Ausführungen verdeutlichen den kognitiven Effekt der Notation. Sie ermöglicht die Ausführung seines Projekts und den ›Sieg‹ im Streit der Meinungen. Sie erfüllt somit Funktionen, die sonst der verbalen Sprache zukommen; und sie verdeutlicht die Notwendigkeit des ›Ausdrucks‹ auch für die ›reinste‹ Form des Denkens. Wiewohl die Notation selber keine Metaphern involviert, so wird doch ihre Funktion und ihr Einsatz mittels Metaphern konzeptualisiert und dem Leser vermittelt. Es muss offen bleiben, inwieweit Jäkels Maxime, dass »Metaphern Wissen schaffen« (2003, Titel), hier zutrifft; es ist anzunehmen, dass für Russell primär die Arbeit mit den Symbolen produktiv wirkte – wobei das Zeichen einen ›Übertragungs‹-Vorgang erfordert, der mit jenem der Metapher verwandt ist. Auf jeden Fall aber kommen Metaphern ins Spiel, wo es um die Konzeptualisierung des Projekts, seine Verortung im eigenen Leben und seine Durchsetzung in der menschlichen Umwelt geht.

Es lassen sich hier zwei Aspekte der Wissenschaft ausmachen: einerseits die ›reine‹, unabhängig von Sprache erfolgende kognitive Beschäftigung mit dem Forschungsgegenstand und andererseits die Interaktion mit den komplexen Prozessen der kulturellen Identität und Umwelt, bei der alle Möglichkeiten der Sprache im Spiel sind – einschließlich der Metapher mit ihrer auch kognitiven Macht.

Die Bedeutung der Sprache für die Naturwissenschaften zeigt der Physiker Werner Heisenberg 1969 aus unterschiedlichen Perspektiven in der Darstellung von *Diskussionen über die Sprache*, die er 1933 mit Freunden und Kollegen führte (Heisenberg 2005b). Hier geht es nicht wie beispielsweise bei Hegel um Abgrenzungen (s.o., S. 140), sondern um funktionsorientierte Unterschiede innerhalb einer Ganzheit. Am einen Ende des sprachlichen Spektrums befindet sich das von Niels Bohr erläuterte Ideal der aristotelischen Tradition und des Positivismus, eine Sprache »des logisch scharfen

Formulierens«, die man »so weit idealisieren und präzisieren kann, daß logische Schlußketten möglich werden«, und die für die Naturwissenschaften wertvoll ist, weil sie »sehr viel enger als die gewöhnliche Sprache« ist (ebd., 161). Am anderen Ende des Spektrums ist Heisenbergs eigene, gegen einen Positivisten geltend gemachte Meinung,

> daß es doch ohne weiteres verständlich sei, wenn jemand über einen verehrten Menschen sagt, daß das Zimmer heller werde, wenn dieser Mensch das Zimmer betrete [...] ich wehrte mich dagegen, die physikalische Bedeutung des Wortes ›hell‹ als die eigentliche zu nehmen und die andere nur als die übertragene gelten zu lassen. (Heisenberg 2005b, 161)

Es geht um die Metapher und die aus rationalistischer Perspektive axiomatische Minderwertigkeit ›übertragener‹ Bedeutungen.

Im Verlauf der Diskussion wählt Bohr für die Charakterisierung der positivistischen Sprache die materiellen Metaphern der ›Schärfe‹ und der ›Kette‹, für die von Heisenberg entworfene, »eigentliche« und »übertragene« Bedeutungen gleichermaßen gelten lassende Sprache dagegen prozessuale, assoziativ wirkende Metaphern: »im hellen Licht des Bewußtseins«, »im Halbdunkel«, »sich bis in das Unbewußte hinein ausbreiten«, »Verbindung«, »vorbeigleiten« (ebd.). Solche diffuseren, assoziationskräftigeren Effekte werden der »gewöhnlichen Sprache« und vor allem der »Sprache der Dichter« zugerechnet (ebd.). Vermittelt werden mit den unterschiedlichen metasprachlichen Metaphern nicht nur verschiedene Funktionen der Sprache, sondern auch unterschiedliche Denkweisen.

Die Differenz wird weder aufgelöst, noch in eine hierarchische Systematik gebracht. Vielmehr wird gezeigt, dass die Naturwissenschaften ohne die »gewöhnliche« Sprache nicht auskommen können: Denn die »mathematische Sprache« reicht schon dann nicht hin, »wenn wir etwas über die Natur aussagen wollen«; die Atomphysik hat eine Relativierung der einstmals für »bestimmt« gehaltenen Begriffe mit sich gebracht; und Niels Bohr spekuliert, es könne sich herausstellen, dass die Hoffnung auf einen »eindeutigen Sinn« in den Naturwissenschaften so illusionär ist wie in der Religion (ebd., 161f.). Mit der Anerkennung der Mehrdeutigkeit aber werden Metaphern legitim (zur metaphorologischen Bedeutung der Polysemie vgl. Sweetser 1990, 4 u. passim).

Diese »Diskussionen über die Sprache« stehen im Kontext eines Buches, dessen Titel auf einen Tropus verweist – *Der Teil und das Ganze* (Heisenberg 2005a). Heisenberg konfiguriert den behandelten Forschungsgegenstand – die Physik – gewissermaßen unter Bezug auf die Synekdoche, lässt jedoch die Relation zwischen dem

Teil und dem Ganzen offen. Es geht ihm in dem Buch darum, die
»Kluft« zwischen den Wissenschaften zu überwinden (ebd., 7), und
es ist bezeichnend, dass er dies nicht nur auf theoretischem Wege
über die ›Metaebene‹ unternimmt, sondern die Sprache direkt mit
all ihren rhetorischen Möglichkeiten wirken lässt. Indem er die ver-
gangenen Gespräche mit Freunden und Kollegen nicht berichtend,
sondern dialogisch darstellt, wählt er eine Form der Personifikation,
die vergangene, (re)konstruierte Rede in ›lebendige Rede‹ verwandelt
(vgl. sein Zitat aus Thukydides, ebd., 7; vgl. zur *sermocinatio* Quintilian, IX, 2, 31f.; Bd. 2, 281–283). Mit dieser rhetorischen Figur
macht er dem Leser bewusst, dass »Wissenschaft [...] von Menschen
gemacht [wird]«, und belegt die auch von Bertrand Russells Anekdote bestätigte These, dass »Wissenschaft im Gespräch entsteht«
(Heisenberg 2005a, 7).

6.5 Recht, Politik und Wirtschaft

Die Beschäftigung mit Recht, Politik und Wirtschaft führt aus dem
›Elfenbeinturm‹ der akademischen Wissenschaften ins Gedränge der
realen Welt. Dass die Metapher in Recht und Politik eine zentrale
Rolle spielt, bedarf keines Erweises – sind dies doch angestammte
Bereiche der Rhetorik, in denen traditionell alle sprachlichen Künste
zum Zwecke der Überredung eingesetzt werden. Ähnliches trifft in
einer kapitalistischen Gesellschaft auch für die Wirtschaft zu, denn
hier geht es darum, möglichst viele Rezipienten zu Konsumenten
zu machen. Allerdings sind Metaphern oft dann am wirksamsten,
wenn sie unter der Bewusstseinsschwelle in den ›Tiefenregionen‹ des
öffentlichen Lebens wirken. Hier vermögen sie als ›Sinnformeln‹,
›Leitbilder‹ und ›Orientierungsmuster‹ zu dienen, die weit über das
hinausreichen, was in der ›öffentlichen Rede‹ als Metapher kenntlich
wird (vgl. Geideck/Liebert 2003, Titel).

Das Rechtswesen ist durch eine Vielfalt von Textsorten gekenn-
zeichnet, in denen die Metapher eine jeweils andere Funktion erfüllt.
Den größten Spielraum für ihre Entfaltung in der von der antiken
Rhetorik vorgesehenen Form bieten Anklage und Verteidigung im
Kontext der strafgerichtlichen Verhandlung, wobei allerdings heute
vermutlich weniger als im alten Rom Wert auf das Ziel des *movere*
gelegt wird, das die Metapher in ihrer ostentativsten Form fördert.
Je mehr es um sachorientierte gesetzliche Texte geht, desto weniger
Platz dürfte für die auffällige Metapher gegeben sein. Im Folgenden
soll jedoch – wenn auch nur flüchtig – ein juristischer Text beleuch-

tet werden, der mittels Tropen durchaus Emotionen ansprechen soll:
die Präambel des deutschen Grundgesetzes.

Beim Grundgesetz handelt es sich um ein Dokument, das politischen Wert hat, zugleich jedoch ›über‹ der Tagespolitik steht. Schon
der Begriff ›Grundgesetz‹ ist als Metapher zu sehen, denn er macht
eine systematisch darauf aufgebaute Struktur von Gesetzen vorstellbar. Symbolisch wirkt das auf der offiziellen Website gleich einlei-
tend dem Leser dargebotene Datum: Der 8. Mai 1949 erinnert an
den Tag vier Jahre zuvor, als die Kapitulationsurkunde unterzeich-
net wurde. Die Parallele signalisiert gewissermaßen typologisch die
Überwindung der Vergangenheit und Eingliederung des nun wieder
gesetzeskräftigen deutschen Volkes in die Völkergemeinschaft. Die
Präambel dient vor diesem Hintergrund der Identitätsstiftung:

> Im Bewußtsein seiner Verantwortung vor Gott und den Menschen, von
> dem Willen beseelt, als gleichberechtigtes Glied in einem vereinten Europa
> dem Frieden der Welt zu dienen, hat sich das Deutsche Volk kraft seiner
> verfassungsgebenden Gewalt dieses Grundgesetz gegeben.
> (*Grundgesetz für die Bundesrepublik Deutschland*, Präambel)

Die Zeitstruktur ist metaphorisch: Denn die »verfassungsgebende
Gewalt« des Deutschen Volkes wurde erst mit der Genehmigung des
Gesetzes durch die Alliierten rechtskräftig, so dass die Vergangen-
heitsform zum Zeitpunkt der Unterzeichnung eine auf die Zukunft
projizierte Perspektive vermittelt. Das Wort ›kraft‹ wird in diesem
Kontext als lexikalisierte Metapher kenntlich: Hier wird es ›belebt‹,
um im vollen Sinne des Wortes eine rechtlich-politisch wirksame
›Kraft‹ zu kommunizieren.

Im Zentrum steht als Subjekt das ›Deutsche Volk‹, das als Synekdoche zu sehen ist, denn gehandelt haben die Repräsentanten der
deutschen Bürger. Ein emotional sich steigernder Prozess der Personifikation manifestiert sich in der Reihe »Bewußtsein« – »Verantwor-
tung« – »Willen« – ›Beseeltheit‹; und es folgt die ›soziale‹ Eingliederung des Volkes als »Glied« und in der Rolle des ›Dienenden‹. Die
Berufung auf die Instanzen »Gott« und »Menschen« schafft einen
zugleich sozialen und metaphysischen Kontext und signalisiert die
Überwindung der durch Verantwortungslosigkeit gekennzeichneten,
schuldhaften Vergangenheit. Die Orientierung für den auf die Zukunft gerichteten »Willen« des Volkes liefert der ›Dienst‹ am andeu-
tungsweise personifizierten »Frieden der Welt«.

Die Häufung von Tropen erweist die Bedeutung, die ihnen in
der Kommunikation höchster Werte im öfflichen Leben zugemessen wird, denn man kann davon ausgehen, dass ein hohes Maß
an Sprachreflexion an dem Text mitgewirkt hat. Dabei wird auch

Pathos nicht gemieden, wie die Beseelungsmetapher zeigt. Wenn die Verfasser der Präambel die schon von Aristoteles empfohlene ›belebende‹ Metapher wählen, so deshalb, weil das Gesetz erst dann wirklich rechtswirksam sein kann, wenn die Bürger sich mit dem verantwortungsvollen, dem Frieden dienenden »Deutschen Volk« identifizieren und das textuell entworfene Ideal mit ›Leben‹ erfüllen.

Politische Metaphorik ist zumeist am wirksamsten, wenn grundlegende Lebens- und Erfahrungsbereiche als Herkunftsbereiche eingesetzt werden; Beispiel ist die Metaphorik Hitlers in *Mein Kampf* (Körper, Tiere, Pflanzen, Himmelskörper, Krankheit, Krieg; vgl. Rash 2006, 76–174, bes. 170f.). Auch in komplexeren politischen Debatten sind Metaphern typischerweise nicht als isolierte Merkmale der Rede zu sehen, sondern als Ausprägung strukturbildender kognitiver Modelle, wie aus Andreas Musolffs Untersuchungen zur Metaphorik in Debatten über Europa hervorgeht (2004). Dass oft gerade mit zentralen Strukturen der jeweiligen Kultur oder gar mit anthropologischen Universalien gearbeitet wird, zeigt die von Lakoff analysierte und von Musolff eingangs zitierte Metapher von der ›Familie‹, die in der amerikanischen Politik eine wichtige Rolle spielt. Sie suggeriert die folgenden metaphorischen Relationen: »The Nation Is a Family; The Government Is a Parent; The Citizens Are the Children«. Indem sie hierarchische Strukturen kommuniziert, trägt sie dazu bei, politische Autorität durchzusetzen und Gehorsam einzufordern (Lakoff 1996, 7 u. 154f.; Musolff 2004, 2f.). Deutlich wird aus dieser Metapher der potenzielle Konflikt zwischen den gesetzlich festgelegten gesellschaftlichen Relationen und ihrer Vermittlung an die Bürgerinnen und Bürger. In dem Maße, wie die politische Kommunikation auf etablierte Muster rekurriert, kann sie ›abstraktere‹, weniger fest im (Unter-)Bewusstsein verankerte Relationen übertrumpfen.

In der Unternehmenskultur sind ebenfalls strukturbildende Metaphern wirksam – typisch ist die Vorstellung vom Unternehmen als Mensch oder vom Leiter der Firma als Vaterfigur, aber auch Vertikalitätsmetaphorik, die sich in der Situierung hierarchisch gegliederter Abteilungen im Bürogebäude konkretisiert. Dass die produktive Kraft von Metaphorik strategisch eingesetzt wird, beweisen Kurse und Publikationen zum Management Training, die das kognitive Potenzial der Metapher von der Diskussion wirtschaftsstrategischer Denkmodelle bis hin zur rhetorischen Ausbildung nutzen.

Die systematische Arbeit mit kognitiv wirksamen Metaphern geht aus Arie de Geus' Beitrag *The Living Company* im 1998 veröffentlichten Sammelband *Harvard Business Review on Strategies for Growth* hervor. Auf der Basis der Metapher ›Das Unternehmen ist ein Mensch‹ wird argumentiert, dass die meisten Unternehmen vorzeitig ›sterben‹ und dass es strategisch sinnvoll sei, ein Unternehmen durch die Pflege seiner ›lebendigen‹ ›Intelligenz‹ ›am Leben zu erhalten‹: »The living company stands a better chance of living longer« (ebd., 116). Erläutert wird die identitätsstiftende Kraft des ›lebenden Unternehmens‹, das seine Vitalität aus gegenseitigem Vertrauen, Kooperation und erfolgreicher Kommunikation bezieht. Ein Gegenbild bietet die Metapher der ›Maschine‹, wobei eine weitere biologische Metapher hineinspielt: »corporate money machines risk becoming an endangered species capable of living only in protected national parks« (ebd., 115). Dass hier nicht ein sachliches, sondern ein kommunikationsstrategisches Argument präsentiert wird, liegt auf der Hand, denn die Identifikation der Maschine mit einer Tierart ist so implausibel wie unüberzeugend. Indem jedoch das negative Unternehmensbild mit zwei sich wiedersprechenden negativen Assoziationen besetzt wird, erscheint das positive Bild umso lebensfähiger.

Es dürfte kein Zufall sein, wenn im öffentlichen Leben gerade ›belebende‹ Metaphern eine besondere Macht entwickeln – denn sie rücken den Redegegenstand in die ›Nähe‹ des Rezipienten und verleihen ihm eine unmittelbar vorstellbare ›Form‹. Dies erklärt auch die Bedeutung des Kriegs als Ziel- sowie als Herkunftsbereich (vgl. Emig 2001). Dass der wirkliche Krieg von Metaphern lebt, zeigt die rhetorische Kunst der Kontrahenten im Zweiten Weltkrieg; die Übertragbarkeit der rhetorischen Kriegskunst erweist sich in der Empfehlung von Churchills Reden für die Bildung angehender Manager (vgl. Wreden: *Language*, bes. 189). Als Herkunftsbereich verwendbar ist der Krieg in jedem Bereich des menschlichen Zusammenlebens, zumal er eine klare, vielfältig abwandlungsfähige Struktur schafft. Als Beispiel mag die folgende Zeitungsüberschrift dienen: »EU führt Wirtschaftskrieg« (*Stuttgarter Nachrichten*, 15.5.2007, 1). Die Metapher erzeugt eine Spannung, die zum Weiterlesen anregt. Es handelt sich dabei um die These zweier Autohersteller, »die Europäische Union führe bei der Reduzierung des Treibhausgases Kohlendioxid einen Wirtschaftskrieg gegen die deutschen Autobauer« (ebd.). Die Sachbezüge verschwinden im Hintergrund; fokussiert werden durch die Metapher die gegenläufigen Interessen der politischen und wirtschaftlichen Institutionen.

Man mag der Ubiquität von Kriegsmetaphorik in den Diskursen des öffentlichen Lebens entnehmen, dass unsere Kultur von Aggressivität geprägt ist; oder man kann davon ausgehen, dass es sich um eine jener anthropologischen Universalien handelt, die eine ausgeprägte Struktur vermitteln und daher zur Übertragung auf andere Bereiche reizen. Vermutlich stimmt beides.

6.6 Künste jenseits der Sprache

Die Metapher ist nicht nur für die Kunst des Dichtens zentral. Denn besonders seit der Romantik ist in allen Bereichen der Kunst die Kreativität der Imagination gefordert, und gerade die Metapher ermöglicht ein Denken über das Sichtbare und Bekannte hinaus. Zugleich bietet sie ein bedeutsames Medium der Legitimation und Profilierung spezifischer Projekte, denn sie ist unerlässlich für die Vermittlung künstlerischer Ziele und die Steuerung der imaginativen Rezeption.

Solange die Kunst ihre Rechtfertigung vornehmlich in der Anwendung von technischem Wissen und handwerklicher Fertigkeit findet, besteht wenig Anlass für metaphorische Vorstellung und Darstellung, denn vorrangiges Thema sind dann physische Dinge und Prozesse. So geht es beispielsweise in den überlieferten Schriften Albrecht Dürers hauptsächlich um die Vermittlung sachlicher Inhalte. Dass allerdings selbst in diesem Kontext Metaphern mitspielen, geht aus zwei Bemerkungen hervor, in denen die antike Inspirationstheorie auf die Malerei übertragen ist: »Zu der Kunst recht zu molen ist schwer zu kummen. Dorum wer sich dorzu nit geschickt findt, der untersteh sich der nicht. Dann es will kummen van den öberen Eingießungen« (Dürer: *Nachlaß*, 297); »ein guter Maler ist inwendig voller Figur, und obs müglich wär, daß er ewiglich lebte, so hätt er aus den inneren Ideen, dovan Plato schreibt, allweg etwas Neus durch die Werk auszugießen« (ebd., 289). Vertikalitäts-, Behälter- und Flüssigkeitsmetaphorik wirken zusammen, um Fülle der Schöpfungskraft, göttliche Legitimation und den Wert des eigenen Werkes zu kommunizieren. Die Metaphern sind topisch; gerade deswegen jedoch vermögen sie das Schaffen umso wirksamer zu legitimieren, denn sie sind Träger einer anerkannten Autorität. Und man kann spekulieren, dass die Inspirationsmetaphorik den Künstlern aller Medien und zu jeder Zeit Zugang zu ungeahnter Schöpfungskraft gewährt hat.

In den visuellen Künsten ermöglicht die Metapher eine Aufwertung und Sinnerfüllung der zentralen perzeptiven Fähigkeit: des Sehens. Dies wurde bereits in Harsdoerffers Ausführungen zum Emblem deutlich, gilt jedoch ebenso beispielsweise in der Kunst der Romantik. So betont Caspar David Friedrich um 1830, vom »Künstler« verlange man, »daß er mehr sehen soll« als der Normalsichtige (*Äußerung*, 113), und er gibt die folgende Anweisung: »Schließe dein leibliches Auge, damit du mit dem geistigen Auge zuerst siehest dein Bild. Dann fördere zutage, was du im Dunkeln gesehen, daß es zurückwirke auf andere von außen nach innen« (ebd., 78).

Die Projektion des ›Auges‹ vom Körper auf den Geist ermöglicht die Extension des physisch Sichtbaren in geistige Dimensionen. Zugleich evoziert die Bergbaumetapher die Schöpfung aus dem Organ der Emotionen heraus. Denn das »Herz« ist »die einzig wahre Quelle der Kunst« (ebd., 77) – romantische Variante der topischen Musenquelle. Die Herausforderung für den Künstler besteht darin, das ›innen Gesehene‹ so darzustellen, dass der Rezipient nicht nur physisch das ›äußere‹ Bild wahrnimmt, sondern geistig das ungleich reichere ›innere‹ Bild.

Die sprachliche Metapher erfüllt für die Rezeption nicht-sprachlicher Kunst besonders dann eine wichtige Funktion, wenn kein direkter Bezug zur physisch perzipierbaren Wirklichkeit gegeben ist. Der Musik bietet sie reiche Möglichkeiten der Sinnstiftung, so in der Verquickung von Wort und Ton im Gesang, aber auch durch Titel. So evozieren in Beethovens *Symphonie Nr. 6* die Bezeichnungen der fünf Sätze eine ›Handlung‹ von den »heiteren Empfindungen« bei der »Ankunft auf dem Lande« bis hin zu den »wohltätigen, mit Dank an die Gottheit verbundenen Gefühlen nach dem Sturm« (ebd. 1 u. 96) und machen die rein instrumentale Musik zum Träger einer ›Geschichte‹. Intendiert ist nicht eine Beschreibung, die an die visuelle Imagination appelliert, sondern die prozessuale Stimulierung der Emotionen:

Auch ohne Beschreibung wird man das Ganze, welches mehr Empfindung als Tongemälde, erkennen. – Pastoralsinfonie keine Malerei, sondern worin die Empfindungen ausgedrückt sind, welche der Genuß des Landes im Menschen hervorbringt. (Beethoven: [*Auf Skizzen zur Pastoral-Symphonie*])

Die Überschriften stellen sicher, dass im Prozess des Hörens etablierte Assoziationen mit dem Landleben gefühlswirksam in den musikalischen Prozess eingebracht werden. Indem Beethoven jedoch verbal nur Situationen andeutet, meidet er den Effekt der (metaphorischen) »Malerei«, der traditionell mit der pastoralen Tradition verbunden wird. Die negierte Metapher vom »Gemälde« dient dazu, die angestrebte Wirkung des eigenen Werkes zu verdeutlichen.

Auch in der abstrakten Malerei erfüllen Titel eine wichtige Funktion. Interessant sind besonders Wassily Kandinskys Titel, da sie sich durch einen hohen Abstraktionsgrad auszeichnen, zugleich aber rudimentäre räumliche oder prozessuale Strukturen vermitteln, die sich zu grundlegenden ›Bildschemata‹ im Sinne der kognitiven Metaphertheorie in Beziehung setzen lassen (s.o., S. 24; Johnson (1987, 83f.) verweist im Kontext seiner Bildschematheorie auf Kandinsky). Verdeutlicht sei dies anhand von einigen Schemata und entsprechenden Titeln: Behälter (*Im Kreise, Im Grau*); Weg (*Spaziergang,*

Durchgehend); Vertikalität (*Entassement reglée* [*Geordnete Anhäufung*], *Montée-Descente* [*Auf- und Abstieg*]); Verbindung (*Freie Beziehung, Überbrückend*) (*Kandinsky 1866–1944*, 74, 110, 135, 138f. u. 140). Auch die körperlichen Gleichgewichtskräfte des Betrachters sind gefordert, wenn beispielsweise eine Konstellation von frei schwebenden Linien und Kreisen den Titel *Haltlos* trägt (ebd., S. 138). Um dem Titel in Bezug auf das Bild Sinn abzugewinnen, muss der Betrachter die visuellen Formen und das Wort zueinander in Beziehung bringen: Es bezeichnet wörtlich eine menschliche Körpererfahrung und in übertragenem Sinne geistig-emotionale Orientierungslosigkeit. Keine der beiden Bedeutungen beschreibt das Dargestellte; einen Sinn erhält die Metapher ›Haltlos‹ erst im experimentellen Prozess der Wahrnehmung, wenn der Betrachter die eigenen menschlichen Gleichgewichtskräfte ›personifizierend‹ in die Formen projiziert.

Die bereits in Bezug auf ›bildliche‹ Rede erkundete Rolle der Metapher in der Metasprache erhält bezüglich nicht-sprachlicher Künste eine besondere Bedeutung, denn hier handelt es sich um alternative ›Sprachen‹, die sich an der verbalen Sprache orientieren können, ohne darauf festgelegt zu sein. Als Beispiel mögen die Ausführungen der Tänzerin Mary Wigman in ihrem 1963 veröffentlichten Buch *Die Sprache des Tanzes* dienen. Sie evoziert hier den Tanz als »lebendige Sprache« des Körpers, die sich »über den Boden der Realität emporschwingt«, um in »Bildern und Gleichnissen [...] zu sprechen« (ebd., 10); die intensivste Wirkung entfaltet der Tanz, wenn sich »seine flüchtigen Zeichen zur lesbaren und einprägsamen Spiegelschrift [verdichten]« (ebd., 12). Die Sprachmetaphorik lädt dazu ein, eine Signifikanz jenseits der sichtbaren Bewegung zu entdecken (vgl. Brandstetter 1984).

Wigman nutzt durchgängig in ihrer sprachlichen Darstellung des Tanzes die Möglichkeiten der Metapher, um eine Bewegung des Körpers vorstellbar zu machen, die ihn aus seiner physisch räumlichen Bedingtheit löst:

[Es ist] nicht der greifbare, der begrenzte und begrenzende Raum der konkreten Wirklichkeiten, sondern der imaginäre, der irrationale Raum der tänzerischen Expansion, der die Grenzen der Körperlichkeit aufzuheben vermag und der ins Fließen gebrachte Gebärde eine scheinbare Unendlichkeit verleiht, in der sie sich zu verstrahlen, zu verströmen, zu verhauchen scheint.
(Wigman: *Sprache des Tanzes*, 12)

Unterschiedlichste konzeptuelle Herkunftsbereiche dienen dazu, den Körper für das geistige ›Auge‹ zu ›entgrenzen‹ und ›flüssig‹, ›leuchtend‹, ›ätherisch‹ sowie ›transzendent‹ zu gestalten. In der Arbeit mit den Tänzern wird Wigman solche Metaphern benutzt haben, um ihnen Leichtigkeit und Geschmeidigkeit beizubringen und die Schwere und Vergänglichkeit der Körper vergessen zu machen – denn in der bewegten Zusammenarbeit zwischen Geist, Sprache und Körper macht die imaginative Kraft der Metapher das Unmögliche möglich.

Mehr noch als in den anderen Disziplinen zeigt sich in den nicht-sprachlichen Künsten, dass die Wirkung der Metapher weit über das Medium der Sprache hinausreicht, ohne doch je die Sprache ganz hinter sich zu lassen.

7. Literaturverzeichnis

7.1 Grundlagenwerke

Die zitierten Grundlagenwerke stehen der leichteren Auffindbarkeit halber ebenfalls in Teil 2: Theorie und Forschung zur Metapher.

7.1.1 Bibliographien, Zeitschriften und Websites

Shibles, Warren A. (Hg.): Metaphor. An Annotated Bibliography and History. Whitewater, Wisconsin: Language Press 1971.

Noppen, Jean Pierre van/Knop, S. de u.a. (Hg.): Metaphor. A Bibliography of post–1970 Publications. Amsterdam/Philadelphia: Benjamins 1985.

Noppen, Jean Pierre van/Hols, Edith (Hg.): Metaphor II. A Classified Bibliography of Publications, 1985 to 1990. Amsterdam: Benjamins 1990.

Metaphor and Symbol. [Zeitschrift, erscheint viermal jährlich seit 1986.]

Metaphorik.de. In: http://www.metaphorik.de/ (Zugang: 7.7.2007).

7.1.2 Rhetorik

Aristoteles: Rhetorik. Übers. u. hg. v. Franz G. Sieveke. 5. Aufl. München: Fink 1995 (Uni-Taschenbücher 159).

Baumgarten, Hans: Compendium Rhetoricum. Die wichtigsten Stilmittel. Eine Auswahl. 2. Aufl. Göttingen: Vandenhoeck & Ruprecht 2005.

Cicero, Marcus Tullius: De oratore / Über den Redner. Lat./dt. Übers. u. hg. v. Harald Merklin. Stuttgart: Reclam 1976 (Universal-Bibliothek 6884).

Lausberg, Heinrich: Handbuch der literarischen Rhetorik. Eine Grundlegung der Literaturwissenschaft. 3. Aufl. Mit einem Vorwort v. Arnold Arens. 2 Bde. Stuttgart: Steiner 1990.

Longinus: Vom Erhabenen. Gr./dt. Übers. u. hg. v. Otto Schönberger. Stuttgart: Reclam 1988 (Universal-Bibliothek 8469).

Plett, Heinrich F.: Einführung in die rhetorische Textanalyse. 9. aktualisierte u. erw. Aufl. Hamburg: Buske 2001a.

Quintilianus, Marcus Fabius: Institutionis oratoriae libri XII / Ausbildung des Redners. Zwölf Bücher. Hg. u. übers. v. Helmut Rahn. 2 Bde. 3. Aufl. Darmstadt: Wissenschaftliche Buchgesellschaft 1995.

Sloane, Thomas O. (Hg.): Encyclopedia of Rhetoric. Oxford: Oxford University Press 2001.

Ueding, Gert: Historisches Wörterbuch der Rhetorik. Tübingen: Niemeyer 1992ff.

7.1.3 Philosophie, Ästhetik, Poetik, Literaturwissenschaft

Abrams, M.H.: The Mirror and the Lamp: Romantic Theory and the Critical Tradition. Oxford: Oxford University Press 1953 [Deutsch: Spiegel und Lampe: romantische Theorie und die Tradition der Kritik. München: Fink 1978.]

Aristoteles: Poetik. Gr./Dt. Übers. u. hg. v. Manfred Fuhrmann. Stuttgart: Reclam 1994 (Universal-Bibliothek 7828).

Blumenberg, Hans: Paradigmen zu einer Metaphorologie. Frankfurt a.M.: Suhrkamp 1998 (Suhrkamp Taschenbuch Wissenschaft 1301). [Erstveröffentlichung 1960.]

Curtius, Ernst Robert: Europäische Literatur und lateinisches Mittelalter. 11. Aufl. Tübingen, Basel: Francke 1993.

Haverkamp, Anselm (Hg.): Theorie der Metapher. 2., um ein Nachwort zur Neuausg. u. einen bibl. Nachtrag erw. Aufl. Darmstadt: Wissenschaftliche Buchgesellschaft 1996.

Haverkamp, Anselm (Hg.): Die paradoxe Metapher. Frankfurt a.M.: Suhrkamp 1998a (edition suhrkamp 1940, N.F. 940).

Kohl, Katrin: Poetologische Metaphern. Formen und Funktionen in der deutschen Literatur. Berlin, New York: de Gruyter 2007.

Konersmann, Ralf (Hg.): Wörterbuch der philosophischen Metaphern. Darmstadt: Wissenschaftliche Buchgesellschaft 2007.

Müller-Richter, Klaus/Larcati, Arturo (Hg.): Der Streit um die Metapher. Poetologische Texte von Nietzsche bis Handke. Mit kommentierenden Studien. Darmstadt: Wissenschaftliche Buchgesellschaft 1998.

Ricœur, Paul: La métaphore vive. Paris: Éditions du Seuil 1975. [Deutsch: Die lebendige Metapher. Mit einem Vorwort zur deutschen Ausgabe. Übers. v. Rainer Rochlitz. München: Fink 1986.]

Ritter, Joachim/Gründer, Karlfried: Historisches Wörterbuch der Philosophie. 12 Bde. Darmstadt: Wissenschaftliche Buchgesellschaft 1971–2004.

Rolf, Eckard: Metaphertheorien. Typologie. Darstellung. Bibliographie. Berlin/New York: de Gruyter 2005 (de Gruyter Lexikon).

Weimar, Klaus/Fricke, Harald u.a. (Hg.): Reallexikon der deutschen Literaturwissenschaft. Neubearbeitung des Reallexikons der deutschen Literaturgeschichte. 3 Bde. Berlin/New York: de Gruyter 1997–2003.

7.1.4 Linguistik und Kognitionswissenschaften

Jäkel, Olaf: Wie Metaphern Wissen schaffen. Die kognitive Metapherntheorie und ihre Anwendung in Modell-Analysen der Diskursbereiche Geistestätigkeit, Wirtschaft, Wissenschaft und Religion. Hamburg: Kovač 2003 (Philologia – Sprachwissenschaftliche Forschungsergebnisse 59).

Johnson, Mark: The Body in the Mind. The Bodily Basis of Meaning, Imagination, and Reason. Chicago/London: University of Chicago Press 1987.

Kövecses, Zoltán: Metaphor. A Practical Introduction. Oxford: Oxford University Press 2002.

Kövecses, Zoltán: Metaphor in Culture. Universality and Variation. Cambridge: Cambridge University Press 2005.

Lakoff, George: Women, Fire and Dangerous Things. What Categories Reveal about the Mind. Chicago/London: University of Chicago Press 1987.

Lakoff, George/Johnson, Mark: Metaphors We Live By. [2. Aufl.] With a new afterword. Chicago/London: University of Chicago Press 2003. [Erstveröffentlichung: 1980; deutsche Übers. der 1. Aufl.: Leben in Metaphern. Konstruktion und Gebrauch von Sprachbildern. 4. Aufl. Übers. v. Astrid Hildenbrand. Heidelberg: Auer 2004.]

Lakoff, George/Turner, Mark: More than Cool Reason. A Field Guide to Poetic Metaphor. Chicago/London: University of Chicago Press 1989.

Ortony, Andrew (Hg.): Metaphor and Thought. [2., überarb. u. erw. Aufl.]. Cambridge: Cambridge University Press 1993a. [Erstauflage 1979.]

Sweetser, Eve: From Etymology to Pragmatics. Metaphorical and cultural aspects of semantic structure. Cambridge: Cambridge University Press 1990 (Cambridge Studies in Linguistics).

Ungerer, Friedrich/Schmid, Hans-Jörg: An Introduction to Cognitive Linguistics. 2. erw. Aufl. Harlow: Pearson Longman 2006.

7.2 Theorie und Forschung zur Metapher sowie andere wissenschaftliche Quellen

Verweise im Text: Autor(en) Jahr, ggf. Band, Seite.

Abrams, M.H.: A Glossary of Literary Terms. 7. Aufl. Fort Worth: Harcourt Brace 1999.

Abrams, M.H.: The Mirror and the Lamp: Romantic Theory and the Critical Tradition. Oxford: Oxford University Press 1953. [Deutsch: Spiegel und Lampe: romantische Theorie und die Tradition der Kritik. München: Fink 1978.]

Adelung, Johann Christoph: Umständliches Lehrgebäude der Deutschen Sprache, zur Erläuterung der Deutschen Sprachlehre für Schulen. 2 Bde. Leipzig: Breitkopf 1782.

Alt, Peter-André: Begriffsbilder. Studien zur literarischen Allegorie zwischen Opitz und Schiller. Tübingen: Niemeyer 1995 (Studien zur deutschen Literatur 131).

Anaki, David/Faust, Miriam u.a.: Cerebral hemispheric asymmetries in processing lexical metaphors. In: Neuropsychologia 36, Nr. 7 (1998), S. 691–700.

[Anon.:] Rhetorica ad Herennium. Lat./dt. Hg. u. übers. v. Theodor Nüßlein. 2. Aufl. Düsseldorf/Zürich: Artemis & Winkler 1998.

Aristoteles: Peri hermeneias. Übers. u. erläutert v. Hermann Weidemann. 2. veränd. Aufl. Berlin: Akademie-Verlag 2002.

Aristoteles: Poetik. Gr./Dt. Übers. u. hg. v. Manfred Fuhrmann. Stuttgart: Reclam 1994 (Universal-Bibliothek 7828).

Aristoteles: Rhetorik. Übers. u. hg. v. Franz G. Sieveke. 5. Aufl. München: Fink 1995 (Uni-Taschenbücher 159).

Asmuth, B./Barrasch, M.: Bild, Bildlichkeit. In: Ueding 1992ff., Bd. 2 (1994), Sp. 10–30.

Baldauf, Christa: Metapher und Kognition. Grundlagen einer neuen Theorie der Alltagsmetapher. Frankfurt a.M./Berlin u.a.: Peter Lang 1997 (Sprache in der Gesellschaft. Beiträge zur Sprachwissenschaft 24).

Barcelona, Antonio: Metaphor and Metonymy at the Crossroads. A Cognitive Perspective. Berlin/New York: Mouton de Gruyter 2000.

Bernhardt, Reinhold/Link-Wieczorek, Ulrike (Hg.): Metapher und Wirklichkeit. Die Logik der Bildhaftigkeit im Reden von Gott, Mensch und Natur. Göttingen: Vandenhoeck & Ruprecht 1999.

Betz, Hans Dieter u.a. (Hg.): Religion in Geschichte und Gegenwart. Handwörterbuch für Theologie und Religionswissenschaft. 4., völlig neu bearb. Aufl. 8 Bde. Tübingen: Mohr Siebeck 1998–2005.

Binder, Hartmut: Kafka Kommentar zu den Romanen, Rezensionen, Aphorismen und zum Brief an den Vater. München: Winkler 1976.

Birus, Hendrik: Metapher. In: Weimar/Fricke 1997–2003, Bd. 2 (2000), S. 571–576.

Black, Max: Models and Metaphors. Studies in Language and Philosophy. Ithaca: Cornell University Press 1962. [Deutsch, Auszug: Die Metapher. Übers. v. Margit Smuda. In: Haverkamp 1996, S. 55–79.]

Black, Max: More about Metaphor. In: Ortony 1993a, 19–41. [Deutsch: Mehr über die Metapher. Übers. v. Margit Smuda. In: Haverkamp 1996, S. 379–413.]

Blumenberg, Hans: Paradigmen zu einer Metaphorologie. Frankfurt a.M.: Suhrkamp 1998 (Suhrkamp Taschenbuch Wissenschaft 1301). [Erstveröffentlichung 1960.]

Bodmer, Johann Jacob: Critische Betrachtungen über die Poetischen Gemählde der Dichter. Zürich: Orell 1741. Repr. Nachdr.: Frankfurt a.M.: Athenäum 1971.

Bossinade, Johanna: Poststrukturalistische Literaturtheorie. Stuttgart/Weimar: Metzler 2000 (Sammlung Metzler 324).

Brandstetter, Gabriele: Elevation und Transparenz. Der Augenblick im Ballett und modernen Bühnentanz. In: Thomsen/Holländer 1984, S. 475–492.

Brandt, Christina: Metapher und Experiment. Von der Virusforschung zum genetischen Code. Göttingen: Wallstein 2004 (Wissenschaftsgeschichte).

Brooke-Rose, Christine: A Grammar of Metaphor. London: Secker & Warburg 1958.

Brown, Donald E.: Human Universals. New York u.a.: McGraw-Hill 1991.

Buck, August: Einleitung. In: Andrea Alciatus: Emblematum libellus. Repr. Nachdruck d. Ausg. Paris 1542. Darmstadt: Wissenschaftliche Buchgesellschaft 1991.

Buntfuß, Markus: Tradition und Innovation. Die Funktion der Metapher in der theologischen Theoriesprache. Berlin/New York: de Gruyter 1997.

Campe, Rüdiger: Rhetorische Perspektive. Metapher und Metonymie bei Leibniz. In: Haverkamp 1998a, 332–357. [Erstveröffentlichung: 1995.]

Campe, Rüdiger: Vor Augen Stellen: Über den Rahmen rhetorischer Bildgebung. In: Gerhard Neumann (Hg.): Poststrukturalismus. Herausforderung an die Literaturwissenschaft. Stuttgart: Metzler 1997, 208–225.

Chomsky, Noam: Knowledge of Language. Its Nature, Origin and Use. New York u.a.: Praeger 1986 (Convergence).

Cicero, Marcus Tullius: De oratore / Über den Redner. Lat./dt. Übers. u. hg. v. Harald Merklin. Stuttgart: Reclam 1976 (Universal-Bibliothek 6884).

Clemen, Wolfgang: Shakespeares Bilder. Ihre Entwicklung und ihre Funktion im dramatischen Werk, mit einem Ausblick auf Bild und Gleichnis im Elisabethanischen Zeitalter. Bonn: Hanstein 1936 (Bonner Studien zur englischen Philologie 27).

Clifford, James: Introduction. Partial Truths. In: Clifford/Marcus 1986, 1–26.

Clifford, James/Marcus, George (Hg.): Writing Culture. The Poetics and Politics of Ethnography. Berkeley u.a.: University of California Press 1986.

Coenen, Hans Georg: Analogie und Metapher. Grundlegung einer Theorie der bildlichen Rede. Berlin/New York: de Gruyter 2002 (de Gruyter Studienbuch).

Cuddon, J.A.: Dictionary of Literary Terms and Literary Theory. 4. Aufl., überarb. v. C.E. Preston. Harmondsworth: Penguin 1999.

Culler, Jonathan: The Turns of Metaphor. In: ders.: The Pursuit of Signs. Semiotics, Literature, Deconstruction. London: Routledge 1981, S. 188–209.

Curtius, Ernst Robert: Europäische Literatur und lateinisches Mittelalter. 11. Aufl. Tübingen/Basel: Francke 1993.

Danneberg, Lutz (Hg.): Metapher und Innovation. Die Rolle der Metapher im Wandel von Sprache und Wissenschaft. Bern u.a.: Haupt 1995 (Berner Reihe philosophischer Studien 16).

Demandt, Alexander: Metaphern für Geschichte. Sprachbilder und Gleichnisse im historisch-politischen Denken. München: Beck 1978.

Draaisma, Douwe: The tracks of thought. Nature 414 (8.11.2001), S. 153.

Dräger, Jörn: Typologie und Emblematik in Klopstocks »Messias«. Diss. Göttingen 1971.

Drewer, Petra: Die kognitive Metapher als Werkzeug des Denkens. Zur Rolle der Analogie bei der Gewinnung und Vermittlung wissenschaftlicher Erkenntnisse. Tübingen: Narr 2003.

Duden. Das große Wörterbuch der deutschen Sprache in sechs Bänden. Mannheim u.a.: Dudenverlag 1976–1981.

Duden. Das große Wörterbuch der deutschen Sprache in acht Bänden. 2. erw. Aufl. Mannheim u.a.: Dudenverlag 1993–1995.

Duden. Das große Wörterbuch der deutschen Sprache in zehn Bänden. Hg. v. Wissenschaftlichen Rat der Dudenredaktion. 3. erw. Aufl. Mannheim u.a.: Dudenverlag 1999.

Eco, Umberto: Die Suche nach der vollkommenen Sprache. Übers. v. Burkhart Kroeber. 3. Aufl. München: Deutscher Taschenbuch Verlag 2002. [Ital. Orig.: La ricerca della lingua perfetta nella cultura europea. 1993.]

Einstein, Albert/Infeld, Leopold: Die Evolution der Physik. Von Newton bis zur Quantentheorie. Reinbek bei Hamburg: Rowohlt 1956 (Rowohlts deutsche Enzyklopädie).

Elbers, Loekie: New names from old words. Related aspects of children's metaphors and word compounds. Journal of Child Language 15 (1988), 591–617.

Elster, Jon: Nuts and Bolts for the Social Sciences. Cambridge: Cambridge University Press 1989.

Elster, Jon: Explaining Social Behavior. More Nuts and Bolts for the Social Sciences. Cambridge/New York: Cambridge University Press 2007.

Emerson, Ralph Waldo: The Poet. In: ders.: Essays, Second Series. Hg. v. Alfred R. Ferguson u.a. Cambridge, Mass./London: Belknap 1983 (The Collected Works of R.W.E., hg. v. Robert E. Spiller/Alfred R. Ferguson, 1971ff., Bd. 3), S. 1–24.

Emig, Rainer: Krieg als Metapher im zwanzigsten Jahrhundert. Darmstadt: Wissenschaftliche Buchgesellschaft 2001 (Edition Universität).

Fauconnier, Gilles/Turner, Mark: The Way We Think. Conceptual Blending and the Mind's Hidden Complexities. New York: Basic Books 2002.

Ferber, Michael: A Dictionary of Literary Symbols. Cambridge: Cambridge University Press 1999.

Forster, Leonard: The Icy Fire. Five Studies in European Petrarchism. Cambridge: Cambridge University Press 1969. [Deutsch: Das eiskalte Feuer. Übers. v. Jörg-Ulrich Fechner. Kronberg, Ts.: Scriptor 1976.]

Freund, Winfried: Deutsche Lyrik. Interpretationen vom Barock bis zur Gegenwart. München: Fink 1990 (Uni-Taschenbücher 1583).

Frey, Jörg/Rohls, Jan u.a. (Hg.): Metaphorik und Christologie. Berlin/New York: de Gruyter 2003 (Theologische Bibliothek Töpelmann 120).

Freytag, Wiebke: Allegorie, Allegorese. In: Ueding 1992ff., Bd. 1 (1992), Sp. 330–393.

Fuhrmann, Manfred: Einführung in die antike Dichtungstheorie. Darmstadt: Wissenschaftliche Buchgesellschaft 1973.

Gardt, Andreas: Geschichte der Sprachwissenschaft in Deutschland. Vom Mittelalter bis ins 20. Jahrhundert. Berlin/New York: de Gruyter 1999 (de Gruyter Studienbuch).

Gazzaniga, Michael S. (Hg.): The Cognitive Neurosciences III [= 3. rev. u. erw. Aufl.]. Cambridge, Mass./London: MIT Press 2004.

Gazzaniga, Michael S./Ivry, Richard B. u. a.: Cognitive Neuroscience. The Biology of the Mind. 2. Aufl. New York/London: Norton 2002.

Geideck, Susan/Liebert, Wolf-Andreas: Sinnformeln. Linguistische und soziologische Analysen von Leitbildern, Metaphern und anderen kollektiven Orientierungsmustern. Berlin/New York: de Gruyter 2003 (Linguistik – Impulse und Tendenzen 2).

Gentner, Dedre/Bowdle, Brian u.a.: Metaphor is like Analogy. In: Dedre

Gentner/Keith J. Holyoak u.a. (Hg.): The Analogical Mind. Perspectives from Cognitive Science. Cambridge, Mass.: MIT Press 2001, S. 199–253.

Gentner, Dedre/Jeziorski, Michael: The shift from metaphor to analogy in Western science. In: Ortony 1993a, S. 447–480.

Gibbs, Raymond: The Poetics of Mind. Figurative Thought, Language and Understanding. Cambridge: Cambridge University Press 1994.

Goethe, Johann Wolfgang von: Sämtliche Werke, Briefe, Tagebücher und Gespräche. Hg. v. Friedmar Apel/Hendrik Birus u.a. Frankfurt a.M.: Deutscher Klassiker Verlag 1985ff. (Bibliothek deutscher Klassiker).

Gorgias von Leontinoi: Lobpreis der Helena (Fragment 11). In: ders.: Reden, Fragmente und Testimonien. Gr./dt. Hg. mit Übers. u. Kommentar v. Thomas Buchheim. Hamburg: Meiner 1989 (Philosophische Bibliothek 404), S. 2–17.

Göttert, Karl-Heinz: Einführung in die Rhetorik. Grundbegriffe – Geschichte – Rezeption. 3. Aufl. München: Fink 1998 (Uni-Taschenbuch).

Greber, Erika: Textile Texte. Poetologische Metaphorik und Literaturtheorie. Studien zur Tradition des Wortflechtens und der Kombinatorik. Köln u.a.: Böhlau 2002 (Pictura et poesis 9).

Greenfield, Susan: The Private Life of the Brain. London u.a.: Penguin 2002. [Erstveröffentlichung London/New York: Allen Lane (Penguin), 2000.]

Grimm, Jacob/Grimm, Wilhelm: Deutsches Wörterbuch. Leipzig 1854–1971. Repr. Nachdr.: 33 Bde. München: Deutscher Taschenbuch Verlag 1984. [= Grimm 1984]

Gumbrecht, Hans-Ulrich/Link-Heer, Ursula (Hg.): Epochenschwellen und Epochenstrukturen im Diskurs der Literatur- und Sprachhistorie. Frankfurt a.M.: Suhrkamp 1985 (Suhrkamp Taschenbuch Wissenschaft 486).

Hagstrum, Jean: The Sister Arts. The Tradition of Literary Pictorialism and English Poetry from Dryden to Gray. Chicago/London: University of Chicago Press 1958.

Halliwell, Stephen: Aristotle's Poetics. 2. Aufl. London: Duckworth 1998.

Harsdoerffer, Georg Philipp: Poetischer Trichter. Nürnberg: Endter ²1650 (Bd. 1; erste Aufl. 1647), 1648 (Bd. 2) und 1653 (Bd. 3). Repr. Nachdr. in einem Band mit separater Numerierung: Darmstadt: Wissenschaftliche Buchgesellschaft 1969.

Hartmann, V.: Personifikation. In: Ueding 1992ff., Bd. 6 (2003), Sp. 810–813.

Haverkamp, Anselm (Hg.): Theorie der Metapher. 2., um ein Nachwort zur Neuausg. u. einen bibl. Nachtrag erw. Aufl. Darmstadt: Wissenschaftliche Buchgesellschaft 1996.

Haverkamp, Anselm (Hg.): Die paradoxe Metapher. Frankfurt a.M.: Suhrkamp 1998a (edition suhrkamp 1940, N.F. 940).

Haverkamp, Anselm: Einleitung. Die paradoxe Metapher. In: Haverkamp 1998a, S. 7–25. [=Haverkamp 1998b]

Hegel, Georg Wilhelm Friedrich: Werke. Auf der Grundlage der »Werke« von 1832–1845 neu edierte Ausg. Hg. v. Eva Moldenhauer/Karl Markus Michel. 20 Bde. u. Register. Frankfurt a.M.: Suhrkamp 1986 (Suhrkamp Taschenbuch Wissenschaft 601 u.a.).

Heisenberg, Werner: Der Teil und das Ganze. Gespräche im Umkreis der Atomphysik. 6. Aufl. München: Piper 2005a. [Erstveröffentlichung 1969.]

Heisenberg, Werner: Diskussionen über die Sprache (1933). In: Heisenberg 2005a, 150–167. [=Heisenberg 2005b]

Henkel, Arthur/Schöne, Albrecht (Hg.): Emblemata. Handbuch zur Sinnbildkunst des XVI. und XVII. Jahrhunderts. Erg. Neuausg. Stuttgart: Metzler 1976.

Herder, Johann Gottfried: Erläuterungen zum Neuen Testament [...]. In: ders.: Sämmtliche Werke. Hg. v. Bernhard Suphan. 33 Bde. Berlin: Weidmann 1877–1913, Bd. 7 (1884), 335–470.

Hertling, G.H.: Theodor Fontanes »Irrungen, Wirrungen«. Die ›Erste Seite‹ als Schlüssel zum Werk. New York u.a.: Lang 1985 (Germanic Studies in America 54).

Herzog, Reinhart/Koselleck, Reinhart (Hg.): Epochenschwelle und Epochenbewußtsein. München: Fink 1987.

Heydebrand, Renate von: Parabel. In: Weimar/Fricke u.a. 1997–2003, Bd. 3 (2003), S. 11–15.

Hillebrand, Bruno (Hg.): Nietzsche und die deutsche Literatur. 2 Bde. Tübingen: Niemeyer 1978.

Homberger, Dietrich: Sachwörterbuch zur Sprachwissenschaft. 2. Aufl. Stuttgart: Reclam 2003 (Universal-Bibliothek 18241).

Humboldt, Wilhelm von: Ueber die Verschiedenheit des menschlichen Sprachbaues und ihren Einfluss auf die geistige Entwicklung des Menschengeschlechts. In: ders.: Schriften zur Sprachphilosophie. Hg. v. Andreas Flitner/Klaus Giel. Stuttgart: Cotta 1963 (Werke in fünf Bänden. Hg. v. Andreas Flitner/Klaus Giel. 1960–1981, Bd. 3), S. 368–756.

Jäkel, Olaf: Kant, Blumenberg, Weinrich: Some Forgotten Contributions to the Cognitive Theory of Metaphor. In: Raymond W. Gibbs/Gerard Steen (Hg.): Metaphor in Cognitive Linguistics. Amsterdam/Philadelphia: Benjamins 1999, 9–27.

Jäkel, Olaf: Wie Metaphern Wissen schaffen. Die kognitive Metapherntheorie und ihre Anwendung in Modell-Analysen der Diskursbereiche Geistestätigkeit, Wirtschaft, Wissenschaft und Religion. Hamburg: Kovač 2003 (Philologia – Sprachwissenschaftliche Forschungsergebnisse 59).

Jakobson, Roman: Two aspects of language and two types of aphasic disturbances. In: Jakobson, Roman/Halle, Maurice: Fundamentals of Language. 2. rev. Aufl. Den Haag/Paris: Mouton 1971, S. 67–96. [Deutsch, Auszug: ders.: Zwei Seiten der Sprache und zwei Typen aphatischer Störungen. In: ders.: Der Doppelcharakter der Sprache und die Polarität zwischen Metaphorik und Metonymik. In: Haverkamp 1996, 163–174.]

Jean Paul: Vorschule der Ästhetik. In: ders.: Werke. Hg. v. Norbert Miller. Nachwort v. Walter Höllerer. München: Hanser 1960ff., Bd. 5 (³1973), S. 7–456.

Johnson, Mark: The Body in the Mind. The Bodily Basis of Meaning, Imagination, and Reason. Chicago/London: University of Chicago Press 1987.

Kähler, Christoph/Pöttner, Martin u.a.: Gleichnis/Parabel. In: Betz 1998–2005, Bd. 3 (2000), Sp. 999–1006.

Kalverkämper, Hartwig: Gemeinsprache und Fachsprachen. Plädoyer für eine integrierende Sichtweise. In: Gerhard Stickel (Hg.): Deutsche Gegenwartssprache. Tendenzen und Perspektiven. Jahrbuch des Instituts für deutsche Sprache, 1989. Berlin: de Gruyter 1990, 88–133.

Kant, Immanuel: Gesammelte Schriften. Hg. v. d. Königlich Preußischen Akademie der Wissenschaften. Berlin: Reimer, [ab Bd. 8:] Berlin u.a.: de Gruyter 1900ff.

Kant, Immanuel: Kritik der reinen Vernunft. 2. Aufl. In: Kant 1900ff., Bd. 3 (1911).

Kant, Immanuel: Kritik der Urtheilskraft. In: Kant 1900ff., Bd. 5 (1908), S. 165–485 u. 513–547 (Apparat).

Killy, Walter: Wandlungen des lyrischen Bildes. Göttingen: Vandenhoeck & Ruprecht 1956. [5. erw. Aufl. 1967.]

Kluxen, W./Remane, A. u.a.: Analogie. In: Ritter/Gründer 1971–2004, Bd. 1 (1971), Sp. 214–229.

Kohl, Katrin: Poetologische Metaphern. Formen und Funktionen in der deutschen Literatur. Berlin/New York: de Gruyter 2007.

Konersmann, Ralf (Hg.): Wörterbuch der philosophischen Metaphern. Darmstadt: Wissenschaftliche Buchgesellschaft 2007. [Konnte im vorliegenden Band nicht mehr berücksichtigt werden.]

Kopperschmidt, Josef/Schanze, Helmut (Hg.): Nietzsche oder »Die Sprache ist Rhetorik«. München: Fink 1994.

Korte, Hermann: Bildlichkeit. In: Grundzüge der Literaturwissenschaft. Hg. v. Heinz Ludwig Arnold/Heinrich Detering. 4. Aufl. München: DTV 2001, S. 257–271.

Kövecses, Zoltán: Metaphor and Emotion. Language, Culture, and Body in Human Feeling. Cambridge: Cambridge University Press, und Paris: Editions de la Maison des Sciences de l'Homme 2000 (Studies in Emotion and Social Interaction, second series).

Kövecses, Zoltán: Metaphor. A Practical Introduction. Oxford: Oxford University Press 2002.

Kövecses, Zoltán: Metaphor in Culture. Universality and Variation. Cambridge: Cambridge University Press 2005.

Kuhn, Thomas S.: The Structure of Scientific Revolutions. 3. Aufl. Chicago/London: University of Chicago Press 1996. [Erstveröffentlichung 1962.]

Kurz, Gerhard: Metapher, Allegorie, Symbol. Göttingen: Vandenhoeck & Ruprecht 1982 (Kleine Vandenhoeck-Reihe 1486).

Kurz, Gerhard: Metapher, Allegorie, Symbol. 5., durchges. Aufl. Göttingen: Vandenhoeck & Ruprecht 2004 (Kleine Reihe V&R, 4032).

Lakoff, George: Linguistic Gestalts. In: Papers from the Thirteenth Regional Meeting, Chicago Linguistic Society 13 (1977), S. 236–287.

Lakoff, George: Women, Fire and Dangerous Things. What Categories Reveal about the Mind. Chicago/London: University of Chicago Press 1987.

Lakoff, George: The contemporary theory of metaphor. In: Ortony 1993a, S. 202–251.

Lakoff, George: Moral Politics: What Conservatives Know That Liberals Don't. Chicago/London: University of Chicago Press 1996.

Lakoff, George/Johnson, Mark: Philosophy in the Flesh. The Embodied Mind and Its Challenge to Western Thought. New York: Basic Books 1999.

Lakoff, George/Johnson, Mark: Metaphors We Live By. [2. Aufl.] With a new afterword. Chicago/London: University of Chicago Press 2003. [Erstveröffentlichung: 1980; deutsche Übers. der 1. Aufl.: Leben in Metaphern. Konstruktion und Gebrauch von Sprachbildern. 4. Aufl. Übers. v. Astrid Hildenbrand. Heidelberg: Auer 2004.]

Lakoff, George/Turner, Mark: More than Cool Reason. A Field Guide to Poetic Metaphor. Chicago/London: University of Chicago Press 1989.

Lausberg, Heinrich: Handbuch der literarischen Rhetorik. Eine Grundlegung der Literaturwissenschaft. 3. Aufl. Mit einem Vorwort v. Arnold Arens. 2 Bde. Stuttgart: Steiner 1990.

Liebert, Wolf-Andreas: Metaphernbereiche der deutschen Alltagssprache. Kognitive Linguistik und die Perspektiven einer Kognitiven Lexikographie. Frankfurt a.M.: Lang 1992.

Linz, Erika: Sprachlose Metaphern. Zur Rhetorizität der Kognition und ihrer Modellierung in der kognitiven Linguistik. In: Jürgen Fohrmann (Hg.): Rhetorik. Figuration und Performanz. Stuttgart/Weimar: Metzler 2004, 246–266.

Longinus: Vom Erhabenen. Gr./dt. Übers. u. hg. v. Otto Schönberger. Stuttgart: Reclam 1988 (Universal-Bibliothek 8469).

Losonsky, Michael: Linguistic Turns in Modern Philosophy. Cambridge: Cambridge University Press 2006.

Lovejoy, Arthur O.: The Great Chain of Being. A Study of the History of an Idea. 2. Aufl. Cambridge, Mass./London: Harvard University Press 1964. [Erstveröffentlichung 1936. Deutsch: Die große Kette der Wesen. Geschichte eines Gedankens. Frankfurt a.M.: Suhrkamp 1985.]

Lubac, Henri de, S.J.: Exégèse médiévale. Teil I: Les quatre sens de l'Écriture. 2 Bde. Paris: Aubier 1959. [Engl.: Medieval Exegesis. The Four Senses of Scripture. 2 Bde. Übers. v. Mark Sebanc (Bd. 1) und E.M. Macierowski (Bd. 2). Grand Rapids, Michigan: Eerdmans, und Edinburgh: Clark 1998–2000.]

Luhmann, Niklas: Soziale Systeme. Grundriß einer allgemeinen Theorie. Frankfurt a.M.: Suhrkamp 1987 (Suhrkamp Taschenbuch Wissenschaft 666). [Erstveröffentlichung 1984.]

Luhmann, Niklas: Die Kunst der Gesellschaft. Frankfurt a.M.: Suhrkamp 1997 (Suhrkamp Taschenbuch Wissenschaft 1303). [Erstveröffentlichung 1995.]

Lurker, Manfred (Hg.): Wörterbuch der Symbolik. 5. erw. Aufl. Stuttgart: Kröner 1991.

Luther, D. Martin: Die gantze Heilige Schrifft Deudsch. Wittenberg 1545. Letzte zu Luthers Lebzeiten erschienene Ausgabe. Hg. v. Hans Volz. 2 Bde. München: Rogner & Bernhard 1972.

Luther, Martin: Predigt am Ostertag, nachmittags. 31. März 1532. [Nachschrift von Georg Rörer.] In: D. Martin Luthers Werke. Kritische Gesamtausgabe. Weimar: Böhlau 1883ff., Bd. 36 (1909), S. 159–164.

Man, Paul de: Allegories of Reading. Figural Language in Rousseau, Nietzsche, Rilke, and Proust. New Haven/London 1979 (dt.: Allegorien des Lesens. Frankfurt/M.: Suhrkamp 1986).

Mashal, N./Faust, M. u.a.: The role of the right hemisphere in processing nonsalient metaphorical meanings. Application of principal components analysis to fMRI data. Neuropsychologia 43/14 (2005), 2084–2100.

McFague, Sallie: Metaphorical Theology. Models of God in Religious Language. Philadelphia: Fortress Press 1982.

Meier-Oeser, S./Scholz, O.R., u.a.: Symbol. In: Ritter/Gründer 1971–2004, Bd. 10 (1998), Sp. 710–739.

Mödersheim, Sabine: Emblem, Emblematik. In: Ueding 1992ff., Bd. 2 (1994), Sp. 1098–1108.

Müller Farguell, Roger W.: Symbol$_2$. In: Weimar/Fricke u.a. 1997–2003, Bd. 3 (2003), S. 550–554.

Müller-Richter, Klaus/Larcati, Arturo (Hg.): Der Streit um die Metapher. Poetologische Texte von Nietzsche bis Handke. Mit kommentierenden Studien. Darmstadt: Wissenschaftliche Buchgesellschaft 1998.

Musolff, Andreas: Metaphor and Political Discourse. Analogical Reasoning in Debates about Europe. Basingstoke: Palgrave Macmillan 2004.

Nate, Richard: Simile. In: Sloane 2001, 716.

Nerlich, Brigitte/Clarke, David D. u.a.: »Mummy, I like being a sandwich«. Metonymy in language acquisition. In: René Dirven/Ralf Pörings (Hg.): Metaphor and Metonymy in Comparison and Contrast. Berlin: Mouton de Gruyter 2002, 361–383.

Niefanger, Dirk: Barock. Stuttgart/Weimar: Metzler 2000 (Lehrbuch Germanistik).

Niethammer, Lutz: Posthistoire. Ist die Geschichte zu Ende? Reinbek bei Hamburg: Rowohlt 1989.

Nietzsche, Friedrich: Werke. Kritische Gesamtausgabe. Begr. v. Giorgio Colli/ Mazzino Montinari, weitergeführt v. Wolfgang Müller-Lauter/Karl Pestalozzi. Berlin/New York: de Gruyter 1967ff.

Nussbaum, Martha: Upheavals of Thought. The Intelligence of Emotions. Cambridge: Cambridge University Press 2001.

Ogden, Charles K./Richards, Ivor A.: The Meaning of Meaning. A Study of The Influence of Language upon Thought and of The Science of Symbolism. With Supplementary Essays by Bronislaw Malinowski and Francis G. Crookshank. Hg. v. John Constable. London: Routledge 2001.

Ortony, Andrew (Hg.): Metaphor and Thought. [2., überarb. u. erw. Aufl.] Cambridge: Cambridge University Press 1993a. [Erstauflage 1979.]

Ortony, Andrew: Metaphor, language, and thought. In: Ortony 1993a, S. 1–16. [=Ortony 1993b.]

Ottmers, Clemens: Rhetorik. Stuttgart/Weimar: Metzler 1996 (Sammlung Metzler 283).

Paivio, Allan: Mental Representations. A Dual Coding Approach. Oxford/ New York: Oxford University Press 1986.

Pemberton, Jo-Anne: Global Metaphors. Modernity and the Quest for One World. London/Sterling, Virginia: Pluto Press 2001.

Platon: Politeia. In: ders.: Sämtliche Werke. Auf der Grundlage der Bearbeitung v. Walter F. Otto u.a. neu hg. v. Ursula Wolf. Übers. v. Friedrich Schleiermacher. 4 Bde. Reinbek bei Hamburg: Rowohlt 1994 (rowohlts enzyklopädie), Bd. 2, S. 195–537.

Plett, Heinrich F.: Systematische Rhetorik. Konzepte und Analysen. München: Fink 2000.

Plett, Heinrich F.: Einführung in die rhetorische Textanalyse. 9. aktualisierte u. erw. Aufl. Hamburg: Buske 2001a.

Plett, Heinrich F.: Figures of Speech. In: Sloane 2001, 309–314. [=Plett 2001b]

Pongs, Hermann: Das Bild in der Dichtung. Bd. 1: Versuch einer Morphologie der metaphorischen Formen. Marburg: Elwert 1927.

Pongs, Hermann: Das Bild in der Dichtung. 4 Bde [Bd. 1: 2. verb. Aufl. (1960); Bd. 2: 3. verb. Aufl. (1969); Bd. 3–4: 1. Aufl.]. Marburg: Elwert 1960–1973.

Pylyshyn, Zenon W.: Seeing and Visualizing. It's Not What You Think. Cambridge, Mass.: MIT Press 2006 (Life and Mind. Philosophical Issues in Biology and Psychology). [Erstveröffentlichung 2003.]

Quintilianus, Marcus Fabius: Institutionis oratoriae libri XII / Ausbildung des Redners. Zwölf Bücher. Hg. u. übers. v. Helmut Rahn. 2 Bde. 3. Aufl. Darmstadt: Wissenschaftliche Buchgesellschaft 1995.

Ranke, Leopold von: Vorrede. In: ders.: Geschichten der romanischen und germanischen Völker von 1494 bis 1535. Bd. 1. Leipzig/Berlin: Reimer 1824, S. III–VIII.

Rash, Felicity: The Language of Violence. Adolf Hitler's Mein Kampf. New York/Oxford: Lang 2006.

Reddy, Michael J.: The conduit metaphor. In: Ortony 1993a, S. 164–201. [unverändert aus der Erstauflage von 1979 übernommen.]

Rhetorica ad Herennium, s. Anon.

Richards, Ivor A.: The Philosophy of Rhetoric. New York: Oxford University Press 1965. [Erstveröffentlichung: 1936. Deutsch, Auszug: Die Metapher. Übers. v. Margit Smuda. In: Haverkamp 1996, S. 31–52.]

Ricœur, Paul: La métaphore vive. Paris: Éditions du Seuil 1975. [Deutsch: Die lebendige Metapher. Mit einem Vorwort zur deutschen Ausgabe. Übers. v. Rainer Rochlitz. München: Fink 1986.]

Ricœur, Paul/Jüngel, Eberhard (Hg.): Zur Hermeneutik religiöser Sprache. München: Kaiser 1974.

Rieck, Christian: Spieltheorie. Eine Einführung. 6. Aufl. Eschborn: Rieck 2006.

Ritter, Joachim/Gründer, Karlfried: Historisches Wörterbuch der Philosophie. 12 Bde. Darmstadt: Wissenschaftliche Buchgesellschaft 1971–2004.

Rolet, Stéphane (Hg.): L'emblème littéraire. Théories et pratiques. Paris: Larousse 2007 (Sonderausgabe: Littérature 145, März 2007).

Rolf, Eckard: Metaphertheorien. Typologie. Darstellung. Bibliographie. Berlin/New York: de Gruyter 2005 (de Gruyter Lexikon).

Rorty, Richard: Philosophy and the Mirror of Nature. Princeton, New Jersey: Princeton University Press 1979.

Rorty, Richard: The Linguistic Turn. Essays in Philosophical Method. With Two Retrospective Essays. Chicago/London: University of Chicago Press 1992a.

Rorty, Richard: Twenty-five Years After. In: Rorty 1992a, 371–374 [= Rorty 1992b].

[Russell, Bertrand:] The Autobiography of Bertrand Russell. 3 Bde. London: Allen & Unwin 1967–1969.

Sadoski, Mark/Paivio, Allan: Imagery and Text. A Dual Coding Theory of Reading and Writing. Mahwah, New Jersey/London: Erlbaum 2001.

Said, Edward: Orientalism. London/New York: Penguin 2003. [Erstveröffentlichung 1978.]

Saussure, Ferdinand de: Cours de Linguistique Générale. Hg. v. Charles Bally/Albert Sechehaye. Kritische Ausgabe. Hg. v. Tullio de Mauro. Paris: Payot 1982.

Saussure, Ferdinand de: Grundfragen der allgemeinen Sprachwissenschaft. Hg. v. Charles Bally/Albert Sechehaye. Übers. v. Herman Lommel. 3. Aufl. Berlin/New York: de Gruyter 2001.

Schiewe, Jürgen: Die Macht der Sprache. Eine Geschichte der Sprachkritik von der Antike bis zur Gegenwart. München: Beck 1998.

Schweikle, Günther: Bild. In: ders./Schweikle, Irmgard (Hg.): Metzler-Literatur-Lexikon. Begriffe und Definitionen. 2., überarb. Aufl. Stuttgart: Metzler 1990, S. 52f.

Seidlin, Oskar: Der Taugenichts ante portas. In: ders.: Versuche über Eichendorff. 2. Aufl. Göttingen: Vandenhoeck & Ruprecht 1978, 14–31.

Shapiro, Kevin/Caramazza, Alfonso: The Organization of Lexical Knowledge in the Brain: The Grammatical Dimension. In: Gazzaniga 2004, S. 803–814.

Shibles, Warren A. (Hg.): Metaphor. An Annotated Bibliography and History. Whitewater, Wisconsin: Language Press 1971.

Sloane, Thomas O. (Hg.): Encyclopedia of Rhetoric. Oxford: Oxford University Press 2001.

Soskice, Janet Martin: Metaphor and Religious Language. Oxford: Clarendon Press 1985.

Sperber, Dan/Wilson, Deirdre: Relevance. Communication and Cognition. 2. erw. Aufl. Oxford: Blackwell 1995.

Spitz, Hans-Jörg: Sensus litteralis/spiritualis. In: Weimar/Fricke 1997–2003, Bd. 3 (2003), S. 421–425.

Stern, Josef: Metaphor in Context. Cambridge, Mass./London: MIT Press 2000.

Stockwell, Peter: Cognitive Poetics. An introduction. London/New York: Routledge 2002.

Sulzer, Dieter: Traktate zur Emblematik. Studien zu einer Geschichte der Emblemtheorien. Hg. v. Gerhard Sauder. St. Ingbert: Röhrig 1992 (Saarbrücker Beiträge zur Literaturwissenschaft 22).

Sulzer, Johann Georg: Allgemeine Theorie der schönen Künste in einzeln, nach alphabetischer Ordnung der Kunstwörter auf einander folgenden, Artikeln abgehandelt. 2 Bde. Leipzig: Weidemann 1771–1774.

Sweetser, Eve: From Etymology to Pragmatics. Metaphorical and cultural aspects of semantic structure. Cambridge: Cambridge University Press 1990 (Cambridge Studies in Linguistics).

Taylor, Kirsten I./Regard, Marianne: Language in the Right Cerebral Hemisphere: Contributions from Reading Studies. In: News in Physiological Sciences 18 (2003), S. 257–261.

Thomsen, Christian W./Holländer, Hans (Hg.): Augenblick und Zeitpunkt. Studien zur Zeitstruktur und Zeitmetaphorik in Kunst und Wissenschaft. Darmstadt: Wissenschaftliche Buchgesellschaft 1984.

Titzmann, Michael: Literatursystem. In: Weimar/Fricke u.a. 1997–2003, Bd. 2 (2000), S. 480–482.

Trier, Jost: Der deutsche Wortschatz im Sinnbezirk des Verstandes: Die Geschichte eines sprachlichen Feldes. Bd. 1: Von den Anfängen bis zum Beginn des 13. Jahrhunderts. Heidelberg: Winter 1931. Reprint 1973.

Trömel-Plötz, Senta: Vatersprache – Mutterland. Beobachtungen zu Sprache und Politik. 2. überarb. Aufl. München: Frauenoffensive 1993.

Ueding, Gert: Historisches Wörterbuch der Rhetorik. Tübingen: Niemeyer 1992ff.

Ungerer, Friedrich/Schmid, Hans-Jörg: An Introduction to Cognitive Linguistics. 2. erw. Aufl. Harlow: Pearson Longman 2006.

Vickers, Brian: In Defence of Rhetoric. Verbesserte Aufl. Oxford: Clarendon Press 1997.

Vollers-Sauer, Elisabeth: Metapher. In: Helmut Glück (Hg.): Metzler Lexikon Sprache. 2. Aufl. Stuttgart/Weimar: Metzler 2000, S. 437f.

Walter-Schneider, Margret/Hasler, Martina: Die Kunst in Rom. Zum 7. und 8. Kapitel von Eichendorffs Erzählung »Aus dem Leben eines Taugenichts«. In: Aurora 45 (1985), 49–62 u. [351] [Abstract].

Weimar, Klaus/Fricke, Harald u.a. (Hg.): Reallexikon der deutschen Literaturwissenschaft. Neubearbeitung des Reallexikons der deutschen Literaturgeschichte. 3 Bde. Berlin/New York: de Gruyter 1997–2003.

Weinrich, Harald: Sprache in Texten. Stuttgart: Klett 1976.

White, Hayden: Metahistory. The Historical Imagination in 19th-Century Europe. Baltimore: John Hopkins University Press 1973. [Deutsch: Metahistory. Die historische Einbildungskraft im 19. Jahrhundert. Frankfurt a.M.: Fischer 1991.]

White, Hayden: Tropics of Discourse. Essays in Cultural Criticism. Baltimore/London u.a.: Johns Hopkins University Press 1978. [Deutsch: Auch Klio dichtet oder die Fiktion des Faktischen. Studien zur Tropologie des historischen Diskurses. Übers. v. Brigitte Brinkmann-Siepmann. Stuttgart: Klett-Cotta 1986.]

White, Hayden: The Content of the Form. Narrative Discourse and Historical Representation. Baltimore/London: John Hopkins University Press 1987.

Wierlemann, Sabine: Political Correctness in den USA und Deutschland. Berlin: Schmidt 2002.

Wikipedia. In: http://www.wikipedia.org/ (Zugang 7.7.2007).

Wilpert, Gero von: Sachwörterbuch der Literatur. 8. verb. u. erw. Aufl. Stuttgart: Kröner 2001.

Windfuhr, Manfred: Die barocke Bildlichkeit und ihre Kritiker. Stilhaltungen in der deutschen Literatur des 17. und 18. Jahrhunderts. Stuttgart: Metzler 1966 (Germanistische Abhandlungen 15).

Wittgenstein, Ludwig: Philosophische Untersuchungen. Neu durchges. v. Joachim Schulte. In: Werkausgabe in 8 Bänden. Frankfurt a.M.: Suhrkamp 1984 (Suhrkamp Taschenbuch Wissenschaft 501ff.), Bd. 1, S. 225–618.

Wolff, Jens: Metapher und Kreuz. Studien zu Luthers Christusbild. Tübingen: Mohr Siebeck 2005.

Zymner, Rüdiger: Gleichnis. In: Weimar/Fricke u.a. 1997–2003, Bd. 1 (1997), 724–727.

Zymner, Rüdiger: Parabel. In: Ueding 1992ff., Bd. 6 (2003), Sp. 502–514. [=2003a.]

Zymner, Rüdiger: Uneigentlich. In: Weimar/Fricke u.a. 1997–2003, Bd. 3 (2003), S. 726–728. [= 2003b.]

7.3 Andere Quellen

Verweise im Text: Autor: Kurztitel, ggf. mit Akt/Szene, Seite bzw. Vers.

Hier sind vornehmlich literarische und journalistische Quellen aufgeführt sowie zitierte Werke aus den Bereichen der Kunst, Musik, Politik und Wirtschaft.

[Alciatus, Andreas:] Viri clarissimi d. Andre[ae] Alciati [...] emblematum liber. Aug. Vind. 1531.

[Alciatus, Andreas:] Clarissimi viri d. Andreæ Emblematum libellus, uigilanter recognitus & iºa recèns per Wolphgangum Hungerum Bauarum rhythmis Germanicis uersus. Paris 1542. [Repr. Nachdruck: Alciatus, Andrea: Emblematum libellus. Repr. Nachdruck d. Ausg. Paris 1542. Darmstadt: Wissenschaftliche Buchgesellschaft 1991.]

Bachmann, Ingeborg: Werke. Hg. v. Christine Koschel/Inge von Weidenbaum u.a. 4 Bde. München/Zürich: Piper 1978.

Bachmann, Ingeborg: Fall ab, Herz. In: Bachmann 1978, Bd. 1, 31.

Bachmann, Ingeborg: Nebelland. In: Bachmann 1978, Bd. 1, 105f.

Baudelaire, Charles: Die Blumen des Bösen. Der Spleen von Paris. Frz./dt. Übers. v. Sigmar Löffler (Les Fleurs du Mal) und Dieter Tauchmann (Le Spleen de Paris). Leipzig: Insel 1973.

Baudelaire, Charles: Correspondances. In: Baudelaire 1973, 16f.

Baudelaire, Charles: Élévation. In: Baudelaire 1973, 16f.

BBC: 1969: Man takes first steps on the Moon. In: bbc.co.uk. http://news.bbc.co.uk/onthisday/hi/dates/stories/july/21/newsid_2635000/2635845.stm (Zugang 1.4.2007).

Beethoven, Ludwig van: [Auf Skizzen zur Pastoral-Symphonie. 1807]. In: ders.: Briefe und Aufzeichnungen. Hg. v. Rüdiger Görner. Frankfurt a.M./Leipzig: Insel 1993, S. 33.

Beethoven, Ludwig van: Symphonie Nr. 6 in F-Dur / Symphony No. 6 in F major. »Pastorale«. op. 68. Partitur/Score. Urtext. Hg. v. Jonathan Del Mar. Kassel/London: Bärenreiter 1998.

Benn, Gottfried: Sämtliche Werke. Stuttgarter Ausgabe. 7 Bde. Hg. v. Gerhard Schuster. Stuttgart: Klett-Cotta 1986–2003.

Benn, Gottfried: Ein Wort. In: Benn 1986–2003, Bd. 1, S. 198.

Benn, Gottfried: Nietzsche – nach 50 Jahren. In: Benn 1986–2003, Bd. 5, 198–208.

Bibel, vgl. Luther: Die gantze Heilige Schrifft.

Brecht, Bertolt: Werke. Große kommentierte Berliner und Frankfurter Ausgabe. Hg. v. Werner Hecht/Jan Knopf u.a. Berlin/Weimar: Aufbau, und Frankfurt a.M.: Suhrkamp 1988–2000.

Brecht, Bertolt: [Anmerkung zu »Arturo Ui«, 1954]. In: Brecht 1988–2000, Bd. 24, 318f.

Brecht, Bertolt: Der Aufstieg des Arturo Ui. In: Brecht 1988–2000, Bd. 7, S. 7–112.

Brecht, Bertolt: Der gute Mensch von Sezuan. In: Brecht 1988–2000, Bd. 6, S. 175–279.

Brecht, Bertolt: Deutschland. In: Brecht 1988–2000, Bd. 11, S. 253f.

Brecht, Bertolt: Fragen eines lesenden Arbeiters. In: Brecht 1988–2000, Bd. 12, S. 29.

Brecht, Bertolt: Geschichten vom Herrn Keuner. In: Brecht 1988–2000, Bd. 18, S. 23–43.

Büchner, Georg: Sämtliche Werke, Briefe und Dokumente in zwei Bänden. Hg. v. Henri Poschmann. Frankfurt a.M.: Deutscher Klassiker Verlag 1992–1999 (Bibliothek deutscher Klassiker).

Büchner, Georg: Der Hessische Landbote. In Büchner 1992–1999, Bd. 2, S. 53–66.

Büchner, Georg: Lenz. In Büchner 1992–1999, Bd. 1, S. 223–250.

Büchner, Georg: Woyzeck. Kombinierte Werkfassung. In Büchner 1992–1999, Bd. 1, S. 145–173.

Bunyan, John: The Pilgrim's Progress. Hg. v. N.H. Keeble. Oxford: Oxford University Press 1984. [Erstveröffentlichung: 1678–1684.]

Busch, Wilhelm: Max und Moritz. Zürich: Insel 2001.

Calderón de la Barca, Pedro: La vida es sueño. Hg. v. José M. Ruano de la Haza. Madrid: Castalia 1994 (Clásicos Castalia).

Camerarius, Joachimus: Symbolorum & emblematum ex animalibus quadrupedibus desumtorum [...]. Nürnberg: [o. V.] 1595.

Camus, Albert: L'étranger. Paris: Gallimard 1971 (Collection Folio).

Camus, Albert: Der Fremde. Aus dem Frz. übers. v. Georg Goyert/Hans-Georg Brenner. Reinbek bei Hamburg: Rowohlt 1961.

Celan, Paul: Gesammelte Werke. Hg. v. Beda Allemann/Stefan Reichert. 5 Bde. Frankfurt/M.: Suhrkamp 1983.

Celan, Paul: Ein Dröhnen. In: Celan 1983, Bd. 2, S. 89.

Celan, Paul: Todesfuge. In: Celan 1983, Bd. 1, S. 39–42.

Celan, Paul: Weggebeizt. In: Celan 1983, Bd. 2, S. 31.

Courths-Mahler, Hedwig: Opfer der Liebe. In: Die Bettelprinzeß. Griseldis.

Opfer der Liebe. Mit Beiträgen von Doris Maurer/Alphons Silbermann sowie zeitgenössischen Bildern und Dokumenten. Bergisch Gladbach: Lübbe 1992, S. 515–734.

Donne, John: Elegy XX: To his Mistress Going to Bed. In: ders.: The Elegies and The Songs and Sonnets. Hg. v. Helen Gardner. Oxford: Clarendon Press 1965, S. 14–16. [Rechtschreibung modernisiert von KK.]

[Dürer, Albrecht:] Dürers Schriftlicher Nachlass auf Grund der Original-handschriften und theilweise neu entdeckter alter Abschriften. Hg. v. Konrad Lange/Franz Fuhse. Halle a.d.S.: Niemeyer 1893.

Eberle, Ute: Auf in den Kampf! In: *Stern*. 8.2.2007, S. 120–129.

Eichendorff, Joseph von: Werke in sechs Bänden. Hg. v. Wolfgang Frühwald/Brigitte Schillbach u.a. Frankfurt a.M.: Deutscher Klassiker Verlag 1985–1993 (Bibliothek deutscher Klassiker).

Eichendorff, Joseph von: Aus dem Leben eines Taugenichts. In: Eichendorff 1985–1993, Bd. 2, S. 445–561.

Eichendorff, Joseph von: Wünschelrute. In: Eichendorff 1985–1993, Bd. 1, S. 328.

Fontane, Theodor: Irrungen Wirrungen. In: ders.: Werke, Schriften und Briefe [1. Aufl: Sämtliche Werke]. Hg. v. Walter Keitel u.a. 4 Abt. 1.–3. Aufl. München: Hanser 1962–1997, Bd. 2, S. 319–475 u. S. 906–949 [Anm. d. Hg.].

Friedrich, Caspar David: Äußerung bei Betrachtung einer Sammlung von Gemälden von größtenteils noch lebenden und unlängst verstorbenen Künstlern. In: ders.: Was die fühlende Seele sucht. Briefe und Bekenntnisse. Hg. v. Sigrid Hinz. Durchges. v. Hermann Zschoche. Berlin: Henschel 1968, 71–116.

Gernhardt, Robert: Alles über den Künstler. In: ders.: Lichte Gedichte. Zürich: Haffmans 1997, S. 87.

Geus, Arie de: The Living Company. In: Harvard Business Review on Strategies for Growth. Boston, Mass.: Harvard Business School Publishing 1998.

Goethe, Johann Wolfgang von: Sämtliche Werke, Briefe, Tagebücher und Gespräche. Hg. v. Friedmar Apel u.a. Frankfurt a.M.: Deutscher Klassiker Verlag 1985ff. (Bibliothek deutscher Klassiker).

Goethe, Johann Wolfgang von: Auf dem See. In: Goethe 1985ff., Bd. 1, S. 297.

Goethe, Johann Wolfgang von: Die Leiden des jungen Werthers. In: Goethe 1985ff., Bd. 8, S. 9–267.

Goethe, Johann Wolfgang von: Faust. Texte. In: Goethe 1985ff., Bd. 7/1.

Goethe, Johann Wolfgang von: Tag- und Jahreshefte. In: Goethe 1985ff., Bd. 17.

Gottfried von Straßburg: Tristan. Mhd./nhd. Nach dem Text v. Friedrich Ranke neu hg. u. übers. v. Rüdiger Krohn. 3 Bde. 3., durchges. Aufl. Stuttgart: Reclam 1984 (Universal-Bibliothek 4471[6] u.a.).

[Greiner, Ulrich:] Ulrich Greiners Leseverführer. Eine Gebrauchsanweisung zum Lesen schöner Literatur. München: Beck 2005.

Grundgesetz für die Bundesrepublik Deutschland. In: http://www.bundestag.de/parlament/funktion/gesetze/grundgesetz/index.html (Zugang: 28.5.2007).

Gryphius, Andreas: Sonette. In: ders.: Gesamtausgabe der deutschsprachigen Werke. Hg. v. Marian Szyrocki/Hugh Powell. Tübingen: Niemeyer 1963–1983 (Neudrucke Deutscher Literaturwerke, NF 9 u.a.), Bd. 1 (1963).

Gryphius, Andreas: Abend. In: Gryphius 1963, S. 66.

Gryphius, Andreas: Menschliches Elende. In: Gryphius 1963, S. 9.

Harsdoerffer, Georg Philipp: Lobgedicht Zu Erklärung des Kupfertitels. In: Hille 1970, S. 34*–46*.

Harsdoerffer, Georg Philipp: Poetischer Trichter. Nürnberg: Endter ^{2}1650 (Bd. 1; erste Aufl. 1647), 1648 (Bd. 2) und 1653 (Bd. 3). Repr. Nachdr.: Darmstadt: Wissenschaftliche Buchgesellschaft 1969. Repr. Nachdr. in einem Band mit separater Numerierung: Darmstadt: Wissenschaftliche Buchgesellschaft 1969.

Heym, Georg: Der Gott der Stadt. In: Dichtungen und Schriften. Hg. v. Karl Ludwig Schneider. Hamburg: Ellermann 1960ff., Bd. 1, S. 192.

[Hille, Carl Gustav von:] Der Teutsche Palmbaum [...]. Nürnberg: Endter 1647. Repr. Nachdruck: Hg. v. Martin Bircher. München: Kösel 1970 (Die Fruchtbringende Gesellschaft. Quellen und Dokumente. Hg. v. Martin Bircher. 1970ff., Bd. 2) (Deutsche Barock-Literatur).

Hitler, Adolf: Mein Kampf. 2 Bde. München: Eher 1925–1927.

Hofmannsthal, Hugo von: Sämtliche Werke. Kritische Ausgabe. Veranstaltet vom Freien Deutschen Hochstift. Hg. v. Heinz O. Burger/Rudolf Hirsch, u.a. Frankfurt a.M.: Fischer 1975ff.

Hofmannsthal, Hugo von: Das Salzburger Große Welttheater. In: Hofmannsthal 1975ff., Bd. 10, S. 5–66.

Hofmannsthal, Hugo von: Ein Brief. In: Hofmannsthal 1975ff., Bd. 31 (1991), S. 45–55.

Hofmannsthal, Hugo von: Jedermann. Das Spiel vom Sterben des reichen Mannes. In: Hofmannsthal 1975ff., Bd. 9, S. 31–95.

Hölderlin, Friedrich: Brot und Wein. In: ders.: Sämtliche Werke und Briefe. Hg. v. Jochen Schmidt. 3 Bde. Frankfurt a.M.: Deutscher Klassiker Verlag 1992–94 (Bibliothek deutscher Klassiker), Bd. 1, S. 285–291.

Holitscher, Arthur: Amerika heute und morgen. Reiseerlebnisse. Berlin: Fischer 1912.

Homer: Ilias. In: ders.: Ilias. Odyssee. Übers. v. Johann Heinrich Voß. Düsseldorf/Zürich: Artemis & Winkler 1996, S. 3–437.

Indexchange: [Anzeige:] Folgen Sie Ihrem natürlichen Beuteinstinkt! München: Indexchange 2007.

Jandl, Ernst: die rache. In: Poetische Werke. Hg. v. Klaus Siblewski. Bd. 1–10 und Supplementband als Bd. 11. München: Luchterhand 1997–1999, Bd. 10, S. 89.

Jelinek, Elfriede: Die Liebhaberinnen. Reinbek bei Hamburg: Rowohlt 1980. [Erstveröffentlichung 1975.]

Junfermann: [Verlagsankündigung für:] Christian Tschepp/Susanne Schinagl: Die Hummel. 101 Metaphern, die dem Leben Flügel verleihen. Paderborn: Junfermannsche Verlagsbuchhandlung 2007, in: http://

www.junfermann.de/details.php?catp=&p_id=428#presse (Zugang: 25.5. 2007).

Kafka, Franz: Schriften, Tagebücher, Briefe. Kritische Ausgabe. Hg. v. Jürgen Born u.a. Frankfurt a.M.: Fischer (Lizenz v. Schocken, New York) 1983ff.

Kafka, Franz: Briefe, 1900–1912. Hg. v. Hans-Gerd Koch. In: Kafka 1983ff. (1999).

Kafka, Franz: Das Urteil. Eine Geschichte. In: ders.: Drucke zu Lebzeiten. [Textband.] Hg. v. Wolf Kittler u.a. In: Kafka 1983ff. (1994), S. 41–61.

Kafka, Franz: Der Verschollene. Hg. v. Jost Schillemeit. [Textband.] In: Kafka 1983ff. (1983).

Kafka, Franz: Vor dem Gesetz. In: ders.: Drucke zu Lebzeiten. [Textband.] Hg. v. Wolf Kittler u.a. In: Kafka 1983ff. (1994), S. 267–269. Vgl. auch: ders.: Der Process. Hg. v. Malcolm Pasley. [Textband.] In: Kafka 1983ff. (1994), S. 292–295.

[Kandinsky, Wassily:] Wassily Kandinsky 1866–1944. Hg. v. Thomas M. Messer/Rosel Gollek u.a. Katalog der Ausstellung im Haus der Kunst München, 13. November 1976 bis 30. Januar 1977. 2., verb. Aufl. München: Haus der Kunst 1976.

Kilb, Andreas: Zarah Leander. Der deutsche Engel. In: Faz.Net-Bildergalerien. http:// //www.faz.net/s/Rub590E63896B724091BF63CECAE-F28A1A7/Doc~EF1B2FF5A563B4BA1B1C4908C436A275E~ATpl~Ecommon~Sspezial.html (Zugang 1.4.2007).

Kleist, Heinrich von: Penthesilea. Ein Trauerspiel. In: ders.: Sämtliche Werke und Briefe in vier Bänden. Hg. v. Ilse-Marie Barth/Klaus Müller-Salget u.a. Frankfurt a.M.: Deutscher Klassiker Verlag 1987ff. (Bibliothek deutscher Klassiker), Bd. 2, S. 143–256.

Klopstock, Friedrich Gottlieb: Der Messias. In: ders.: Ausgewählte Werke. Hg. v. Karl August Schleiden. Mit einem Nachwort v. Friedrich Georg Jünger. 2 Bde. 4. Aufl. München/Wien: Hanser 1981, S. 195–770.

Küttler, Christian: Nicht nur die Mode ändert sich. In: Zeit.de.13.1.2005. http://zeus.zeit.de/text/2005/03/gruene (Zugang: 1.4.2007).

Lessing, Gotthold Ephraim: Nathan der Weise. In: ders.: Werke und Briefe in zwölf Bänden. Hg. v. Wilfried Barner. Frankfurt a.M.: Deutscher Klassiker Verlag 1985ff. (Bibliothek deutscher Klassiker), Bd. 9, S. 483–627.

Luther, D. Martin: Die gantze Heilige Schrifft Deudsch. Wittenberg 1545. Letzte zu Luthers Lebzeiten erschienene Ausgabe. Hg. v. Hans Volz. 2 Bde. München: Rogner & Bernhard 1972.

Luther, Martin: Ein feste burg ist unser Gott. In: ders.: Die deutschen geistlichen Lieder. Hg. v. Gerhard Hahn. Tübingen: Niemeyer 1967, S. 39f.

Márquez, Gabriel García: Cien años de soledad. Buenos Aires: Editorial Sudamericana 1972. [Erstveröffentlichung 1967.]

Marx, Karl/Engels, Friedrich: Manifest der Kommunistischen Partei. In: dies.: Manifest der Kommunistischen Partei. Grundsätze des Kommunismus. Nachwort v. Iring Fetscher. Stuttgart: Reclam 2001 (Universal-Bibliothek 8323).

Mayröcker, Friederike: Aus deinem Himmel von sanften [...]. In: dies.: Ausgewählte Gedichte. Frankfurt a.M.: Suhrkamp 1986, S. 49.

National Park Service, U.S. Department of the Interior: Statue of Liberty. In: http://www.nps.gov/stli/ (Zugang: 7.7.2007).

Novalis [=Friedrich von Hardenberg]: Heinrich von Ofterdingen. In: ders.: Schriften. Die Werke Friedrich von Hardenbergs. Hist.-krit. Ausg. in vier Bänden, einem Materialienband und einem Ergänzungsband in vier Teilbänden [...]. Begr. v. Paul Kluckhohn. Hg. v. Richard Samuel. 1.–3. Aufl. Stuttgart u.a.: Kohlhammer 1975ff., Bd. 1, S. 195–334.

Okopenko, Andreas: Fall. In: ders.: Affenzucker. Neue Lockergedichte. Wien: Deuticke 1999, 25.

Petrarca, Francesco: Sonett 157. In: Canzoniere. Hg. v. Marco Santagata. Mailand: Mondadori 1996 (I Meridiani. Francesco Petrarca: Opere Italiane), S. 731.

Picinelli, Filippo: Mondo simbolico [...]. Milan: Mognagha 1653. [Lat. Übersetzung: Mundus symbolicus [...]. Übers. v. Augustinus Erath. 2 Bde. Köln: Demen 1681.]

Posche, Ulrike/Volker Hinz (Fotos): Manege der Eitelkeiten. In: *Stern*. 8.2.2007, 66–86.

Remarque, Erich Maria: Im Westen nichts Neues. Roman. Mit Materialien und einem Nachwort. Hg. v. Tilman Westphalen. 2. Aufl. Köln: Kiepenheuer & Witsch 1999. [Erstveröffentlichung: 1928/29.]

Rilke, Rainer Maria: Duineser Elegien. In: ders.: Werke. Kommentierte Ausgabe in vier Bänden. Hg. v. Manfred Engel/Ulrich Fülleborn u.a. Frankfurt a.M.: Insel 1996, Bd. 2, S. 199–234.

Rowling, J.K.: Harry Potter and the Philosopher's Stone. London: Bloomsbury 1997.

Rühmkorf, Peter: Hochseil. In: ders.: Walther von der Vogelweide, Klopstock und ich. Reinbek bei Hamburg: Rowohlt 1975, S. 178.

Schweitzer, Albert: Johann Sebastian Bach. 11. Aufl. Wiesbaden: Breitkopf & Härtel 1990. [Erstveröffentlichung 1908.]

Shakespeare, William: The Arden Shakespeare Complete Works. Hg. v. Richard Proudfoot u.a. Walton-on-Thames: Nelson 1998.

Shakespeare, William: As you like it. Hg. v. Agnes Latham. In: Shakespeare 1998, 161–189.

Shakespeare, William: Macbeth. Hg. v. Kenneth Muir. In: Shakespeare 1998, 771–797.

Shakespeare, William: Romeo and Juliet. Hg. v. Brian Gibbons. In: Shakespeare 1998, 1005–1038.

Stadler, Ernst: Fahrt über die Kölner Rheinbrücke bei Nacht. In: ders.: Dichtungen, Schriften, Briefe. Kritische Ausgabe. Hg. v. Klaus Hurlebusch/Karl Ludwig Schneider. München: Beck 1983, S. 169.

Trakl, Georg: Dichtungen und Briefe. Historisch-kritische Ausgabe. Hg. v. Walther Killy/Hans Szklenar. 2 Bde. 2., erg. Aufl. Salzburg: Müller 1987.

Trakl, Georg: De Profundis. In: Trakl 1987, Bd. 1, 46.
Trakl, Georg: Grodek. 2. Fassung. In: Trakl 1987, Bd. 1, 167.
Trakl, Georg: Helian. In: Trakl 1987, Bd. 1, S. 69–73.
Tschepp, Christian/Schinagl, Susanne: Die Hummel. 101 Metaphern, die
    dem Leben Flügel verleihen. Karten in Papp-Box. Paderborn: Junfer-
    mannsche Verlagsbuchhandlung 2007.
Wigman, Mary: Die Sprache des Tanzes. Stuttgart: Battenberg 1963.
Wreden, Nick: Language. Churchill's Key to Leadership. In: Becoming an
    Effective Leader. Boston, Mass.: Harvard Business School Press 2005
    (Results-Driven Manager Series), 185–194.

Personenregister

Sachregister

Sammlung Metzler